ENFANCE
ET
SPIRITUALITÉ

À la découverte
de votre être intérieur

Marie-Pascale RÉMY

Préface de Pierre LASSALLE

ENFANCE ET SPIRITUALITÉ

À la découverte de votre être intérieur

Editions de Mortagne

Édition
Les Éditions de Mortagne
Case postale 116
Boucherville (Québec)
J4B 5E6

Distribution
Tél.: (450) 641-2387
Télec.: (450) 655-6092
Courriel : edm@editionsdemortagne.qc.ca

Dépôt légal
Bibliothèque nationale du Canada
Bibliothèque nationale du Québec
Bibliothèque Nationale de France
3e trimestre 1994

ISBN: 2-89074-376-4

3 4 5 6 7 – 94 – 04 03 02 01 00

Imprimé au Canada

Je dédie ce livre à mon père, Jean,
avec tout mon amour.

SOMMAIRE

PRÉFACE

C'est un plaisir pour moi de vous présenter le premier livre de Marie-Pascale, *Enfance et spiritualité, À la découverte de votre être intérieur,* car ce sujet me passionne. Quand on pense que toute la vie d'un être humain se joue sur les trois premières années de son existence, il y a de quoi avoir froid dans le dos ou avoir envie de comprendre tous les mystères de l'enfance.

Le mérite de Marie-Pascale, c'est, tout d'abord, de ne parler que de recherches qu'elle a expérimentées et d'aller beaucoup plus loin que ce qui a été fait jusqu'à présent sur l'«Enfant Intérieur».

Le concept d'«Enfant Intérieur» est assez récent et s'est développé, il y a une quinzaine d'années aux États-Unis, chez les psychologues, par l'intermédiaire d'un courant de pensée intitulé «le *recovery*». Le *recovery* est une recherche que l'on fait sur son passé, afin de retrouver des facultés qui ont été perdues à une certaine époque de l'enfance.

Le concept d'«Enfant Intérieur» part du principe que l'enfant que l'on a été est une énergie qui serait restée quelque part en nous et qui serait comme blessée ou traumatisée. À cause de cette blessure, l'adulte que nous sommes devenu est conditionné par cet «Enfant Intérieur» et il ne peut développer toute sa richesse intérieure.

Quelques psychologues américains ont écrit des livres sur ce sujet au cours des dix dernières années. Depuis deux ou trois ans, quelques-uns de ces ouvrages ont été traduits en français. Leur limite vient cependant de ce qu'ils traitent toujours de l'Enfant Intérieur au point de vue mental et à celui de la personnalité, en laissant de côté l'aspect spirituel. Même si l'on y trouve parfois un élan qui se veut spirituel, ces ouvrages restent confinés à des réflexions intellectuelles et psychologiques qui ne peuvent régler des problèmes d'enfance.

C'est là que le livre de Marie-Pascale apporte quelque chose de nouveau. Il présente le concept d'«Enfant Intérieur» d'un point de vue spirituel, en tenant compte du rôle de l'Âme dans l'enfance, ainsi que des différents corps subtils dont l'être humain est constitué.

Son livre commence là où les autres s'arrêtent. On y retrouve le souffle et la vision globale que certains grands pédagogues initiés en avance sur leur temps, comme Rudolf Steiner, avaient essayé d'enseigner. Mais je n'ai aucun doute sur le fait que ce livre vous intéressera au plus haut point.

J'aimerais également vous parler de Marie-Pascale. C'est une ravissante jeune femme, moderne et dynamique, qui se caractérise par sa soif de compréhension. Elle fait preuve d'un élan et d'une détermination qui s'allient à un profond amour et à une grande sagesse intérieure. Elle fait partie de ces «vieilles Âmes» qui ont beaucoup vécu et beaucoup appris ici-bas, et pour lesquelles il est temps de transmettre.

Un jour d'hiver, il y a quelques années, Marie-Pascale a vécu un dramatique accident de voiture, à la suite duquel elle est morte cliniquement durant quelques minutes. Elle a alors vécu une N.D.E. (expérience proche de la mort) grâce à laquelle elle a eu accès à un autre plan de conscience où lui ont été confiées quelques révélations.

Cette expérience a transformé sa vie et l'a fait s'engager dans une voie spirituelle occidentale.

Elle poursuit actuellement son évolution spirituelle.

Cet ouvrage a constitué pour elle un excellent travail évolutif. Puisse ce livre vous apporter, par sa lecture et sa mise en pratique, autant qu'il a apporté à Marie-Pascale lorsqu'elle l'a vécu de l'intérieur, en l'écrivant.

Recevez tout mon amour.

Pierre Lassalle
écrivain, conférencier
et instructeur spirituel

INTRODUCTION

Ce livre vous propose d'aller à la rencontre de votre Enfant Intérieur.

Il n'est pas le résultat d'une compilation ou d'une approche psychologique de l'Enfant Intérieur. Il résulte plutôt du travail que j'ai fait sur ma propre enfance ainsi que de la compréhension intuitive que j'en ai eue. Pierre Lassalle a très largement contribué à me faire trouver le fil conducteur permettant cette compréhension. Et il m'a ensuite aidée à trouver les techniques permettant la guérison.

L'Enfant Intérieur, c'est le petit garçon ou la petite fille que vous avez été et que vous portez toujours en vous. C'est une part de vous-même, fragile et vulnérable, que vous avez oubliée ou que vous vous cachez, car vous croyez, à tort ou à raison, qu'elle est votre plus grande faiblesse.

Pourquoi remuer tout cela?

Pour apprendre à se connaître

La découverte de l'Enfant Intérieur est un moyen privilégié d'accéder à la connaissance de soi. C'est la porte d'accès au monde très riche des émotions.

Les empreintes émotionnelles se fabriquent dans la petite enfance. Ce sont comme des moules, des réceptacles qui resteront toujours prêts, par la suite, à recevoir les émotions correspondantes. C'est pour cela qu'une fois adulte, on réagit toujours de la même façon, émotionnellement, dans toutes les situations conflictuelles.

Aller à la découverte de son Enfant Intérieur permet donc de décoder son propre fonctionnement émotionnel, de comprendre pourquoi on réagit de façon identique dans toutes les situations. Cet enfant est tellement présent en vous que même si vous n'avez pas l'habitude de visualiser ou de méditer, il vous apparaîtra et vous le ressentirez presque instantanément si vous fermez simplement les yeux et exprimez la volonté de vous souvenir de l'enfant que vous avez été.

Bien sûr, au début, l'enfant que vous rencontrerez ne sera pas toujours joyeux ni à l'aise dans son milieu. C'est tout à fait normal car, étant incapable de satisfaire ses besoins par lui-même, l'enfant est obligé de dépendre des autres. Cette dépendance crée une grande fragilité et une grande vulnérabilité, car chacun de ses besoins doit être comblé par l'un ou l'autre de ses parents, ou les deux. Si ce n'est pas le cas, l'enfant est chaque fois profondément blessé. Il souffre, simplement parce qu'il n'a pas reçu suffisamment d'amour ou qu'il n'a pas compris les attitudes de ceux qui l'entouraient.

Puis il grandit avec des plaies jamais refermées et cherche ensuite toute sa vie les pansements qui recouvriront sa souffrance.

Pour se guérir en profondeur

Une démarche volontaire et consciente peut nous aider à guérir notre Enfant Intérieur. Pour cela, il est nécessaire d'aller à sa rencontre et de l'accepter tel qu'il est. Cette acceptation est le commencement de l'amour. Elle permet de comprendre quelles sont ses blessures et ses attentes. Grâce à cette compréhension et à des techniques de guérison particulières, accompagnées d'écoute, de considération et d'amour, la guérison peut s'amorcer.

La guérison de cet Enfant Intérieur est *votre* guérison. Grâce à cette méthode, vos nombreuses cicatrices émotionnelles se refermeront *de l'intérieur.* L'énergie émotionnelle ne se dispersera plus alors à travers ces blessures et elle pourra être utilisée différemment.

Pour maîtriser ses émotions

La recherche de l'Enfant Intérieur est le cheminement idéal pour parvenir à la maîtrise de ses émotions. Cette maîtrise est la conséquence des deux points suivants:

1. La connaissance de soi et, en particulier, celle de ses automatismes émotionnels.
2. La «guérison» de son mécanisme, c'est-à-dire une utilisation différente de l'énergie émotionnelle. Décider d'utiliser cette énergie différemment et y parvenir est ce que j'appelle la maîtrise.

L'Enfant Intérieur est de plus en plus «à la mode» à l'heure actuelle. Aux États-Unis, notamment, de nombreux livres ont été écrits et le sont encore sur ce sujet. Ils sont l'œuvre de psychiatres, de psychologues ou de thérapeutes. De même, les thérapies ayant comme support l'Enfant Intérieur sont très répandues.

Enfance et spiritualité, À la découverte de votre être intérieur utilise une approche différente. C'est une approche intérieure, une compréhension du cœur, qui tient compte de l'Âme, de l'intuition et de la réincarnation. Elle apporte une vision simple et holistique du problème de l'enfance.

Avoir une compréhension spirituelle ou intuitive par rapport à l'Enfant Intérieur signifie plus précisément:

- Que l'Enfant Intérieur est un moyen que l'on utilise pour se connaître, dans le but de se transformer, en s'individualisant, pour devenir soi-même. On change les comportements de base qui nous éloignent de notre vraie nature, la nature de l'Âme. On cherche à s'aligner sur son être profond.

La psychologie ou les thérapies utilisent le concept de l'Enfant Intérieur pour améliorer la personnalité afin qu'elle s'adapte mieux à la société. On cherche à s'insérer dans la collectivité.

- Qu'il est tenu compte de l'Âme, cette énergie lumineuse de vie qui suit son dessein au-delà de notre compréhension mentale. Certains événements, certaines circonstances peuvent ne pas trouver d'explications mentales logiques mais être totalement cohérentes en regard de l'Âme. C'est grâce à l'intuition que l'on peut ressentir ce que l'intellect ne peut pas comprendre. L'intuition est la voix de l'Âme.

  La psychologie ou les thérapies se bornent à la compréhension intellectuelle des événements. Ne faisant pas appel à l'intuition, tout ce qui semble incohérent ou inconnu reste inexpliqué ou n'est pas abordé.

Pour ma part, concevoir que l'on a une âme sous-entend l'idée de la réincarnation. Cela signifie que nous ne sommes pas «tombés» par hasard sur nos parents génétiques. Notre Âme a été «attirée» par eux parce qu'ils possédaient certaines caractéristiques qui correspondaient aux «bagages» que nous ramenions de nos autres vies.

Ressentir que l'on a, en quelque sorte, «choisi» ses parents, nous fait adopter une attitude fondamentalement différente par rapport à eux. De cette façon sont mises au grand jour des choses que nous portions déjà en nous-mêmes et que nous n'avions pas réglées dans notre vie précédente. Accuser ses parents devient dès lors impossible, et la gratitude remplace les habituelles accusations.

La psychologie ou les thérapies, en ne tenant pas compte de la réincarnation, induisent forcément les facteurs chance-malchance, donc la fatalité. Fatalité suggère «victime». Les enfants sont toujours les victimes et les parents, les bourreaux.

Comment la paix et l'acceptation de sa propre responsabilité devant la vie peuvent-elles s'installer en soi dans un tel contexte?

L'approche spirituelle propose toujours, au-delà de la prise de conscience des raisons qui expliquent notre comportement, des solutions intuitives qui vont au-delà de la compréhension mentale. Ces dernières donnent une vision globale et synthétique de ce que l'on est. Des techniques de guérison concrètes nous permettent ensuite de transformer profondément nos fausses habitudes et attitudes. La psychologie et les thérapies, à cause de leur approche intellectuelle des problèmes, proposent des solutions intellectuelles, donc extérieures à soi. Elles apportent une vision compartimentée, divisée de ce que l'on est, ce qui complique considérablement les choses et rend très difficile la transformation globale et profonde de l'être humain.

La psychologie et les thérapies sont nécessaires et elles peuvent aider tous ceux qui essaient de comprendre pourquoi ils ont des problèmes. Ce sont des méthodes de connaissance de soi qui préparent à la «conscience du Soi» (l'Âme), tout comme l'astrologie, la numérologie ou le tarot. C'est un premier pas qui permet de comprendre le fonctionnement de la personnalité à l'aide de déductions mentales.

La spiritualité permet d'aller au-delà. La spiritualité part de la connaissance intellectuelle de la personnalité, pour déboucher sur la conscience de l'Âme en soi. Pour acquérir cette conscience, il est nécessaire de dépasser le mental et d'utiliser l'intuition (la voix de l'Âme). L'utilisation de l'intuition, alliée à des techniques de guérison méditatives, permet la révélation de ce que l'on est, au-delà de l'apparence de la personnalité.

Le présent ouvrage est totalement orienté dans ce sens, et j'espère qu'il vous apportera ce que vous attendez. Je profite de cette introduction pour remercier ceux qui sont proches de moi et qui ont participé à sa réalisation.

Je rends hommage à Pierre Lassalle, qui m'a fortement encouragée et m'a aidée à écrire ce livre. D'ailleurs, chaque fois que j'utilise le terme «nous» dans les pages qui suivent, je parle en nos deux noms. Nous avons en effet travaillé ensemble, et c'est ainsi que nous avons découvert et mis en pratique de nombreuses techniques sur l'Enfant Intérieur, grâce aux séminaires que nous animons tous les deux. Pierre me permet de me révéler chaque jour davantage et de dépasser mes limites. Gratitude infinie pour son amour et sa bonté.

Je veux aussi souligner l'apport du groupe initiatique auquel j'appartiens. Ces âmes-sœurs, en me soutenant à chaque instant, m'ont permis d'expérimenter les techniques que je présente aujourd'hui. Gratitude, paix et lumière à chacune d'entre elles. Puisse ce livre vous donner envie de vous connaître et vous faire aspirer à grandir, jusqu'à englober la conscience de votre Âme dans votre vie de tous les jours.

Je remercie aussi ce grand initié qu'était Rudolf Steiner (1861-1925), dont les ouvrages m'ont largement inspirée.

Chapitre 1

QUELQUES NOTIONS ÉSOTÉRIQUES DE BASE

Ces quelques pages se proposent d'être un petit manuel pratique à l'usage de tous ceux qui s'intéressent à une vision plus «intérieure» de la vie.

«Ésotérique» veut dire «intérieur». L'ésotérisme existe depuis toujours. Il a son propre langage, ses propres mots et expressions. L'explication de quelques-uns de ces termes est cependant nécessaire pour la compréhension des chapitres suivants. Ces notions sont, évidemment, en relation avec les sujets que je vais aborder concernant l'Enfant Intérieur mais elles sont très loin de couvrir tout le domaine ésotérique.

Dans la première partie, quelques notions d'ordre général concernant la vie et l'évolution sont abordées. La deuxième partie, quant à elle, constitue une leçon d'anatomie subtile, un cours de base pour comprendre le fonctionnement psychique de l'être humain.

La vie et l'évolution

L'évolution est inhérente à la vie. Sans évolution, le mouvement s'arrête. La vie se fige, et donc disparaît.

Évoluer est une loi de l'Univers-Dieu à laquelle tout le monde est soumis, qu'il le veuille ou non, qu'il en soit conscient ou non. Évoluer, c'est grandir, c'est s'élargir, c'est prendre de l'expansion, c'est absorber toujours plus de choses, jusqu'à devenir tout ce qui est.

L'être humain est constitué d'une personnalité et d'une Âme. Chez lui, le processus d'évolution se manifeste concrètement, grâce à la conscience. Selon le plan où il met sa conscience, selon les valeurs auxquelles il s'identifie, il aura un niveau de conscience déterminé.

- Au début, il s'identifie uniquement à son corps physique.

- Puis sa conscience se développe et absorbe, en plus du corps physique, toutes les émotions et tous les désirs auxquels il est confronté. L'individu a maintenant conscience qu'en plus de son corps physique, il a des émotions. Il s'identifie dorénavant à deux choses dont la connexion est tellement étroite qu'elles n'en forment parfois plus qu'une.

- Plus tard, sa conscience s'élargit encore et englobe, en plus du corps physique et des émotions, toutes les pensées qui traversent son esprit. L'être humain a maintenant conscience qu'en plus de son corps physique et de ses émotions, il pense. Il s'identifie alors à la personnalité dans son ensemble (sur les plans physique, émotionnel et mental).

Ce processus d'évolution, quoique simplifié, est général, dans l'infiniment grand comme dans l'infiniment petit. Il s'applique à l'homme, aussi bien sur l'ensemble de ses vies que sur une seule vie ou sur des parties de sa vie, comme sa petite enfance.

Si nous existons, c'est parce que nous sommes en perpétuelle évolution. Accepter consciemment d'évoluer signifie que l'on a la volonté de cesser de résister à la vie, que l'on accepte de grandir chaque jour davantage, avec tous les changements que cela suppose. Ne pas résister, c'est accepter profondément les gens et les événements, tels qu'ils sont. C'est une leçon inclusive, c'est-à-dire qui inclut toujours plus de choses.

Il faut donc modifier l'attitude exclusive qui est commune à chacun d'entre nous. Celle du petit enfant entre l'âge de deux et trois ans, avec sa phrase clé: «Non, je veux pas!» parce que les gens ou les événements ne sont pas exclusivement comme il le désire. L'inclusivité augmente, l'exclusivité réduit. Dans ce sens, travailler sur son Enfant Intérieur permet de modifier l'attitude de base de tout individu dit «adulte»: une attitude systématique de rejet vis-à-vis de tout ce qu'il ne connaît pas et une utilisation erronée de son pouvoir de décision.

Le devenir de l'être humain est l'élargissement infini de sa conscience. Un jour, celle-ci inclura l'Âme et, plus tard encore, l'Univers-Dieu tout entier.

PETITE LEÇON D'ANATOMIE SUBTILE

L'être humain est constitué d'une personnalité, d'un «Je» et d'une Âme.

La personnalité comprend trois corps vibrant à des vitesses différentes, qui sont imbriqués les uns dans les autres, à la façon des poupées russes (voir illustration ci-après).

Ces corps sont:

1. Le corps physique

Fait de matière physique, c'est le plus dense, car c'est celui qui vibre le plus lentement.

La matière est composée d'atomes. L'atome comprend un noyau autour duquel tournent des particules. Plus ces particules tournent lentement autour du noyau, plus le corps physique est dense. C'est cette vitesse de rotation que l'on appelle «vibration».

L'œil physique ne peut voir que ce qui vibre à la même vitesse que lui, c'est-à-dire uniquement ce qui est physique. Tout ce qui vibre plus vite ne lui est pas perceptible.

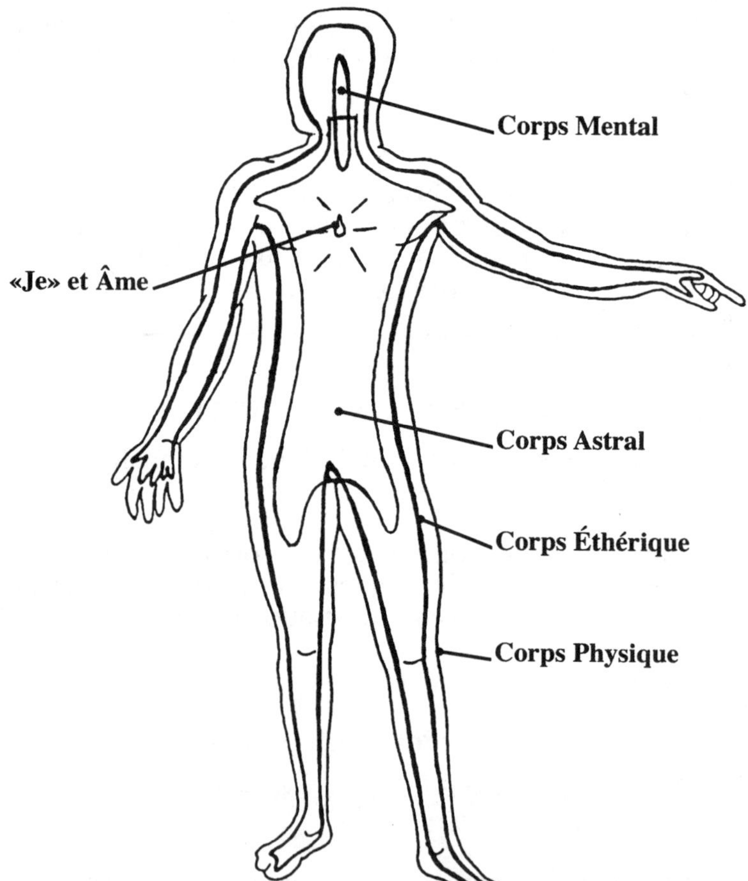

Emplacement des différents corps subtils à l'intérieur du corps physico-éthérique

Le corps physique constitué d'atomes est maintenu dans son intégrité par le corps éthérique qui l'interpénètre étroitement. Comme un moule ou comme un ciment, le corps éthérique permet la cohésion du corps physique en une forme unique. Il est constitué d'un réseau formé de multiples canaux très fins appelés *nadis*. Sa fonction est d'emmagasiner la lumière et la chaleur du soleil, et de les faire circuler dans tout le corps physique pour le nourrir en énergie de vie. Cette énergie est appelée *prana,* en Orient.

La matière est énergie, et toute matière émet un rayonnement plus ou moins important, en fonction de sa vibration. L'émanation du corps physico-éthérique s'appelle l'«aura éthérique». Elle est de couleur bleu gris et elle forme une enveloppe de quelques centimètres autour du corps physique. L'œil étant la partie la plus fine et la plus subtile de l'être humain, il est possible, avec un peu d'entraînement, d'en affiner la vision et de percevoir cette aura.

2. Le corps astral

Celui-ci se trouve à l'intérieur du corps physico-éthérique et il a presque la même forme que le corps physique. Il est fait de matière subtile et vibre plus rapidemment que le corps physico-éthérique.

Il est constitué de toutes les émotions, de tous les désirs et de tous les sentiments qui animent l'être humain. C'est un corps très instable, toujours en mouvement et très coloré.

Ce corps est aussi appelé «corps émotionnel». C'est une appellation un peu limitative, car ce corps renferme plus que les émotions. Il contient aussi tous les désirs et tous les rêves de l'être humain.

Du corps astral émane un rayonnement qui va au-delà du corps physique et qui entoure celui-ci jusqu'à un mètre, un mètre cinquante de distance. Cette aura peut être perçue par clairvoyance, et dans certaines conditions. Elle est très instable, très colorée, et on peut y voir des formes représentant des choses que l'on désire fortement. Sachez que lorsqu'on parle d'aura, c'est en général de l'aura émotionnelle qu'il s'agit.

Même si vous ne croyez pas à l'existence du corps astral, parce que vous ne l'avez jamais vu, vous pouvez concevoir son existence du fait que vous éprouvez des émotions, des sentiments et des désirs, et que vous rêvez la nuit.

3. Le corps mental

Le corps mental se trouve à l'intérieur du corps astral. Il est beaucoup plus petit cependant, et sa forme n'a pas grand-chose à voir avec celle du corps physique, car elle est plutôt ovoïde. Fait de matière subtile, il vibre encore plus rapidement que le corps émotionnel.

Il est constitué de toutes les pensées, de tous les idéaux et de toutes les croyances qui animent l'être humain. Il est beaucoup plus stable que le corps émotionnel, et surtout très lumineux.

L'émanation du corps mental va encore plus loin que celle du corps émotionnel, soit de un à trois mètres tout autour du corps physique.

Même si vous ne croyez pas non plus à l'existence du corps mental, vous pouvez concevoir son existence du fait que vous pensez, que vous avez des croyances et des idéaux.

En résumé, l'émanation du corps est inversement proportionnelle à sa vibration: plus le corps est petit et vibre vite, plus son émanation à l'extérieur du corps physique est grande et lumineuse.

LE «JE» OU LA CONSCIENCE

La Conscience est une parcelle de lumière, c'est le «Je» ou le «témoin» qui permet de s'identifier. Selon l'endroit où l'on place sa conscience, on atteint un état (ou niveau) de conscience particulier.

- Si nos préoccupations dominantes sont uniquement celles du corps physique et que toute notre vie est basée là-dessus (confort, sécurité, aspect), il y a identification

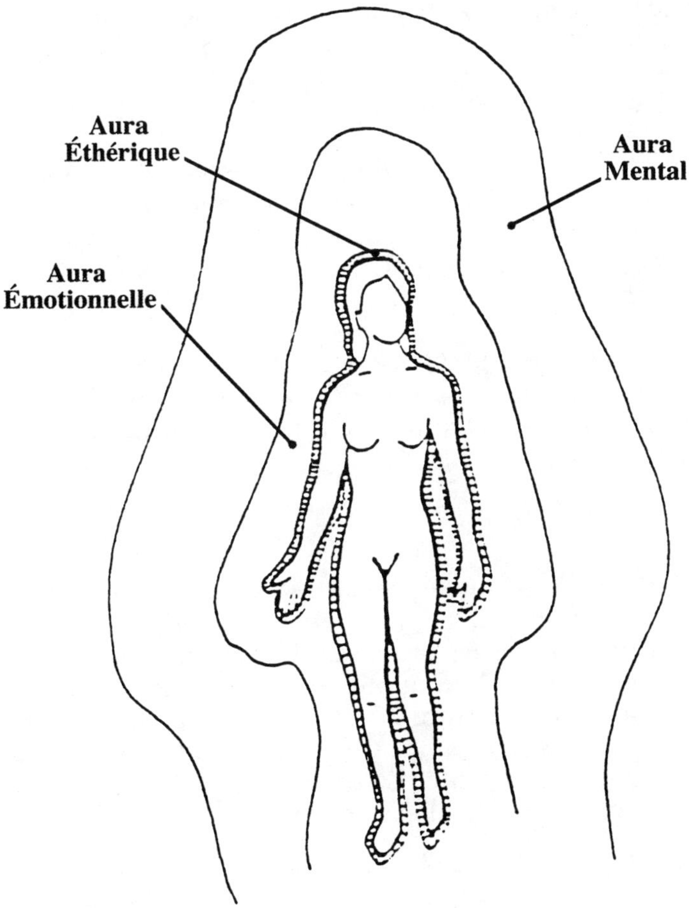

Emplacement des différentes auras

au corps physique. La conscience se situe alors dans lecorps physique, et c'est lui qui régit notre comportement dans notre vie quotidienne.

- Si nos préoccupations dominantes sont relationnelles ou si elles sont reliées à la satisfaction de nos désirs, il y a identification à l'affectif, aux désirs et aux émotions que ceux-ci engendrent. La conscience se trouve alors dans le corps astral, et c'est lui qui régit notre comportement dans notre vie quotidienne.

- Si les préoccupations dominantes sont reliées à la poursuite d'un idéal, aux pensées libérées de toute attente personnelle, il y a identification aux pensées et aux idéaux. La conscience se situe alors dans le corps mental, et c'est lui qui régit notre comportement.

Le «Je» devient pleinement actif lorsqu'il est tourné vers les idéaux spirituels. C'est le fait d'associer sa pensée à son cœur et de l'orienter vers des réalités célestes qui permet au «Je» de s'unir graduellement à l'Âme.

Attention!

Même si l'être humain pense de plus en plus et semble se laisser diriger par son mental, il est encore polarisé au niveau du corps astral, qui gouverne la masse de ses réactions et de ses comportements dans la vie quotidienne. Le mental est utilisé, certes, mais à travers le filtre du corps astral, ce qui «voile» la pensée. Les pensées, les croyances et les idéaux sont mélangés avec des désirs et des attentes de toutes sortes. On peut dire que l'homme est polarisé sur le plan astro-mental.

Par exemple:

- Si on adhère à une religion et qu'il n'y ait que cela qui compte dans sa vie, c'est toujours parce qu'on souhaite gagner son paradis et être assis à la droite de Dieu. Le désir et l'attente sont ici évidents, et la polarisation se situe bien sur le plan du corps astral.

- Si on se bat pour faire régner la paix dans le monde ou pour guérir une maladie dont souffre l'humanité, on s'occupe des autres. La polarisation peut alors sembler se trouver dans le corps mental, car on croit agir sans aucune attente ni désir. Or, cela ne reflète pas la réalité, car on attend forcément de la reconnaissance ou une gratification quelconque. Et le fait de ne pas en être conscient ne change rien à la situation. Ici encore, la polarisation se situe sur le plan astral. À moins d'être un authentique sage, l'altruisme et le service ont toujours leur source dans le corps astral.

Servir et aimer avec son corps astral ne constitue pas un problème. Le problème serait plutôt de ne pas le savoir et surtout de ne pas l'accepter. Car on ne peut dépasser que ce l'on accepte profondément. Toute attente (ou désir) non reconnue est refoulée et augmente l'inconscience.

L'humanité dans sa globalité n'est pas encore assez évoluée pour que la conscience se focalise spontanément dans un corps mental qui soit dépouillé d'astral. Le «transfert» de conscience du corps astral au corps mental doit se faire consciemment, par une démarche de travail sur soi.

Travailler sur soi signifie:

- Accepter de se remettre en question;
- Apprendre à se calmer, à s'intérioriser;
- Se purifier sur tous les plans de son être afin d'ouvrir son cœur;
- Utiliser des techniques psychiques de méditation afin de modifier ses comportements ou attitudes ainsi que ses croyances, et, d'une façon générale, tout ce qui est conditionné, de manière à s'individualiser, en s'occupant de son Enfant Intérieur, etc.;
- Enfin, et c'est sans doute là l'élément le plus important, c'est manifester dans la vie concrète et quotidienne les prises de conscience que l'on a faites en méditation.

Cela signifie qu'après tout exercice méditatif, il est primordial de rester attentif et vigilant à tout ce qui se passe dans sa vie quotidienne afin d'adopter une attitude qui soit en accord avec son travail psychique.

Le transfert de conscience du corps astral au corps mental demande en plus des qualités qu'il est nécessaire de cultiver: humilité, patience, courage, persévérance et confiance. Il est impossible d'agir seul dans son coin, car tant que la conscience se trouve dans le corps astral, l'être humain demeure dans le brouillard. Il faut donc nécessairement un point de référence, comme un phare qui indique la direction à prendre. Ce point de référence, ce phare qui éclaire dans la brume, est un individu, et pas n'importe lequel. Cette personne doit être ce que l'on appelle un «éveillé».

Un «éveillé» est quelqu'un dont la conscience est définitivement stabilisée au niveau mental, dans sa vie de tous les jours. Cela signifie que son corps mental a été illuminé par la lumière du monde spirituel (l'Âme). Cette lumière lui permet de voir la réalité, d'être conscient, car le voile épais de l'attente et du besoin (l'inconscience) a été dissipé. Cette personne est donc à même de guider ceux qui, dans le brouillard, aperçoivent sa lumière et acceptent de la prendre comme référence. Pour plus de précisions concernant ce sujet, très controversé car incompris, du Maître (l'«éveillé») guidant ceux qui aspirent à élargir le plus possible leur conscience, je vous conseille le livre *Chercheur de Lumière* de Pierre Lassalle, chez le même éditeur.

LES CHAKRAS

«Chakra» signifie «roue» ou «tourbillon». Un chakra est un centre d'énergie qui se trouve dans le corps éthérique. Ce n'est pas quelque chose de physique.

Comme je l'ai expliqué précédemment, le corps éthérique est constitué d'un réseau de multiples canaux très fins (*nadis*), dans lesquels passe l'énergie de vie. Par leurs croisements, ces *nadis* forment de petits centres d'énergie. Lorsqu'ils se croisent en grand nombre dans une même zone, comme c'est le cas le long de la colonne vertébrale et dans la tête, ils forment des centres d'énergie majeurs que l'on nomme «chakras».

Les chakras sont des tourbillons de force qui font tournoyer la matière éthérique, astrale et mentale. Ils peuvent être vus comme des sortes d'entonnoirs qui tournent sur eux-mêmes, dans le sens des aiguilles d'une montre.

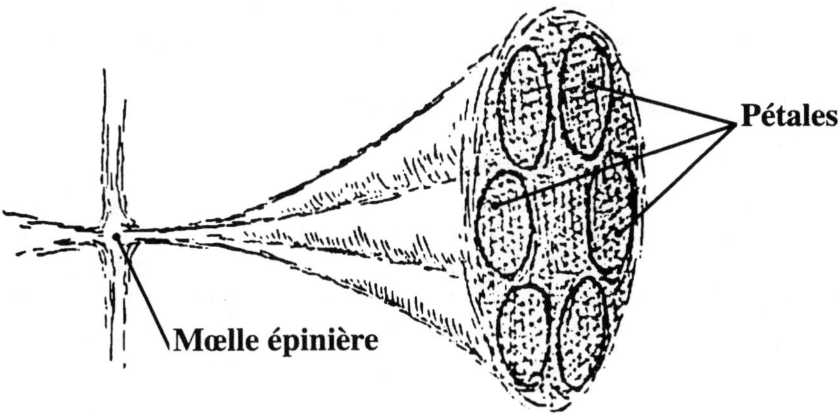

La représentation d'un chakra

Les «chakras» sont au nombre de sept et sont répartis dans le corps comme suit:

- Le 1er chakra se trouve au niveau du coccyx;
- Le 2e est situé au niveau du ventre;
- Le 3e se trouve au niveau du plexus solaire;
- Le 4e est situé au centre de la poitrine;
- Le 5e se trouve au niveau de la gorge.

Les deux derniers chakras se trouvent dans la tête:

- Le 6e est situé entre les sourcils;
- Et le 7e sur le dessus de la tête.

À quoi servent les chakras?

Vous savez maintenant que c'est le corps éthérique qui emmagasine l'énergie solaire, ou énergie cosmique, mais aussi l'énergie de la terre, ou énergie tellurique.

Les chakras servent à transformer ces énergies de façon que le corps physique puisse les utiliser sans danger. Ce sont des filtres, des adaptateurs qui ne laissent entrer dans le corps physique que ce que celui-ci est capable de recevoir.

Plus on évolue et plus les tourbillons d'énergie que sont les chakras s'agrandissent, plus leurs vibrations s'accélèrent, permettant ainsi au corps physique de recevoir de plus en plus d'énergie. C'est l'Âme qui décide de la quantité et de la qualité d'énergie dont a besoin le corps physico-éthérique pour qu'il soit un jour complètement à son service et qu'il manifeste la lumière sur la terre.

Il ne sert donc à rien de vouloir «éveiller» ces centres d'énergie artificiellement, par des méthodes miracles. C'est une perte de temps, puisque c'est une décision qui dépend de l'Âme et non de la personnalité. Il est beaucoup plus utile de travailler sur soi, c'est-à-dire de se purifier, d'ouvrir son cœur à l'amour et de s'individualiser par la connaissance de soi. Les centres se développeront alors inévitablement, et sans désagréments pour le corps physique.

Chaque chakra correspond à un secteur de vie particulier. En simplifiant, cela signifie que selon la façon dont «tourne» la spirale d'énergie d'un chakra (sens, vitesse, amplitude, etc.), l'être humain adopte une attitude précise et «attire» à lui des situations précises, dans le secteur de vie se trouvant en relation avec le chakra concerné.

Il est possible, par des techniques méditatives, d'«entrer» psychiquement dans ses chakras, ce qui permet de comprendre à quoi ils servent et surtout de ressentir s'ils sont en harmonie ou non. Car s'il n'est pas recommandé de les ouvrir «de force», il est souhaitable de chercher à les harmoniser.

Je vous donne ci-après la liste des correspondances entre les secteurs de vie et les chakras. C'est une liste non exhaustive, car ce sont surtout les trois premiers chakras et les analogies nécessaires à la compréhension du présent ouvrage qui sont abordés.

Chakra 1

C'est le chakra racine ou coccygien. Dans le corps physique, il se situe au niveau du coccyx et du périnée (à mi-chemin entre l'anus et les parties génitales pour l'homme, le col de l'utérus pour la femme).

Correspondances:

- Glandes endocrines: les surrénales;
- Anatomie: les organes sexuels, le squelette;
- Relié à l'élément Terre et au toucher;
- Couleurs: rouge et noir.

C'est le chakra de tout ce qui est solide et matériel (comme le corps physique), le chakra des structures, des instincts et des limitations de l'espace-temps. C'est aussi le chakra de la sécurité, de la sexualité, de la capacité à se stabiliser et à concrétiser. Il est en analogie avec le premier plan de conscience et le corps physique.

Mot clé du premier chakra: **existence** (symbiose).

Chakra 2

C'est le chakra sacré ou «Hara». Dans le corps physique, il se situe entre la cinquième vertèbre lombaire et la première vertèbre sacrée, au niveau du ventre, juste sous le nombril.

Correspondances:

- Glandes endocrines: les gonades sexuelles (ovaires et testicules);
- Anatomie: la partie basse du système digestif, les intestins et, de façon générale, tous les liquides du corps (sang, lymphe, urine);

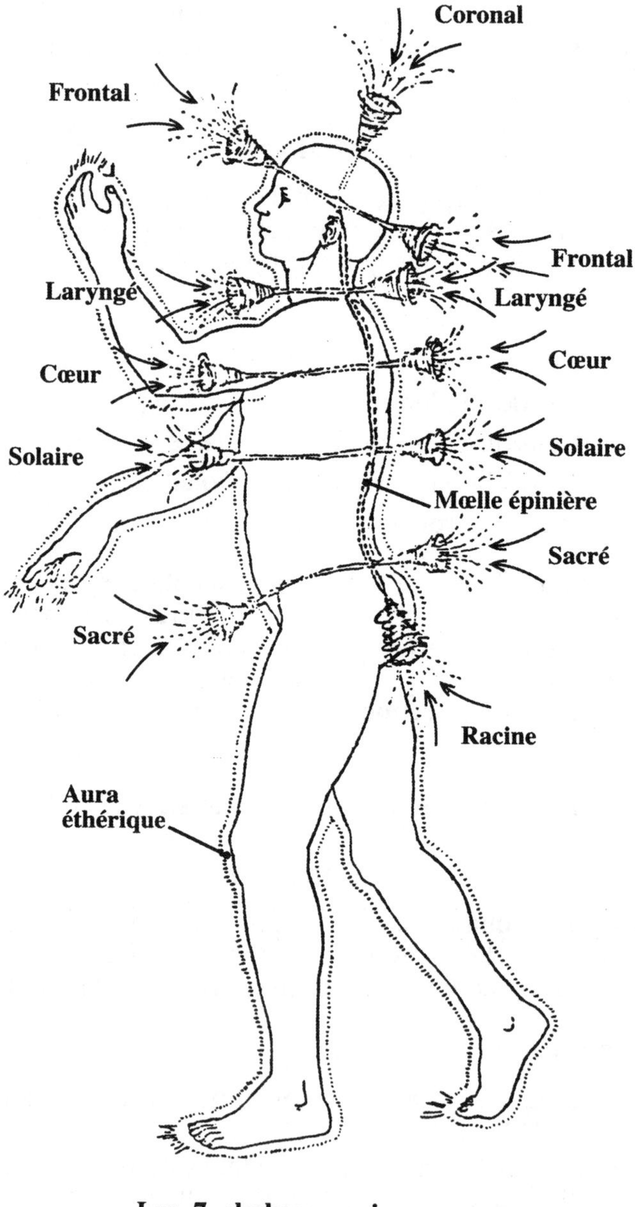

Les 7 chakras majeurs

- Relié à l'élément Eau et au goût;
- Couleur: orange.

C'est le chakra relationnel par excellence (la relation à l'autre dans son côté intime). Il fonctionne essentiellement avec l'affection et le sentiment. C'est le chakra de l'amour purement personnel et orienté vers l'autre.

L'amour est stimulé et dicté par la présence de la personne (en réalité ou en pensée), et éteint en son absence. C'est un amour extérieur qui s'appuie sur le besoin ou le désir de l'autre. Cet amour est celui qu'expérimente l'enfant, entre un et deux ans.

L'adulte restera à ce stade toute sa vie s'il ne cherche pas à élargir sa compréhension de l'amour. En travaillant sur lui, son amour deviendra graduellement plus intérieur, avec de moins en moins d'attentes ou de désirs extérieurs. C'est le défi de toute une vie, qui mène à l'amour inconditionnel ou inclusif (l'amour expérimenté dans le quatrième chakra, ou chakra du cœur).

Le deuxième chakra est le centre de la famille, de la procréation, de la mort, du passé et des émotions. C'est aussi le chakra des sensations et des désirs. C'est par lui que, plus tard, les hommes ressentiront l'aspect sacré de la vie. Ce chakra est en analogie avec le deuxième plan de conscience et le corps astral.

Mot clé du deuxième chakra: **relation** (affection).

Chakra 3

C'est le chakra solaire. Il se situe entre la première et la deuxième vertèbres lombaires, au niveau du plexus solaire, au creux de l'estomac.

Correspondances:

- Glandes endocrines: le pancréas et la rate;
- Anatomie: la partie haute du système digestif, l'estomac, le foie, la vésicule biliaire;
- Relié à l'élément Feu et à la vue;
- Couleur: jaune.

C'est aussi un chakra relationnel (la relation aux autres dans son aspect social). Il fonctionne moins avec l'affection qu'avec la comparaison ou la compétition.

Chakra de l'affirmation de soi, de l'identité, du pouvoir personnel et de la perception, c'est aussi celui de la valeur, des rapports de force, de la lutte contre soi-même et des émotions chaudes (colère). C'est ce chakra qui est chargé de distribuer l'énergie pranique dans le corps éthérique. Il est en analogie avec le troisième plan de conscience et le corps mental.

Mot clé du troisième chakra: **autonomie** (identité).

Chakra 4

C'est le chakra du cœur. Il se situe entre la quatrième et la cinquième vertèbres dorsales, au niveau du milieu de la poitrine.

Correspondances:

- Glande endocrine: le thymus;
- Anatomie: le cœur et le système circulatoire;
- Relié à l'élément Air et à l'odorat;
- Couleurs: vert et rose.

C'est le chakra de l'acceptation de soi et de l'amour inconditionnel. L'amour associé à ce chakra va au-delà de la relation intime avec l'autre (deuxième chakra) et au-delà de la relation sociale avec les autres (troisième chakra). L'amour est ressenti de l'intérieur. Il est donc intérieur et inclusif — en ce sens qu'il inclut toujours plus de choses —, contrairement à l'amour du deuxième chakra, qui est extérieur et exclusif. La volonté d'émettre ou de prendre de l'amour n'a plus sa raison d'être. Cet amour est une joyeuse acceptation de soi-même et de la place que l'on occupe parmi les autres. S'installent alors en soi une profonde paix qui vient de l'absence de besoin et une qualité de rayonnement qui résulte de l'harmonie qui règne à l'intérieur de soi.

Un jour, cet amour du cœur devient constant et n'a plus besoin d'être relié à un objet. Il prend alors la qualité vibratoire du divin. C'est l'amour inconditionnel.

Le quatrième chakra est le centre de la paix et de la guérison. C'est aussi le chakra de l'intuition, de l'harmonie, de l'innocence et de la réceptivité. C'est par ce chakra que l'on peut avoir accès à son Âme. Il est en analogie avec le quatrième plan de conscience.

Mot clé du quatrième chakra: **amour inconditionnel**.

Chakra 5

C'est le chakra laryngé. Il se situe entre les sixième et septième vertèbres cervicales, au niveau du bas de la gorge.

Correspondances:

- Glandes endocrines: la thyroïde et les parathyroïdes;
- Anatomie: le système nerveux et les poumons;
- Relié à l'élément Éther et à l'ouïe;
- Couleur: bleu.

C'est le chakra de la communication, de l'expression de soi et de la créativité. C'est aussi le chakra de l'individualisation et de la guidance spirituelle. Il est en analogie avec le cinquième plan de conscience.

Mot clé du cinquième chakra: **créativité**.

Chakra 6

C'est le chakra frontal. Dans le corps physique, il se situe au niveau du front, entre les sourcils.

Correspondances:

- Glande endocrine: glande pituitaire ou hypophyse;
- Anatomie: cerveau;
- Relié à l'Éther;
- Couleur: indigo ou marine.

C'est le chakra de la visualisation, de la connaissance de soi (en tant qu'individu) et de la clairvoyance. C'est aussi le chakra de l'unité intérieure, de l'intuition et du discernement. Il est en analogie avec le sixième plan de conscience.

Mot clé du sixième chakra: **unité**.

Chakra 7

C'est le chakra coronal. Il se situe juste au-dessus de la tête, au niveau de la fontanelle.

Correspondances:

- Glande endocrine: la pinéale ou épiphyse;
- Anatomie: cerveau;
- Relié à l'Éther;
- Couleurs: violet et or.

C'est le chakra de la connaissance du Soi (en tant qu'Âme), de la vérité et des croyances. C'est aussi le chakra de la volonté spirituelle, de la foi et de la sagesse. Il est en analogie avec le septième plan de conscience.

Mot clé du septième chakra: **fusion**.

Chapitre 2

TOUT SE JOUE EN TROIS ANS!

L'être humain actuel est le résultat d'un très long processus d'évolution qui a duré des millénaires. Cet être porte en lui, dans chacune de ses cellules, l'histoire de l'humanité, l'histoire de la terre. Cette histoire est aussi consignée dans les «Archives akashiques», qui sont la mémoire de l'univers. Il est possible d'y avoir accès par clairvoyance.

Ce passé de l'humanité peut être représenté comme comportant trois phases essentielles, correspondant au déploiement de la conscience dans la création.

Chacune de ces phases a duré des millions d'années et a permis le développement des trois corps qui constituent la personnalité de l'être humain d'aujourd'hui.

La conscience s'est d'abord déployée dans le corps physico-éthérique (première phase), puis dans le corps astral (deuxième phase) et enfin dans le corps mental (troisième phase). Simultanément, la terre se refroidissait et la matière se densifiait de plus en plus.

Cela signifie qu'au début de l'humanité actuelle, l'homme n'avait qu'une sensibilité instinctive, reliée au corps physico-éthérique. Il n'avait encore ni sentiments, ni pensées. Puis sa conscience ayant pris de l'expansion, il a acquis une sensibilité émotionnelle et affective. Enfin, sa conscience s'est encore accrue, et il a développé la faculté de penser.

La création est un perpétuel recommencement: tout ce qui se manifeste sur terre est le résultat d'une longue maturation et doit forcément passer de nouveau par toutes les phases acquises au cours des cycles précédents pour pouvoir aller plus loin.

Ainsi, à chaque (re)naissance, l'être revit toutes les phases du développement humain depuis l'origine. Ces phases sont récapitulées concrètement et de façon accélérée au cours de la toute petite enfance. La conscience se déploie de nouveau dans le corps physico-éthérique, puis dans le corps astral, et enfin dans le corps mental.

Nous avons découvert que toute la reconstruction du futur adulte se faisait durant les trois premières années de sa vie. Tout ce qui se passe ensuite n'est qu'une répétition de ce qui a été vécu durant ces trois années.

Le côté original et tout à fait inédit de notre approche de l'Enfant Intérieur tient dans le fait que nous avons mis ces trois premières années de l'enfance en relation avec les trois premiers chakras.

Ces trois premiers chakras sont en analogie avec les trois corps qui constituent la personnalité:

1re année	1er chakra	le corps physico-éthérique
2e année	2e chakra	le corps astral
3e année	3e chakra	le corps mental

Cela signifie que la conscience de l'enfant «se déploie» dans le premier chakra au cours de la première année, puis qu'elle prend de l'expansion pendant la deuxième année, jusqu'à englober le deuxième chakra, et qu'elle poursuit ensuite son expansionjusqu'à englober le troisième chakra, au cours de la troisième année.

Il lui faut vingt-huit ans en tout pour bien englober les trois chakras et pour les faire (à peu près) fonctionner ensemble, comme une unité, permettant ainsi à l'enfant de devenir adulte. Ce processus s'effectue comme suit:

- Sept ans pour le corps physique (de 0 à 7 ans);
- Sept ans pour le corps éthérique (de 7 à 14 ans);
- Sept ans pour le corps astral (de 14 à 21 ans);
- Sept ans pour le corps mental (de 21 à 28 ans).

La première année, l'enfant pose les bases de son fonctionnement physique et éthérique, qui se poursuivra jusqu'à l'âge de quatorze ans. À sept ans, le corps physique devient autonome (c'est l'âge de raison) et le corps éthérique «naît», au moment où les premières dents définitives apparaissent. Le corps éthérique devient autonome à la puberté.

La deuxième année, l'enfant pose les bases de son futur fonctionnement relationnel et affectif, qui se poursuivra jusqu'à l'âge de dix-huit, vingt ans (en fait, il s'effectue entre quatorze et vingt et un). À vingt et un ans, le corps astral devient autonome.

La troisième année, l'enfant pose les bases de son fonctionnement mental et social, qui se poursuivra jusqu'à l'âge de vingt-huit ans environ. (Il s'échelonnera en fait entre vingt et un et vingt-huit ans). Autour de vingt-huit ans, le corps mental devient autonome, ce qui correspond à la période où la croissance physique se termine définitivement, les derniers os du corps humain finissant de se souder (coccyx).

L'être humain a désormais la liberté d'utiliser son libre arbitre. Il peut, s'il le désire, travailler à l'expansion de sa conscience dans les chakras supérieurs afin de donner naissance à son corps spirituel.

Pour mieux expliquer ce phénomène, nous allons revenir aux trois premières années de l'enfance, en tant que canevas de base de la poupée russe que nous sommes:

- La première année, la conscience de l'enfant passe dans le premier chakra. C'est le chakra de l'espace, celui qui permet l'existence. Le bébé prend conscience qu'il est dans un corps physique. Il expérimente le secteur de vie correspondant au premier chakra, c'est-à-dire le plan physique, avec ses instincts et son besoin de survie: nourriture, contact physique, chaleur, abri et amour instinctif. Si l'enfant est blessé dans ce secteur de vie, il devient ce que nous appelons, l'«Enfant Inexistant».

- Au cours de la deuxième année, la conscience de l'enfant s'élargit et englobe le deuxième chakra. C'est le chakra du son, celui qui permet la relation. Le jeune enfant s'aperçoit qu'il est distinct de l'autre (de sa mère en particulier) et il ressent des attirances ou des répulsions par rapport aux gens qui l'entourent.

  Il prend conscience de son corps astral ou émotionnel. En plus de son corps physique, il prend conscience du sentiment et de l'affection. Il perçoit nettement le plaisir et la souffrance rattachés au rapprochement et à l'éloignement, de sa mère en particulier. Cela déclenche chez lui des émotions. Puis il a lui-même la possibilité de se rapprocher ou de s'éloigner de l'autre lorsqu'il commence à marcher.

  L'enfant expérimente ainsi le secteur de vie qui correspond au deuxième chakra, c'est-à-dire le plan relationnel et affectif, avec ses sensations et son besoin d'amour. S'il est blessé dans ce secteur de vie, il devient ce que nous appelons l'«Enfant Abandonné».

- Au cours de la troisième année, la conscience de l'enfant s'élargit encore et englobe le troisième chakra. C'est le chakra du feu, dont la lumière procure la compréhension. En plus de son corps physique et émotionnel, l'enfant commence à penser. La conscience du

«Je», ou de l'identité, se développe. C'est l'âge où il se rend compte de l'importance qu'il a par rapport aux autres. Il commence alors à vouloir nettement se distinguer des autres et à s'affirmer.

Il expérimente ainsi le secteur de vie qui correspond au troisième chakra, c'est-à-dire le plan de l'identité et du pouvoir, avec son besoin d'affirmation de soi et de reconnaissance de sa valeur. S'il est blessé dans ce secteur de vie, il devient ce que nous appelons l'«Enfant Rebelle».

Il est important de noter que cet élargissement de conscience par rapport à un autre ne se fait pas d'un seul coup, ni du jour au lendemain. Il s'effectue progressivement.

- Ainsi, même si l'enfant est dans sa première année, il ressent déjà, au bout de quelques semaines, l'influence du deuxième chakra. Pourtant, il ne passe réellement dans sa deuxième année que lorsque sa conscience se stabilise en permanence dans le deuxième chakra. Cette stabilisation se manifeste par un progrès extérieur notable, et très significatif pour l'enfant (il marche).

- Il faut par ailleurs comprendre que même si la conscience de l'enfant est stabilisée au deuxième chakra, l'expérimentation du premier chakra n'en est pas pour autant terminée. Elle se poursuit de façon marquée jusqu'à l'âge de sept ans, et de façon régulière durant toute sa vie, car le champ d'expérience de chaque chakra est infini.

Il en est de même pour le «passage» dans le troisième chakra.

- L'enfant peut commencer à avoir des attitudes qui dépendent du troisième chakra avant l'âge de deux ans, mais nous considérons qu'il ne passe dans sa troisième année que lorsqu'il cherche nettement à s'affirmer et à faire preuve d'un début de réflexion.

- Même si la conscience de l'enfant est stabilisée dans le troisième chakra, l'expérimentation du premier et du deuxième chakras se poursuit jusqu'à l'âge de quatorze et vingt et un ans respectivement, et toute la vie en général.

Ces trois premières années sont les années de base sur lesquelles se construit tout l'édifice de la personnalité. Mais en attendant que ces bases soient établies, que se passe-t-il pour l'enfant?

Vous vous êtes peut-être déjà fait la réflexion suivante, à savoir que les tout-petits donnaient souvent l'impression d'être comme protégés par une main céleste. Ils font parfois des chutes incroyables, évitent d'extrême justesse l'accident fatal, ou encore ils endurent des traitements qu'aucun adulte ne serait capable de supporter. La sagesse populaire parle d'«ange gardien». Et elle dit vrai, même si cette notion a parfois une connotation trop religieuse. L'enfant est réellement protégé par le monde invisible, peu importe ce que l'on conçoit par le terme «ange gardien». Pour l'œil habitué à percevoir l'aura éthérique et astrale, l'enfant apparaît comme enveloppé dans un halo lumineux et protecteur très particulier, en ce sens qu'il ne peut être perçu que sur les tout-petits (jusqu'à trois ans et demi, maximum). En fait, pendant ces trois premières années, les forces spirituelles agissent directement sur l'enfant. Ces forces, au nombre de trois, agissent simultanément.

La première est reliée à l'**espace** (et au temps[1]). Son action permet d'occuper l'espace et de s'y orienter. C'est par son influence que, tout au long de la première année, la conscience de l'enfant remplit son espace puis qu'elle s'oriente à l'intérieur de celui-ci. L'enfant prend conscience de son corps en expérimentant les besoins physiques (faim, soif, espace, etc.) et il apprend à maîtriser suffisamment celui-ci pour coordonner ses gestes et marcher tout seul (orientation dans l'espace).

1. Le temps n'existe que dans l'incarnation. Ce n'est pas une dimension de l'Âme. Cependant, dans le monde physique et matériel, l'espace ne peut être compris sans la notion de temps puisque c'est grâce à une succession d'événements que la conscience humaine incarnée prend connaissance de son espace.

- La deuxième force est reliée au **son**. Son action permet la formation du larynx de l'enfant. Son influence, tout au long de la deuxième année, conduit la conscience à vouloir moduler le son. L'enfant articule ses premières syllabes et n'émet plus seulement des cris ou des gazouillis. Il apprend à maîtriser suffisamment le son pour pouvoir articuler clairement, puis prononcer, l'un à la suite de l'autre, des sons très différents. Il parle et peut établir ainsi la relation.

- La troisième force est reliée à la **lumière**. Son action permet la formation de certaines zones du cerveau. Son influence, tout au long de la troisième année, amène l'enfant à la réflexion et lui donne la faculté de penser. L'enfant apprend à maîtriser suffisamment la lumière pour être capable de comprendre et pour avoir conscience de ce qu'il est.

Ces trois forces sont issues des trois aspects de ce que la religion chrétienne appelle la Sainte Trinité: le Père, le Fils, le Saint-Esprit, ou *sat-chit-ananda* pour les orientaux.

- De l'aspect «Père» rayonne une force qui est celle de l'orientation dans l'espace et de la formation, ce qui permet l'existence (première année de l'enfance).

- De l'aspect «Fils» rayonne une force qui est son et amour, ce qui permet la relation (deuxième année de l'enfance).

- De l'aspect «Saint-Esprit» rayonne une force qui est lumière et conscience de soi, ce qui permet la compréhension (troisième année).

Ces trois aspects sont comme fondus l'un dans l'autre. Ils sont un. Rien ne peut se manifester sans cette fusion «trois en un». Ainsi, l'association espace-son-lumière permet la création tout entière.

Revenons maintenant à l'enfant. Au bout de trois ans, trois ans et demi au maximum, l'enfant devient conscient de lui-même en tant qu'être humain à part entière, bien distinct des autres. Alors, l'influence directe des forces spirituelles se retire. La fontanelle, qui se trouve sur le dessus du crâne de l'enfant, finit de se fermer, pour se sceller définitivement.

L'enfant agit désormais sous l'action des forces de sa personnalité. Le monde spirituel a laissé son empreinte dans lapersonnalité, mais tout dépend de la manière dont cette empreinte s'est enregistrée. Si elle est à peine enregistrée ou si elle l'est de façon erronée, seul le travail sur soi effectué à l'âge adulte pourra l'améliorer.

Il faut savoir, en effet, que ces forces de l'Âme sont extrêmement puissantes et qu'elles agissent sur l'enfant sans qu'il en soit conscient et sans qu'il ait à intervenir pour les ressentir. Elles agissent directement et sans danger sur l'enfant jusqu'à l'âge de trois ans parce que le petit est suffisamment souple et malléable pour que son organisme physique les supporte sans risque.

Mais l'organisme rigide de l'adulte se briserait sous la puissante pression du caractère sacré et divin de ces forces. Cependant, ces dernières peuvent à nouveau agir sur la personnalité si l'individu effectue une démarche volontaire et consciente afin de retrouver son Âme, grâce à la méditation et au travail sur soi. Donc, toute empreinte mal faite peut être améliorée. Ce n'est qu'une question de libre arbitre.

Je vous disais plus haut que l'Âme laissait son empreinte sur la personnalité, selon la façon dont cette empreinte avait été enregistrée. En fait, l'enregistrement plus ou moins harmonieux de ces trois forces dans la personnalité de l'enfant dépend des parents. D'après le modèle que les parents donnent à l'enfant, celui-ci intégrera plus ou moins bien ces forces en lui. Ses parents, ou ceux qui assument ce rôle, seront sa référence modèle.

- Pour la première année, c'est-à-dire la période correspondant à l'occupation de l'espace et à l'orientation dans l'espace — ce qui correspond à l'aspect «Père» —, la référence est la mère naturelle ou celle qui assume ce rôle.

- Pour la deuxième année, c'est-à-dire la période de la modulation du son pour l'établissement de la relation — ce qui correspond à l'aspect «Fils» —, la référence est la relation qui existe entre les parents biologiques et celle que l'enfant vit avec chacun de ses deux parents.

- Pour la troisième année, c'est-à-dire celle de l'utilisation de la lumière pour la compréhension et la conscience de soi — ce qui correspond à l'aspect «Saint-Esprit» —, la référence est le père naturel ou celui qui assume ce rôle.

L'enfant imite d'abord sa mère, pour apprendre à utiliser son corps physico-éthérique. Il imite ensuite la relation parentale, pour apprendre à utiliser son corps émotionnel. Il imite enfin son père, pour apprendre à utiliser son corps mental.

Par ces actes successifs de mimétisme et grâce à son extraordinaire faculté d'imitation, l'enfant construit les bases de sa personnalité.

Comme je l'ai déjà signalé dans l'introduction de ce livre, les parents sont choisis par l'Âme de l'enfant. Celle-ci sélectionne les deux modèles qui lui permettront de manifester fidèlement, dans la matière, le fruit de ses multiples expériences. Les expériences que l'Âme a enregistrées au cours de ses différentes incarnations constituent en effet son «bagage». D'après ce «bagage», l'Âme cherchera puis trouvera deux voyageurs qui pourront la conduire exactement là où elle doit aller pour continuer son expérimentation.

Il n'est donc pas utile de se rappeler ses vies antérieures pour connaître le «bagage» de son Âme. La simple observation du comportement parental en dit beaucoup plus long sur son passé que toutes les régressions du monde! En effet, qu'est-ce qui permet à l'Âme de «réinjecter» ses forces dans la personnalité de l'enfant, en accord avec son passé, si ce n'est ses parents?

Tout le travail à effectuer sur l'Enfant Intérieur consiste à retrouver, dans chacune des trois années concernées, les obstacles majeurs qui empêchent l'existence (espace), l'amour (le son) et la conscience (la lumière) de se manifester pleinement en soi.

Peut-être vous demanderez-vous comment on peut retrouver le souvenir de ces trois premières années alors qu'on les a totalement oubliées.

En fait, vous ne les avez pas oubliées mais vous en avez perdu la conscience. En effet, il faut que l'enfant devienne conscient de lui-même et qu'il perçoive son «Je suis» pour commencer à avoir des souvenirs personnels. Avant, comme il n'était pas conscient de lui-même, aucun souvenir ne pouvait s'imprimer dans sa conscience de veille. C'est pourquoi il est quasiment impossible d'avoir de réels souvenirs de sa petite enfance avant l'âge de trois ans!

En résumé

- Le moment où l'enfant devient conscient de lui-même est le point à partir duquel les souvenirs de l'adulte peuvent remonter.

- Il est heureusement possible de retrouver les souvenirs rattachés à ces trois premières années, même si aucun de ceux-ci n'émerge à la conscience de veille. Cela peut s'effectuer grâce à l'intuition et grâce à des techniques méditatives précises faisant appel au «ressenti».

- Chacune de ces années, selon les événements qui s'y sont passés, conditionne une personnalité ou des comportements précis. Les besoins non satisfaits du jeune enfant se répercutent sur le comportement de l'adulte, et c'est ce que je vais maintenant tenter de vous démontrer.

Mais avant de définir les caractéristiques essentielles de cette première année, je souhaite tout d'abord attirer votre attention sur l'événement majeur de l'existence humaine: la naissance au monde physique.

Il existe en effet un lien étroit entre la façon de naître et le «bagage» que l'on ramène de ses vies précédentes, et il peut être intéressant d'en avoir un aperçu.

Je vais donc vous parler de la naissance, bien que cet événement soit antérieur à la période qui nous intéresse (la conception et la période prénatale ne sont volontairement pas abordées).

La connaissance des circonstances associées à la naissance (conception, période prénatale, et même façon de naître) ne sont pas indispensables pour comprendre la petite enfance. Elles sont en effet toujours revécues, sous une forme ou sous une autre, au cours des trois premières années de vie. En vous parlant de la naissance, je cherche donc surtout à vous faire prendre conscience de l'inlassable répétition du schéma incompris. Car c'est toujours la répétition qui permet la compréhension, puis l'éventuelle transformation de tout schéma erroné.

LA NAISSANCE

À l'heure actuelle, dans notre société occidentale, c'est surtout l'aspect extérieur de la naissance qui est pris en considération. La sécurité et le confort de la mère sont exigés, ce qui est un progrès, mais cela entraîne des naissances de plus en plus médicalisées, qui ne tiennent pas compte d'éléments importants contribuant à traumatiser le nouveau-né. Ces éléments que la médecine traditionnelle considère comme des détails, font que même une naissance dite «normale» représente, pour le bébé, une souffrance pouvant être résumée ainsi: lors de son passage dans le col de l'utérus, l'enfant se sent comprimé et écrasé. Il se retrouve ensuite dans un monde froid par rapport à la température du corps humain, ébloui par une lumière généralement trop forte. Pour couronner le tout, le cordon ombilical est coupé trop vite, ce qui ne lui laisse pas le temps de récupérer quelque peu avant de prendre sa première respiration. Et si cette première respiration se fait un peu trop attendre, il est en plus gratifié d'une tape sur les fesses...

L'entrée brutale de l'enfant dans le monde physique ne peut donc que lui donner une image négative de la vie et créer, au départ, un problème concernant l'acceptation de l'incarnation.

On commence maintenant à savoir que déjà bien avant sa naissance l'enfant perçoit tout ce qui se passe et qu'il reste encore longtemps connecté étroitement à sa mère. On peut alors comprendre que les peurs, les croyances et l'attitude de la mère sont susceptibles d'influencer fortement l'enfant.

Or, cet aspect intérieur de la naissance n'est pas encore «passé dans les mœurs», si l'on peut dire. La mère est préparée physiquement, mais jamais psychiquement. Pourtant, la préparation intérieure, même si elle représente la partie cachée de l'iceberg, n'en demeure pas moins, la partie la plus importante. En effet, c'est ce que ressent psychiquement la mère par rapport à elle-même qui conditionne la façon dont se déroulera la naissance. Et la manière de naître constitue toujours un message qui révèle le problème majeur auquel l'enfant sera confronté durant ses trois premières années.

Vous trouverez ci-après une brève description des différents types de naissance, ce qui vous donnera peut-être quelques indications sur vous-même.

1. Naissance par césarienne

La mère est trés insécurisée, car elle croit, inconsciemment, que la vie est une chose dangereuse. Elle a aussi un gros problème de valeur et d'identité, vu qu'elle ne se sent pas capable d'accoucher par les voies naturelles. Ne pas se sentir capable d'aller jusqu'au bout et avoir besoin de se faire aider sont les facteurs psychiques majeurs qui entraînent une césarienne. Bien évidemment, l'enfant perçoit l'opération et le scalpel. Il ramène de ses vies précédentes un problème concernant la notion d'espace-temps: occuper sa place est extrêmement dangereux.

Il aura par la suite une peur instinctive de la vie. La vie lui paraîtra remplie de dangers. Il pourra, par exemple, avoir peur des couteaux et des objets tranchants. Il aura le sentiment très fort qu'il est périlleux d'aller jusqu'au bout des choses ou des situations, car on est forcément violemment interrompu (des projets qui échouent à la dernière minute, ou encore quelqu'un qui prend sa place ou s'approprie ses idées).

L'adulte ressentira une profonde insécurité et cherchera son «sauveur». Il sera persuadé qu'il est en danger et qu'il doit être aidé, car il est incapable de se débrouiller tout seul. Cela peut aussi créer des problèmes avec le toucher, la place occupée, la sexualité et l'identité, et il peut y avoir de la violence dans les relations.

2. Naissance à l'aide de forceps

Ici aussi, la mère est insécurisée. Elle se considère comme une incapable, par méconnaissance d'elle-même. Elle croit inconsciemment qu'elle ne peut aller au bout des choses. Cette croyance est cependant moins puissante que dans le cas précédent, car les forceps sont plus «anodins» que le scalpel. Le bébé perçoit qu'on le manipule et qu'on le blesse. Il ramène de ses précédentes vies un problème avec l'espace-temps: si on occupe sa place, on subit le contrôle et la manipulation des autres.

Plus tard, l'adulte qu'il sera devenu se sentira tout le temps manipulé, ce qui lui créera un problème avec le contrôle: soit il aura besoin de tout contrôler, soit il se sentira contrôlé en permanence.

Par ailleurs, il se sentira incapable de faire les choses tout seul et aura toujours besoin de l'aide des autres. Mais les autres s'y prendront mal et le blesseront.

3. Naissance difficile (enfant en position transversale)

La mère a inconsciemment un gros problème avec l'incarnation. Elle se rejette elle-même et ressent une profonde révolte par rapport à la vie. L'enfant refuse de naître, il se met en travers pour s'empêcher de sortir. Il ramène de ses vies précédentes un problème avec l'espace-temps: un refus d'occuper sa place par rejet de lui-même et des autres.

Devenu adulte, il sera très rebelle et insécurisé. Il aura besoin de tout contrôler et de manipuler autrui. Il mettra souvent de la mauvaise volonté à faire les choses comme on les lui a apprises, car ne pas faire comme tout le monde lui permet de se protéger. Les choses ne seront jamais faciles pour lui, car il aura toujours tendance à tout compliquer. Il pourra aussi avoir de gros problèmes d'identité et d'affirmation de soi, ainsi que des problèmes avec l'autorité, la place et l'orientation dans l'espace.

4. Naissance par le siège

Ici aussi, la mère a inconsciemment un problème avec l'incarnation. Elle rejette ce qu'elle est et refuse la vie, mais ce rejet est moins important que dans le cas précédent. Elle ne sait pas trop ce qu'elle fait dans ce monde ni si c'est bien pour elle d'avoir cet enfant ou non.

Le bébé perçoit qu'il n'est pas vraiment désiré par sa mère. Il ramène de ses précédentes vies une mauvaise occupation de l'espace. Son rejet de lui-même se manifeste davantage par le besoin de souffrir et de s'autopunir que par la rébellion contre l'extérieur.

Devenu adulte, il aura tendance à s'autopunir et à se sacrifier pour les autres, car il se sentira responsable de leurs malheurs et de leurs souffrances, en plus de se sentir incapable, voire violent et dangereux. Il ne saura pas qui il est, ni quelle est sa place dans la vie. Il croira que vivre est une lutte permanente.

5. Naissance trop rapide

Le fait de naître rapidement (sur une durée très courte) signifie que la mère a inconsciemment hâte d'en finir et qu'elle veut se décharger. Elle peut même souhaiter, dans les cas extrêmes, se faire assumer au plus vite par son enfant. Le bébé perçoit qu'il n'a pas le droit d'avoir du temps pour lui, ni de la place pour lui. Il ramène de ses vies précédentes un problème avec l'espace-temps: il se précipite, par peur de ne pas avoir de place, d'être le dernier ou d'être oublié.

Devenu adulte, il aura du mal à rester en place. Il sera agité, inquiet et impatient. Il aura le sentiment de devoir toujours assumer quelqu'un ou quelque chose pour avoir sa place à lui. Il éprouvera une sensation de manquer de temps, de place et d'organisation; la sensation d'être décalé, que tout va trop vite pour lui.

6. Naissance trop lente

Le fait de naître après terme ou de subir un accouchement très long (plus de six heures) signifie que la mère utilise le temps pour se sentir exister. Elle souhaite faire durer sa grossesse dans le temps, de même que sa relation fusionnelle avec son petit, car elle ressent ainsi qu'elle existe. Elle fait tout pour garder son bébé dans son sein. L'enfant perçoit cette résistance maternelle et refuse de naître. Il ramène de ses précédentes vies un problème par rapport à l'espace-temps: il se sent exister s'il parvient à faire durer les choses.

Devenu adulte, il aura beaucoup de mal à lâcher prise, à se laisser aller aux expériences nouvelles de la vie. Il les refusera systématiquement puisque, selon lui, elles sont porteuses de mort et de disparition. Il sera tendu et stressé, et il cherchera à prolonger coûte que coûte des situations qui n'ont plus leur raison d'être. Le changement relationnel et l'acceptation des changements perpétuels de la vie seront ses pires ennemis. Problème essentiel avec le temps et le changement.

7 . Naissance avec le cordon autour du cou

Ici aussi, la mère a inconsciemment un problème avec l'espace-temps. Elle veut tellement faire durer sa grossesse et garder le bébé en elle qu'elle envahit l'espace de son enfant; elle l'attache en nouant le cordon. Ne pouvant prendre son espace, le bébé se sent étouffer. Il ramène de ses vies précédentes un problème avec l'espace-temps: les autres l'étouffent et l'empêchent de prendre sa place.

Une fois adulte, il aura du mal à trouver son espace, sa place en lui, puisque cet espace personnel sera toujours envahi par les autres, et ce, jusqu'à l'asphyxie. Il se sentira donc vite étouffé dans ses relations et «pris à la gorge» par les gens qui lui demandent des services. Il éprouvera des difficultés à communiquer, à s'exprimer et à créer. Sa gorge et sa nuque resteront pour lui une zone fragile.

8 . Naissance prématurée

La mère a, inconsciemment, un problème avec l'incarnation et avec l'acceptation d'elle-même et de la vie. Elle a la sensation que la vie est trop lourde pour elle et elle ne se sent pas capable de porter cet enfant plus longtemps. C'est la couveuse qui prendra le relais. Pour l'enfant, la couveuse c'est l'impossibilité de se suffire à lui-même pour aller au bout de sa croissance. Il ramène de ses vies précédentes un problème avec l'espace-temps et un problème de valeur (identité): «Je suis trop faible pour occuper mon espace.»

Plus tard, l'adulte aura peur de ne pas se suffire à lui-même, et il en découlera pour lui un «ressenti» permanent de faiblesse et de vulnérabilité. Il sera persuadé qu'il a besoin d'aide pour vivre. Dans certains cas, il pourra même se rendre malade pour qu'on s'occupe de lui. Le fait qu'il se sente observé de l'extérieur comme dans un bocal en verre, lui donnera le sentiment que dans la vie, on est toujours observé et jugé. Ce sentiment pourra aller jusqu'à la paranoïa. Il aura aussi des problèmes avec le toucher et la sexualité.

9. Naissance sous anesthésie

La mère anesthésiée (par péridurale ou autre technique), refuse inconsciemment de participer à la vie. Elle ne veut pas se connaître et le bébé se sent «dans le brouillard», déconnecté du monde extérieur. Il ramène de ses vies précédentes un problème d'identité: il ne veut pas regarder la vie en face et ne veut pas savoir qui il est, refusant les leçons de la vie.

Une fois adulte, il refusera toute forme de souffrance, qu'elle soit physique, émotionnelle-affective ou mentale. Les problèmes et les conflits relationnels seront systématiquement évités, au moyen de la fuite.

Or, les épreuves, la souffrance et les conflits relationnels sont des moyens privilégiés de grandir et d'apprendre à se connaître. Faire comme si les problèmes n'existaient pas ne prouve certainement pas que l'on est quelqu'un de décontracté mais empêche de savoir qui l'on est et de devenir responsable de soi-même. La fuite devant les difficultés de la vie peut prendre différentes formes: ne jamais s'engager vraiment dans une relation à deux, refuser le dialogue, partir dès que quelque chose ne va pas, ou encore s'échapper par le biais d'excitants divers (tabac, drogues, alcool). Le problème majeur des enfants nés sous péridurale est surtout un problème d'identité (refus de se connaître).

10. Naissance provoquée

La mère ne se connaît pas. Elle a le besoin inconscient de contrôler et de tout décider dans sa vie. Le bébé perçoit qu'on le bouscule, qu'il n'est pas prêt. Il ramène de ses vies précédentes un problème d'identité et de valeur: il a besoin que l'on décide pour lui, par peur de se montrer incapable.

Une fois adulte, il se croira incapable de savoir quand il doit agir. Il n'arrivera pas à se lancer seul et à commencer les choses. Il aura besoin de l'autre pour y aller. Tendance à l'inertie. Il croira toujours qu'une autorité le contrôle et décide pour lui. Il n'utilisera donc pas son libre arbitre et sera passif par rapport aux défis de la vie. Tout ceci sera dû surtout à une méconnaissance de lui-même et à un manque de confiance.

Dans les quatre cas qui suivent, l'enfant ramène de ses vies précédentes une non-acceptation de soi.

11. Enfant n'ayant pas le sexe désiré

L'enfant perçoit qu'il y a quelque chose en lui que ses parents n'acceptent pas. Une fois adulte, il devra faire un gros travail autant sur l'acceptation de soi que sur son identité sexuelle. Le «Je» de l'enfant est fortement perturbé, la troisième année de sa vie (la période où il construit son identité) risque d'être très mauvaise.

12. Enfant non désiré ou illégitime

L'enfant sentira qu'il n'est pas désiré et, devenu adulte, il aura tendance à rejeter les autres ou à se faire rejeter. Il se montrera très collant, jusqu'à ce qu'on le repousse. Ne pas avoir sa place dans ce monde l'insécurisera, et il cherchera donc à se rendre indispensable.

13. Enfant né après une fausse-couche ou après la naissance d'un enfant mort-né

La mère a d'abord fait une fausse-couche ou a eu un enfant mort-né. Puis, de nouveau enceinte, voilà qu'elle accouche d'un autre bébé. Ayant subi un fort traumatisme, elle sera très insécurisée. La perte et la mort seront des soucis permanents pour elle. L'enfant perçoit qu'il n'agit que comme remplaçant de celui qui est mort avant sa venue (il se demande même si ce n'était pas déjà lui). Une fois adulte, il aura tendance à penser qu'il doit être en danger de mort pour qu'on l'aime et qu'on s'intéresse à lui. Donc, tendances suicidaires ou, tout au moins, chantage au suicide pour se faire aimer. Un éternel «second».

14. Naissance de jumeaux

La mère veut inconsciemment «faire ses preuves» de femme féconde et prouver ainsi sa valeur. Les bébés perçoivent qu'ils sont «deux pour le prix d'un», et qu'ils ne seront jamais vraiment «entiers» l'un sans l'autre. Devenus adultes, ils devront s'individualiser et ressentir que chacun est unique et qu'il a sa valeur propre. Ils devront trouver leur place en ce monde et voir quel espace ils s'accordent. La communication, l'expression de soi et le partage seront également des domaines à travailler.

Les cas ci-dessus illustrent les situations les plus courantes, mais la liste pourrait évidemment être allongée. Il y a aussi maintenant le problème des «mères-porteuses», des «bébés éprouvettes», etc.

Chapitre 3

LA PREMIÈRE ANNÉE

Exister grâce à la symbiose
ou
l'Enfant Inexistant

La première année commence au moment où le cordon ombilical de l'enfant est coupé et se termine au moment où il maîtrise suffisamment son véhicule physique pour marcher tout seul. C'est l'année où l'enfant assimile les notions d'espace et de temps. Si ces notions sont bien intégrées, l'être se sent exister. Dans le cas contraire, il se sentira *inexistant.*

Pour se sentir exister dans son corps, l'enfant expérimente l'espace sous forme de volume et le temps, sous forme d'une répétition d'événements, ce qui lui donne la sensation de la durée.

Au cours de cette première année, la première force de l'Âme met l'enfant en relation avec l'espace-temps et lui soumet son organisation physique:

1. En lui faisant prendre du volume dans l'espace. Grâce à une stimulation intensive de l'hormone de croissance (dans la glande pituitaire), l'enfant double son poids d'origine en cinq mois, ce qui est considérable. Un tel exploit n'a lieu qu'une seule fois dans la vie d'une personne. Il suppose une concentration immense sur le plan physique: ne pas bouger, seulement dormir et manger. Les potentialités encore cachées du nourrisson sont toutes mobilisées dans un seul but: grandir. Tout le reste en dépend.

2. En lui attribuant sa position verticale et sa position d'équilibre dans l'espace. L'enfant apprend ainsi à occuper son espace, puis à orienter son corps dans l'espace; il se met lui-même en relation avec les forces de la pesanteur. Tout le défi de cette année repose sur le fait que l'enfant doit pouvoir déterminer son espace, l'occuper totalement et s'y mouvoir en toute sécurité. Il se sentira alors **exister**.

La question que se pose l'enfant qui a un problème d'espace-temps est: *Où suis-je?*

Cette question est la toute première question qu'il se posera plus tard, quand il commencera à être capable de raisonner et de comprendre (c'est-à-dire vers l'âge de trois ou quatre ans).

Il regarde alors l'espace dans lequel il vit et il se demande où il est. Il se sent étranger à ce monde, qu'il trouve bizarre et peuplé de gens curieux. Il n'est pas de ce monde. Son monde à lui est différent. Il n'y a pas de place ici pour lui. Il se réfugie alors au plus profond de lui-même et n'occupe pas l'espace qui lui revient de droit, de par sa naissance.

En réalité, l'enfant qui ne sait pas où il est et ne trouve pas sa place sur terre ne trouve pas non plus sa place en lui, dans son corps de chair et de sang. Il ne reconnaît pas cet espace comme étant désormais le sien propre. Et tout se passe comme s'il n'habitait pas vraiment son corps. Mais cela se manifeste à des degrés variables, selon les enfants.

Ressentir que l'on a de la place pour soi est avant tout une réalité intérieure. Le corps physique, de par son volume et sa taille, se délimite dans l'espace extérieur. Mais encore faut-il que la conscience identifie ce volume comme étant le sien. Comprenons-nous bien. Il ne s'agit pas ici de s'identifier à son corps physique en tant que tel, mais de s'identifier plutôt à l'espace qu'il représente, afin que cet espace puisse devenir la demeure du Soi, c'est-à-dire de l'Âme. C'est pourquoi l'on dit parfois que «le corps est le temple du Divin». On ne rend pas un culte au corps, mais à l'espace qu'il procure. Il est l'abri qui permet la manifestation concrète de l'Âme.

Ainsi, l'être qui permet à son Âme d'«habiter» son corps délimite naturellement son espace, par rayonnement. Il sait ce qui est à lui et ce qui ne l'est pas, où commence ce qui est à lui et où finit ce qui est lui. C'est l'espace vital que chaque individu a besoin d'avoir pour se sentir exister: un endroit qui n'appartienne qu'au Soi, une place qui permet de manifester ce que l'on est.

En résumé, retenez que l'espace-temps et l'existence sont interdépendants et que c'est grâce à l'espace et au temps harmonieusement associés en soi, que l'on ressent l'existence.

1. Comment se comporte la personne qui a un problème par rapport à la place qu'elle occupe?

Cette personne a, avant tout, une mauvaise perception de l'espace et du temps, à cause de son corps éthérique. Je rappelle que c'est le corps vital qui permet la cohésion du corps physique. Soit le corps éthérique n'est pas assez structuré, soit il est trop rigide.

- Le corps physique est spatial. Sa vie s'écoule dans l'espace, et l'être fait l'expérience de la place qu'il occupe avec son corps physique.
- Le corps éthérique est temporel. Sa vie s'écoule dans le temps, et l'être fait l'expérience du temps avec son corps éthérique.

Trouver sa place revient à trouver l'équilibre entre son corps physique et son corps éthérique, et cela dépend du corps éthérique.

Si le corps éthérique n'est pas assez structuré, la conscience perçoit essentiellement l'espace, mais pas très bien le temps. L'individu a l'impression qu'il n'a pas le droit de prendre du temps. Le corps éthérique ne joue pas son rôle protecteur et densificateur. La personne est trop perméable par rapport à l'extérieur. Elle est éparpillée, comme éclatée dans son corps physique. Elle a tendance à s'étaler physiquement dans l'espace, car ce dernier n'est pas délimité. Son «armature» intérieure (le corps éthérique) n'est pas assez bien formée pour créer ses frontières et établir les limites de son espace individuel. C'est souvent une personne plutôt grosse (jusqu'à l'obésité dans les cas extrêmes), pas très grande, avec parfois des membres et des doigts assez courts. De nature émotionnelle, yin ou féminine, **elle n'utilise que l'espace**. Ce qui signifie qu'elle cherche à occuper sa place par tous les moyens et qu'elle se sécurise en essayant d'utiliser le maximum d'espace possible.

Elle n'a pas besoin de changer de lieu géographiquement (en déménageant, par exemple), mais à l'endroit où elle se trouve, elle ne «tient pas en place». Elle cherche à planifier sa vie et fait des prévisions et des provisions. Elle est lente à s'organiser, mais sait bien le faire. Le corps éthérique ne jouant pas son rôle d'écran protecteur, cette personne se fait toujours «envahir» par les autres, sur les trois plans de sa personnalité, et elle envahit elle-même les autres. Elle passe, bien sûr, pour quelqu'un de serviable et généreux, et c'est important pour elle de se faire reconnaître comme telle.

Pour retrouver son équilibre, cette personne doit apprendre à mieux utiliser son temps. Non pas en planifiant davantage son existence, mais en apprenant à se concentrer uniquement sur ce qu'elle fait dans l'instant présent. Elle doit:

- S'individualiser par rapport au temps;
- Structurer ou renforcer son corps éthérique par un travail de visualisation et de guérison psychique;
- Cesser de s'agiter et de prévoir.

Elle ressentira ainsi la délimitation de son espace intérieur, et l'Âme pourra alors remplir pleinement son véhicule d'incarnation et manifester ce qu'elle est.

Si le corps éthérique est trop compact, trop rigide, la conscience perçoit essentiellement le temps, mais pas très bien l'espace. L'individu a alors l'impression qu'il n'a pas le droit de prendre de la place. Un corps éthérique trop structuré est une carapace. La personne vit dans une armure. Elle n'est plus assez vulnérable par rapport à l'extérieur et paraît serrée dans son corps physique. Elle a tendance à s'allonger, à prendre de la hauteur. Sa place est très étroite. L'«armature» intérieure est trop rigide pour que le corps puisse se dilater et que l'être puisse sentir sa place. Cette personne est souvent maigre ou très mince, avec des membres et des doigts assez longs. De nature mentale, yang ou masculine, **elle n'utilise que le temps**. Ce qui signifie qu'elle cherche impérativement à occuper son temps et qu'elle se sécurise par une activité incessante (elle est toujours débordée). S'arrêter et s'immobiliser lui est insupportable, car cela risquerait de la rendre réceptive, donc vulnérable aux autres.

Elle a besoin de tout contrôler. Elle change souvent d'endroit (en déménageant, par exemple). À cause de son hyperactivité, elle est incapable d'organiser efficacement sa vie et fait les choses plutôt rapidement. Ses gestes sont brusques, saccadés, comme interrompus. Elle tient les autres à distance et peut même les rejeter, mais elle reste malgré tout très dépendante d'eux. Elle passe pour quelqu'un qui ne veut pas rendre service et qui n'est jamais disponible. Elle est attachée à son étiquette de «personne occupée», car elle tient tellement à son temps que toute personne qui s'approche de son mince espace l'effraie.

Pour retrouver l'équilibre, cette personne doit apprendre à mieux utiliser son espace, non pas en changeant continuellement de place mais, au contraire, en se fixant à un endroit précis. Elle doit:

- S'individualiser par rapport à l'espace;
- Assouplir son corps éthérique par un travail de visualisation et de guérison psychique;
- Cesser de changer d'endroit et de vivre en nomade.

Ainsi, elle pourra ressentir qu'elle dispose de toute la place dont elle a besoin, ce qui permettra ainsi à son Âme de manifester ce qu'elle est.

Les deux descriptions précédentes sont des archétypes. Il est rare d'être uniquement l'un ou l'autre des cas présentés, mais on a toujours une tendance vers l'un ou vers l'autre. La plupart du temps, on est un mélange des deux et on passe d'une attitude à l'autre, selon les circonstances extérieures.

Un corps éthérique non structuré ou trop rigide empêche de manifester ce que l'on est en réalité, et donc gêne la perception de l'existence. Le vide que l'on ressent, dans ces cas-là, est dû uniquement à l'absence du «ressenti» de l'Âme dans le corps.

Dans les deux cas, la pratique du karma-yoga constitue une aide précieuse pour dépasser ce problème existentiel. Cette technique est expliquée à la fin du chapitre suivant.

* *
*

Pour en revenir à l'enfant, rappelons qu'au cours de la première année, il doit concevoir son corps éthérique. Celui-ci naîtra (deviendra autonome) au moment où l'enfant perdra ses dents de lait, c'est-à-dire vers l'âge de six ou sept ans.

L'enfant conçoit son corps éthérique en prenant pour modèle le corps éthérique de sa mère. C'est-à-dire qu'il apprend à occuper son espace en imitant la façon dont sa mère occupe elle-même le sien.

«Symbiose» signifie «la vie avec». C'est grâce à la vie avec sa mère (symbiose) que l'enfant apprend à occuper sa place (à exister).

- Si le corps éthérique de la mère n'est pas assez structuré, c'est qu'elle a une nature plutôt émotionnelle (yin ou féminine). Elle occupe mal son espace, car celui-ci n'est pas délimité. Elle a tendance à se laisser «envahir» par les autres et à envahir elle-même les autres, et elle influence l'enfant dans ce sens.

- Si la mère a un corps éthérique trop rigide, c'est qu'elle a une nature plutôt mentale (yang ou masculine). Elle occupe mal son espace intérieur, car celui-ci est trop étriqué. Elle a tendance à se fermer et à rejeter les autres, et elle influence l'enfant dans ce sens.

La première force de l'Âme qui imprègne l'enfant pour lui faire intégrer la notion d'espace-temps agit en fixant sa conscience dans le premier chakra. Celle-ci «traverse» le premier chakra, et l'enfant expérimente le secteur de vie qui est en relation avec ce chakra.

2. Qu'est-ce que le premier chakra, ou chakra racine?

Le chakra racine, ou coccygien, est la fondation sur laquelle reposent tous les autres chakras. Il est la base, la racine. C'est le chakra de l'**espace-temps** et de la manifestation.

Il est relié à la matière, à la terre et aux énergies telluriques. Il est gouverné par la puissante loi de la pesanteur, ou gravité. La gravité nous maintient fermement sur le sol terrestre et dans notre corps, nous permettant ainsi d'expérimenter la manifestation dans une enveloppe dense.

L'énergie tellurique est gorgée de gravité; elle donne du poids, de la densité. C'est pour cela qu'il est nécessaire de faire appel aux énergies telluriques de la terre pour pouvoir manifester concrètement ses buts.

Les secteurs de vie se trouvant en relation avec le premier chakra sont:

- le corps physique;
- tous les éléments terrestres solides, comme la matière, l'argent, etc.;
- les éléments reliés à la survie (nourriture, sommeil, chaleur, abri, sexualité). C'est la part instinctive de l'être;
- la sensation d'être en sécurité;
- les limitations;
- la capacité d'attirer ce qui est nécessaire à la satisfaction de ses besoins;
- la capacité de concrétiser, de manifester;
- le sens des responsabilités.

Durant la première année, le corps fabrique sa «mémoire», laquelle est une reproduction du comportement maternel. Cette mémoire instinctive est stockée dans le premier chakra, et c'est elle qui donne plus tard à l'adulte des conceptions, des idéaux et des croyances concernant le monde physique et matériel.

Si, sur le plan du corps, cette première année n'a pas été satisfaisante, l'adulte pourra penser, par exemple, qu'il n'y a pas de place pour lui dans ce monde. Il rejettera son corps, ce qui créera un blocage au niveau du premier chakra. Il refuse également une partie de l'énergie terrestre. Il ne pourra donc jamais se sentir bien dans son corps ni avoir un premier chakra très ouvert s'il ne fait pas un travail psychique approprié sur ce chakra.

3. Que signifie, pour l'enfant, expérimenter le premier chakra?

Le mot clé du premier chakra est *exister*. À la fin de sa première année, l'enfant doit se sentir exister, grâce au passage de sa conscience dans le premier chakra. Pour lui, exister signifie qu'il a réellement pris conscience de son corps physique, qu'il y a trouvé sa place. Il sait maintenant qu'il habite ce corps et qu'il peut le diriger.

Exister vient de *ester*, «se tenir debout» et de *sist*, «être solide». Lorsque l'enfant sent qu'il existe, qu'il a sa place, il peut se tenir solidement debout et coordonner ses gestes pour pouvoir marcher.

Au cours de cette première année, l'enfant expérimente ce que signifie exister ou avoir sa place. Sa conscience est polarisée uniquement au niveau du premier chakra. Le bébé n'a conscience que de son corps physique et ressent *instinctivement* les événements au niveau de sa chair. Il utilise l'intelligence du corps, qui sait directement (sans passer par la sensation ou la pensée) ce qu'il lui faut pour se maintenir en vie. Il apprend ce qu'est le corps physique, comme il apprend à le maîtriser.

Cette conscience du corps se manifeste par un état de conscience de sommeil profond et sans rêves (durant les trois premiers mois). Le bébé a une très grande sensibilité, car sa conscience «endormie» communique, en quelque sorte, avec tout ce qui, autour de lui, est similaire à lui, c'est-à-dire les animaux, les plantes, le monde inanimé et le monde invisible. Cette situation est due au fait qu'il n'a encore ni émotions ni pensées qui puissent gêner cette perception.

Toutes les attentes du nourrisson se limitent à la satisfaction de ses besoins physiques. De cette satisfaction dépend la couleur de sa vie, sa joie ou sa douleur. Quand le corps du bébé obtient ce qu'il veut, il perçoit des images lumineuses et claires. S'il est contrarié, il perçoit, au contraire, des images sombres et déformées. Ces images ne sont pas des êtres ou des choses. À ce stade, l'enfant n'est pas encore capable de les reproduire en lui, car il ne rêve pas comme le fait l'adulte. Ce sont plutôt des formes symboliques n'ayant pas de lien direct avec l'extérieur, et qui viennent de l'inconscient collectif de l'humanité.

* *
*

LES ATTENTES DE L'ENFANT AU COURS DE SA PREMIÈRE ANNÉE

Avant la naissance, la conscience de l'enfant et celle de la mère occupent le même espace, c'est-à-dire le corps de la mère. À la naissance, la conscience du bébé ressent comme une coupure. Elle est arrachée à son espace habituel pour se retrouver dans un autre espace, bien distinct de celui de la mère. Elle va devoir occuper complètement ce nouvel espace, s'élargir, prendre de l'expansion, mais aussi se structurer.

Petit à petit, le corps du nouveau-né se remplit de conscience, jusqu'à occuper tout l'espace imparti. Au début, ce corps vide est assoiffé de conscience. Il ne cherche qu'à **se remplir**, qu'à être plein. Il va se remplir de quelque chose qui vibre à la même vitesse que lui: **la nourriture**, au sens le plus large du terme, soit:

- La nourriture **physique**: le toucher et l'alimentation;
- La nourriture **psychique**: l'amour instinctif.

Boire et manger sont les premiers actes qui permettent à la conscience de se déployer. En buvant et en mangeant, on utilise son corps physique, ce qui permet d'en prendre conscience. Une conscience très instinctive, bien sûr, mais une conscience quand même.

À ce stade de l'enfance, la peau et la bouche sont les deux organes de prédilection. C'est ce que les psychiatres appellent le «stade oral».

1. Le toucher

Le toucher est bien aussi important que l'alimentation. Le simple acte de toucher, d'apaiser permet de combler la sensation instinctive de vide et donne au bébé la sensation d'être plein, de remplir son espace.

C'est aussi le moyen de communiquer avec le monde du dehors. Le bébé reçoit ainsi, de l'extérieur, des informations qui seront graduellement comprises sur les trois plan de l'être (physique, émotionnel et mental). Grâce à la compréhension, la conscience du nourrisson s'éveille et se déploie jusqu'à inclure le deuxième puis le troisième chakra.

Le contact physique avec la mère est donc très important. C'est sans doute pour cela que, chez beaucoup de peuplades dites «primitives», les mères attachent le petit en permanence à leur propre corps. En Inde, les femmes massent les bébés. Ce massage a l'avantage d'assurer à l'enfant le contact physique nourrissant dont il a besoin pour ressentir son volume, c'est-à-dire les limites de son corps, la place qu'il occupe dans l'espace, mais aussi le plaisir associé au contact ou le déplaisir causé par son absence, ainsi que le chaud, le froid, le mouvement (temps).

2. L'alimentation-toucher

L'alimentation du bébé ne va pas sans le toucher. L'enfant tète pour se remplir physiquement, grâce au lait, mais aussi grâce au contact physique de sa mère, qui est bien aussi important que le lait lui-même. Lorsqu'il est repu, l'enfant affiche un sourire béat de plénitude. Téter lui fait ressentir qu'il remplit et occupe son espace, au même titre que sucer son pouce ou ses doigts.

3 . L'amour instinctif

Dans l'action de téter, le contact physique et la stimulation du corps physique par le plaisir constituent des éléments essentiels. L'enfant découvre l'amour instinctif. Il s'attache à celle qui satisfait ses besoins corporels et qui lui fait ressentir sa place ainsi que le plaisir physique.

> **Le toucher, la nourriture et l'amour instinctif sont les trois points essentiels indispensables à l'enfant pour qu'il ressente son espace.**

Que signifie la plénitude pour l'adulte?

- Se sentir «plein», c'est connaître son espace et avoir la sensation de l'occuper totalement. C'est ressentir que rien ne peut être ajouté et que rien ne manque. C'est le «ressenti» de plénitude parfaite.

- Au contraire, se sentir «vide» intérieurement, c'est avoir la sensation de ne pas avoir de place et donc de ne pas pouvoir s'habiter totalement. Il manque quelque chose qu'il faut prendre en dehors de soi pour pouvoir se compléter. On cherche alors sans cesse à s'approprier l'extérieur pour l'insérer en soi.

* *
*

LE RÔLE DE LA MÈRE AU COURS DE LA PREMIÈRE ANNÉE

L'enfant peut s'adapter à tout ce qui l'entoure, grâce à sa capacité d'imitation. Petit à petit, par actes de mimétisme répétés, il se coule dans le moule maternel (première année), puis parental (deuxième année) et enfin social (troisième année). Le bébé va donc commencer par imiter la personne qui s'occupe de lui le plus souvent, à savoir sa mère.

Au cours de la première année le rôle de la mère est capital, car c'est elle qui transmet à l'enfant ce qu'est l'**espace-temps**. C'est uniquement à elle (ou à celle qui assume ce rôle) que l'enfant se réfère quant à l'espace intérieur qu'il peut s'accorder, et donc quant au comportement physique qu'il doit adopter. C'est aussi sur elle que repose la satisfaction de ses besoins physiques.

Le bébé doit ressentir l'existence, et cette expérience dépend de la symbiose qu'il réalise avec sa mère. De cette relation fusionnelle émane l'empreinte du corps éthérique qui conditionne l'attitude future de l'adulte par rapport à son corps et par rapport au monde physique et matériel.

Au début de la première année, le bébé est indifférencié. Il ne se sent pas distinct de sa mère. Il éprouve ce qu'elle éprouve et il ressent à son propre égard ce que sa mère ressent envers elle-même. Il absorbe tout ce que sa mère ressent dans son propre corps. À ce stade de son développement, un bon modèle de mère sera une personne qui a un espace intérieur à elle, qui occupe bien son corps et en accepte chaque partie et qui se perçoit positivement.

- Une mère qui ressent bien son espace intérieur est en harmonie avec son corps, à l'aise avec sa sexualité et avec le toucher. Elle fait confiance à son instinct et procure à son enfant une sensation de sécurité et de bien-être physique. L'enfant peut alors créer son propre espace intérieur parce que sa mère possède le sien. Elle sait instinctivement donner ce qu'il faut au corps du bébé, et au bon moment. Elle est en empathie, en harmonie avec son enfant. Le petit mémorise la plénitude et le bien-être, associés au «ressenti» de son propre espace. La mère est perçue comme une source de nourriture et de soutien, ainsi que comme une force positive. Par extension, l'énergie féminine, la terre et la matière seront aussi perçues comme positives.

L'adulte n'aura pas peur de «manquer» sur le plan physique, et les attitudes concernant ce plan seront positives. Le premier chakra ne subira pas de blocage majeur. L'être se sentira en sécurité dans le monde matériel et à l'aise dans la plupart des secteurs de vie correspondant au premier chakra.

- Une mère qui ne ressent pas son espace intérieur, est:

  a) Soit toujours «envahie» par les autres (parents, mari, enfants, amis, voisins etc.). Elle absorbe les problèmes de tout le monde et les considère comme ses propres problèmes. Elle ne sait pas être à l'écoute de ses besoins, car elle est toujours absorbée par ceux des autres. Ne connaissant pas ses frontières, elle ne respecte pas l'espace vital de son propre enfant, qu'elle «envahit» constamment.

  b) Soit elle cherche à s'isoler et à rejeter ceux qui l'entourent, par peur d'être elle-même «envahie». Elle ne peut être à l'écoute de ses propres besoins, car elle les ignore. Elle ne respecte pas l'espace de son enfant et elle a tendance à le repousser constamment, sans s'en rendre compte, bien sûr.

Dans les deux cas, la mère ne respecte pas l'espace des autres puisqu'elle ne sait pas de quoi il s'agit, n'ayant jamais ressenti son espace vital en elle. Elle est donc mal à l'aise dans son corps, et mal à l'aise avec le toucher, la sexualité et son aspect instinctif.

L'enfant ressent qu'il n'a pas de place ou qu'il n'arrive pas à délimiter son espace. Il ne se sent ni protégé, ni soutenu. Il perçoit sa mère comme destructrice et, par extension, l'énergie féminine, la terre et la matière lui apparaissent comme étant des forces destructrices.

N'ayant pas d'espace à lui, l'enfant souffre et subit une blessure dans son corps physico-éthérique et dans son premier chakra (qui se bloque). Cette blessure s'appelle la peur, laquelle entraîne l'insécurité.

L'émotion dominante de la personne qui a été blessée dans son premier chakra est la peur.

Il s'agit plus spécialement d'une peur relative à la vie instinctive du corps. La peur est donc l'émotion dominante, celle qui régit inconsciemment sa vie et motive ses actions. La peur est inhérente à la matière. Utilisée normalement, cette peur est positive et dynamique, car elle assure la préservation du corps. C'est grâce à elle que l'être humain, dans les temps anciens, a appris à se maintenir dans son corps physique en le protégeant (par l'éloignement, la fuite ou la lutte). Cette réaction est donc naturelle si elle est associée à la survie physique de la personne, mais elle ne doit se manifester que lorsqu'il y a un risque réel pour le corps.

Mal vécue, la peur engendre la violence et l'agressivité (nature active) ou, au contraire, la «paralysie» et le repli sur soi (nature passive). Dans les deux cas, cette émotion est exacerbée et, mal canalisée, suscite des comportements qui poussent à détruire ou à se faire détruire.

Cette réaction est due au fait que la peur agit directement sur le troisième chakra. Sous l'influence de cette émotion, le troisième chakra devient souvent douloureux, voire dur comme une pierre. En effet, les surrénales (glandes endocrines du premier chakra) sont biologiquement très proches du pancréas (glande endocrine du troisième chakra). Ces glandes sont réunies dans un important réseau nerveux appelé «plexus solaire» et sont donc en interaction constante. D'où la nécessité de travailler sur la peur de son premier chakra, pour mettre un terme à la contamination de toute la personnalité.

Réagir systématiquement par la peur devant la vie signifie que l'on est porteur du «karma d'agressivité». (Ce karma résulte toujours de l'ignorance.)

Pour que la peur reste une impulsion strictement instinctive en cas de réel danger et non la motivation de base orientant toute une vie, il faut avoir bien ressenti sa place dans sa petite enfance. Cet espace donne à l'enfant la sensation d'avoir un endroit bien à lui, et donc d'être protégé.

- L'adulte qui s'est senti protégé dans sa première année est détendu et confiant. Il va au-devant des expériences de la vie et au-devant des autres. Il est ouvert et sans crainte.
- L'adulte qui n'a pas ressenti sa place dans sa première année se sent dénué de protection. Il est toujours tendu et insécurisé.

La peur a pour conséquence l'insécurité.

Cette insécurité se manifeste sur les trois plans de la personnalité, de la manière suivante:

- Le corps physique mémorise la peur instinctive de ne pas pouvoir se maintenir en vie, car il n'y a pas de place pour lui.
- Cette peur se répercute sur le corps astral et se traduit par une sensation de ne pas être plein, ce qui crée le vide intérieur et la peur de manquer.
- Elle se répercute ensuite sur le corps mental, faisant naître la croyance que la vie est dangereuse ou qu'il est difficile d'avoir suffisamment de choses pour pouvoir «survivre» dans le monde matériel, qu'il manque toujours quelque chose pour être parfaitement bien.

L'insécurité rend l'individu très dépendant du monde physique et matériel et le pousse à l'accumulation ou au rejet.

1. L'accumulation

La tendance à l'accumulation correspond à une nature passive, émotionnelle, ou yin (féminine). L'adulte cherche à délimiter son espace en se «remplissant» physiquement, par n'importe quel moyen. Cela le rend extrêmement dépendant par rapport au monde physique et matériel, et lui fait utiliser toutes sortes de palliatifs (nourriture, argent, cigarette, sexualité, etc.)

2. Le rejet

Ce rejet concerne tout ce qui est physique et matériel. La tendance au rejet correspond à une nature active, mentale, ou yang (masculine). L'adulte refuse toute forme de contact avec le monde extérieur, en particulier avec tout ce qui peut entrer dans son corps. Cela le rend aussi extrêmement dépendant par rapport au monde physique et matériel, car refuser tout contact avec le monde entraîne forcément un besoin d'assistance extérieure.

La plupart du temps, la personne qui souffre d'un manque de place exprime sa dépendance tantôt par l'accumulation (attitude yin ou émotionnelle), tantôt par le rejet (attitude yang ou mentale). Il est rare que l'on soit uniquement émotionnel ou uniquement mental. On passe souvent d'une attitude à l'autre, selon les circonstances extérieures, et cela se vérifie dans tous les secteurs de vie concernés (nourriture, sexualité, argent, etc.).

Cette insécurité se manifeste dans les domaines suivants: Le toucher, la nourriture, le sommeil, la sexualité, l'argent, les responsabilités, le désir de perfection, le tabagisme, la capacité de manifestation, ce qui se traduit par de l'agitation et de la difficulté à commencer les choses.

3. Le toucher

Une mère qui n'a pas son espace intérieur n'accepte pas son corps.

- Si elle est de nature plutôt émotionnelle, elle a terriblement besoin du contact physique, besoin d'être touchée. Elle transmet ce besoin à son enfant qui, une fois adulte, cherchera sans cesse le contact physique, sous une forme ou une autre.

- Si elle est de nature plutôt mentale, elle déteste le contact et n'aime pas être touchée. Elle transmet cette aversion à son enfant. Plus tard, l'adulte n'aimera pas être touché.

Le toucher est un moyen privilégié pour faire ressentir à l'enfant ses limites corporelles et, par conséquent, son espace intérieur. Le premier chakra est celui des limitations, et il est capital que le bébé perçoivent ces dernières.

Par le toucher, la mère permet à l'enfant de percevoir ses limites dans l'espace (la place qu'il occupe) et dans le temps. Elle l'aide ainsi à concevoir un corps éthérique équilibré, et donc à ressentir son espace intérieur:

Dans l'espace

- Une mère «émotionnelle» touche trop son enfant parce qu'elle a besoin de le faire pour se «décharger». Cela gêne l'enfant, qui a ainsi du mal à délimiter son propre espace. L'espace vital de l'enfant est toujours rempli par l'énergie maternelle. Plus tard, l'adulte n'aura pas d'espace à lui. Il ne pourra donc pas le délimiter ni faire respecter ses «frontières» par les autres. Il sera toujours envahi par eux, et il aura aussi besoin d'eux pour se sentir exister. Il attirera des personnes ayant le même problème que lui, c'est-à-dire qui auront besoin qu'on s'occupe d'elles pour se sentir exister, des personnes codépendantes dont il dépendra lui-même.

- Une mère «mentale» a peu ou pas de contacts physiques avec son enfant. Ici aussi, l'enfant ne peut pas créer son espace vital. Devenu adulte, il aura une faible perception corporelle, ce qui pourra lui causer des problèmes d'orientation dans l'espace. Il pourra avoir tendance à se cogner partout, à lâcher malencontreusement les objets, à être maladroit, étourdi et rêveur. Il ne sera pas du tout «ancré», c'est-à-dire «présent» dans son corps physique. Il se protégera beaucoup par rapport aux autres et par rapport à la vie en général.

Dans le temps

Par le toucher, la mère prépare son enfant à percevoir les limitations dues au temps. L'enfant peut commencer à pressentir la notion du temps grâce aux mille et un gestes quotidiens posés par sa mère par rapport à lui. Jour après jour, la répétition des mêmes gestes d'amour donne à l'enfant la sensation de la durée et lui fait ressentir qu'il existe.

Nombreuses sont les mères qui, ne connaissant pas leur propre espace, sont incapables de donner de saines limitations à leur enfant.

- Une mère plutôt «émotionnelle» aura tendance à être trop permissive avec son enfant, le laissant tout faire, sans lui donner la moindre référence. Ce manque de limitations extérieures, loin d'apporter la liberté à l'enfant, lui amène surtout un manque de limitations intérieures qui l'empêche de délimiter son espace.

- Une mère plutôt «mentale», sera au contraire beaucoup trop directive et autoritaire. L'enfant ne pourra rien faire par lui-même, car il sera complètement habité par la loi maternelle. Trop de limitations enferment l'enfant dans un carcan et rendent son espace étroit et étouffant.

La création de l'espace psychique vital dépend du premier chakra et de la mère, mais la capacité de faire respecter les frontières psychiques de cet espace de façon naturelle et non agressive, dépend du troisième chakra et du père.

La limitation, qui effraie tant de personnes, est aussi un principe essentiel de créativité. Si, par exemple, on ne se limite pas dans le choix de ses activités, on ne peut rien réaliser. Si je ne limite pas mes pensées dans le temps et dans l'espace lorsque je rédige un livre, je ne peux pas écrire. **La limitation est une nécessité pour la manifestation**. C'est un exercice constant de discernement, un processus créatif et une utilisation permanente de la volonté. Si, par le toucher, l'enfant a ressenti ses limites corporelles de façon positive, les limitations naturelles de l'espace-temps seront harmonieusement utilisées. La créativité de l'adulte sera stimulée par les limitations, et non pas entravée.

4. La nourriture

Les problèmes reliés à la nourriture sont essentiellement dus à une mauvaise perception de l'espace. Cela peut se manifester de deux façons différentes, selon l'attitude de la mère:

- La mère plutôt «émotionnelle» ne s'assume pas elle-même. Elle fait inconsciemment peser le poids de sa propre vie sur son enfant, en s'installant dans son espace vital. Le bébé ressent ce poids. Il se fait comme «manger» par sa mère et il n'arrive pas à délimiter sa place dans ce monde.

- La mère plutôt «mentale» étouffe son petit, au nom d'un amour qui se veut total mais qui, en réalité, n'est que contrôle. Elle exerce son emprise sur son petit pour s'assurer un amour fidèle et indéfectible. Elle a peur et ne s'aime pas elle-même. Elle a terriblement besoin qu'une autre personne l'aime pour toujours et elle fait ce qu'il faut pour l'obtenir (c'est la mère castratrice). L'enfant n'arrive pas à créer sa place.

Les conséquences sur l'enfant sont les suivantes:

- Si l'adolescent (puis l'adulte) est de nature émotionnelle, il continuera, de façon générale, à se faire absorber par sa mère et par les autres. Il cherchera alors à se remplir de nourriture pour structurer son armature inexistante et ainsi parvenir à repousser sa mère ou les autres. Ce bouclier de nourriture l'aidera à délimiter son espace et à se protéger des intrus. Une fois qu'il sera plein, plus personne ne pourra entrer en lui. Il aura enfin son espace et il existera. C'est ce qui correspond à la **boulimie**.

- Ou bien alors, la personne est de nature mentale et rejette sa mère ou les autres. Elle refuse donc toute nourriture, ce qui est son moyen de protection. Elle se ferme totalement à l'extérieur. Plus rien ne pénètre en elle, et surtout pas sa mère ni les autres. En se fermant et en se rigidifiant, elle renforce davantage son armature, déjà très compacte, et se confine en elle. Elle ressent ainsi son espace et elle existe. C'est ce qui correspond à l'**anorexie**.

Entre ces deux extrêmes, il y a toute une palette de comportements névrotiques possibles par rapport à la nourriture, ainsi que le passage incessant d'une attitude à l'autre.

5. Le sommeil

Prenons, par exemple, l'insomnie, qui est due au fait que le corps est perpétuellement tendu par la peur. La personne qui n'a pas son espace propre ou qui a un espace trop petit refuse de se laisser aller à «tomber» dans son corps, celui-ci étant un endroit trop dangereux ou trop serré. Elle ne s'y est jamais sentie protégée, ou bien alors il n'y a pas de place pour elle en cet endroit. Elle reste sur le qui-vive, à l'affût du moindre danger, du moindre problème. Elle doit «*surveiller*», rester sur ses gardes.

Le corps reste constamment tendu et elle ne peut pas se relaxer profondément.

L'insomnie peut aussi être due à la culpabilité (voir deuxième année).

6. La sexualité

La sexualité est reliée au premier chakra, même si beaucoup de livres ésotériques la situent dans le deuxième chakra. L'attirance qui conduit à la relation sexuelle est issue du deuxième chakra, mais l'énergie et l'acte sexuels se trouvent dans le premier chakra, ainsi que la kundalini. Or, **la kundalini est l'énergie sexuelle**.

Le comportement sexuel a donc son origine dans la première année, et la mère est celle qui permet la (re)programmation de ce comportement. On retrouve encore ici les deux archétypes décrits plus haut:

- La mère plutôt «émotionnelle», qui se «décharge» sur son enfant (en souhaitant se faire assumer par lui).

  a) Il en résulte que l'enfant devenu adulte pourra être porté à l'accumulation sexuelle, qui se manifestera par un besoin maladif de relations sexuelles non désirées.

  b) Cela peut aussi entraîner des relations sexuelles précoces (à partir de 11-12 ans), qui ne sont pas consciemment désirées, mais qui correspondent à un réflexe instinctif poussant à toujours chercher cet espace intérieur qui fait si cruellement défaut. L'adulte utilise les relations sexuelles pour déterminer sa place. Bien sûr, il ne parvient pas à la trouver et va de partenaire en partenaire.

- La mère plutôt mentale, directive, qui déguise son emprise en instinct maternel. C'est la mère castratrice, qui ne s'aime pas. Elle est particulièrement redoutable pour le petit garçon dont elle casse la puissance dans l'œuf.

L'adulte, pourra être plus tard porté au rejet, qui se manifestera soit par le refus de la sexualité, dû à la peur, soit par l'homosexualité. L'homosexualité est toujours engrammée dans la première année, mais sa manifestation dépend de la troisième année et du troisième chakra. C'est dans le troisième chakra, en effet, que se situe l'identité sexuelle (voir aussi le chapitre concernant la troisième année).

7 . L'argent

L'argent est lié à la sécurité et à la valeur.

- Une mère n'ayant pas son espace sera insécurisée et aura peur de manquer d'argent, ou alors elle pensera que l'argent est sale. Cette peur, comme ses croyances négatives, crée un blocage au niveau de son premier chakra, blocage qu'elle transmettra inconsciemment à son enfant.

- La valeur est en relation avec le troisième chakra et la troisième année de vie. L'enfant peut aussi «engrammer», durant la période se situant entre deux et trois ans, un problème par rapport à sa valeur en tant qu'individu, et donc par rapport à l'argent.

Très souvent, l'adulte qui a des problèmes avec l'argent (difficulté d'en avoir, besoin insatiable d'argent ou refus d'en avoir), ajoute à l'insécurité de la première année le problème de valeur de la troisième année (voir aussi le chapitre concernant la troisième année).

8 . Les responsabilités

Une mère plutôt «émotionnelle» a peur des responsabilités et n'agit jamais par elle-même. Elle s'en remet toujours aux autres ou à son mari. C'est une petite fille qui n'est jamais responsable d'elle-même et n'a aucune idée de ce que cela peut signifier. Elle se «décharge» inconsciemment sur son enfant, lui faisant porter le poids de sa propre vie.

- Une fois adulte, l'enfant pourra prendre la responsabilité du monde entier sur ses épaules, ce qui lui permettra de se sentir exister (nature passive). Il aidera les autres en absorbant inconsciemment des problèmes qui ne lui appartiennent pas et qui, surtout, n'ont pas à être résolus par lui, mais par les intéressés eux-mêmes. Cet être écrasé par les responsabilités des autres aura d'importants problèmes de poids, qui pourront aller jusqu'à l'obésité.

Une mère plutôt «mentale», qui cherche à contrôler, enlèvera toute responsabilité à son enfant, le rendant incapable d'agir par lui-même.

- L'enfant devenu adulte refusera la responsabilité de sa propre vie. Il rejettera systématiquement tout sur l'extérieur: ce sera toujours la faute des autres. En fait, il se protège, car il a peur d'être dirigé par les autres. Souvent, il ne veut pas aider. Soit il fait tout pour qu'on l'oublie et pour être le plus transparent possible (nature passive); soit il est très directif et autoritaire, par peur de s'en remettre aux autres (nature active).

La manifestation de l'une ou de l'autre attitude dépend de la troisième année. Le refus des responsabilités ou leur acceptation est toujours lié à un problème d'énergie. La distribution plus ou moins harmonieuse de cette énergie dépend du troisième chakra (voir aussi le chapitre concernant la troisième année).

9. Le désir de perfection

Le désir de perfection, le souci du détail cachent souvent un besoin de repères. Les repères sont nécessaires pour délimiter un espace. Moins on arrive à délimiter son espace, plus on a besoin de repères. Un repère peut être un objet ou une habitude. Une mère qui n'a pas d'espace intérieur peut avoir deux attitudes par rapport aux repères:

- Soit elle s'entoure d'une foule de repères inutiles (nature émotionnelle). C'est une femme rarement ordonnée ou soignée, mais plutôt encombrée de trop de repères, ce qui crée un fouillis invraisemblable (composé, par exemple, d'objet du passé, usés et inutilisables, mais qui font toujours partie de sa vie quotidienne).

- Soit elle est très stricte par rapport à l'ordre, à la façon de faire (nature plutôt mentale). C'est une femme méticuleuse, encombrée, ici aussi, de trop de repères, mais ses repères sont rangés. Elle n'accepte pas le moindre changement dans son monde ordonné. (Par exemple, les objets usés ou inutilisables sont stockés à la cave ou au grenier.)

  a) L'enfant devenu adulte pourra être exagérément soucieux des détails, mais pas très ordonné. Il aura l'impression qu'il lui manque toujours quelque chose pour atteindre l'idée qu'il se fait de la perfection. En réalité, ce sont les repères de son espace qu'il recherche.

  b) Il pourra, au contraire, être ordonné et méticuleux, et plutôt rigide quant à ses habitudes et à sa conception de l'ordre. Il a besoin de rigueur dans ses repères, afin de se donner l'impression d'avoir son espace.

10. Le tabagisme

Le syndrome de la cigarette est lié à la mère et à la première année de l'enfance. C'est la caractéristique de l'adulte qui n'a pas ressenti son espace dans sa petite enfance. Avec la cigarette, il cherche à se délimiter ou à prendre de l'expansion.

- Pour se délimiter, il se remplit, non pas de lait, mais de fumée et de chaleur. La chaleur qui entre dans ses poumons remplit sa poitrine, lui donnant la sensation d'habiter son corps. La fumée qui l'entoure crée un espace autour de lui. Il voit où est sa place, où sont ses limites.

- La chaleur qui entre dans ses poumons lui donne la sensation de se dilater, de prendre de l'expansion. Le voile de fumée qui délimite son espace crée une enveloppe protectrice autour de lui. Il voit sa carapace et cela le sécurise par rapport aux autres. Il a moins besoin de les repousser, la cigarette le fait pour lui.

Il en est de même pour le besoin permanent qu'ont certains adultes d'occuper tout le temps leur bouche (sucer, mâcher de la gomme ou autre). Ce besoin cache un problème d'espace. Ce sont souvent des fumeurs, ou alors des fumeurs repentis, qui se mettent à manger ou à mastiquer toutes sortes de sucreries, tellement ils ont besoin d'occuper leur bouche. C'est l'expression typique du stade oral: on cherche à occuper son espace et à exister grâce à sa bouche. On ne va pas au bout, car on n'avale pas, mais il reste ce besoin de «remplissage», pour délimiter son espace.

Fumer est aussi lié à l'affirmation de soi qui se trouve dans le troisième chakra (voir aussi le chapitre concernant la troisième année).

11. La capacité d'attraction, de concrétisation et de manifestation

Cette capacité est la meilleure preuve d'un premier chakra qui fonctionne harmonieusement. Pour que l'existence se manifeste, il lui faut de la place, de l'espace. Sans espace intérieur, il est impossible, pour l'être humain, de manifester son Âme, c'est-à-dire la personne qu'il est en réalité. Car l'enfant qui n'a pas d'espace vital est coupé de sa source.

L'adulte, par son manque d'espace intérieur, n'aura plus de contact avec la matière et avec la terre, et aura beaucoup de difficulté à concrétiser ses projets et ses souhaits. Il ne pourra laisser entrer en lui les énergies telluriques de la terre qui permettent la manifestation, parce qu'il n'aura pas en lui l'espace nécessaire pour recevoir ce qu'il souhaite concrétiser. Tous ses projets resteront chimères et rêveries.

12. Ne pas «tenir en place»

Une mère qui ne ressent pas son espace intérieur est assez agitée. Elle a du mal à «tenir en place». Elle ne s'en rend pas forcément compte, car elle peut attribuer cette agitation au fait qu'elle a beaucoup de choses à faire: s'occuper de sa petite famille, faire les courses, son travail, etc. Bien entendu, l'enfant sera lui-même très actif mais ici, ce sera évident, car un enfant ne peut pas justifier son agitation. Il est nerveux et bouge tout le temps. C'est un hyperactif qui ne fait que copier le comportement maternel. Plus tard, cette agitation sera masquée par les «obligations» de la vie quotidienne. L'adulte sera incapable, par exemple, de rester longtemps assis au même endroit, sans rien faire.

13. De la difficulté à commencer les choses

Une mère qui n'a pas d'espace intérieur est toujours insécurisée. Craintive, elle n'ose jamais rien entreprendre. Elle transmet inconsciemment cette attitude à son enfant qui, une fois adulte, aura de la difficulté à entreprendre des choses, de peur de ne pas réussir ou d'être rejeté.

* *
*

Tous les palliatifs mentionnés plus haut (nourriture, sommeil, sexualité, cigarette, etc.) sont des compensations qui visent à cacher le vide insupportable que l'on ressent, du fait que l'on n'occupe pas son espace intérieur.

Si vous êtes un Enfant Inexistant et que vous décidez de guérir, vous devrez ressentir ce qui se cache derrière toutes ces compensations. Sinon la blessure demeurera inconsciente, donc inguérissable, et vous resterez dépendant de la cigarette, de la sexualité, de la nourriture, etc.

Pour guérir vraiment, il faut exposer à la lumière de la compréhension la blessure de l'enfant en soi, accepter de se confronter à son vide intérieur, même si on est convaincu qu'il est trop profond et trop effrayant, et cesser de vouloir s'en détourner à tout prix.

Ressentir ce vide exige du courage et une grande douceur par rapport à soi-même afin que le cœur s'ouvre et accueille la terrible angoisse qui accompagne l'absence de place, la peur et l'insécurité, c'est-à-dire la non-existence.

Il ne s'agit pas d'une résignation imposée, née de la défaite, mais d'une acceptation profonde et aimante. En agissant ainsi, on laisse le cœur se vider doucement de toute sa frayeur. On finit par éprouver une extraordinaire impression de sécurité, un authentique détachement et une merveilleuse paix, et ce, parce qu'on a cessé de fuir face à soi-même et face à la peur que l'on porte en soi. La transformation est alors possible...

* *
*

LA QUALITÉ SPIRITUELLE DU PREMIER CHAKRA

Si vous n'avez pas de problème particulier par rapport à votre espace, ou encore si vous vous guérissez, vous vous sentirez à l'aise dans le monde physique et matériel, et en sécurité. Il s'agit là d'une base solide pour poursuivre tout cheminement spirituel.

Vous pourrez alors utiliser pleinement votre Enfant Intérieur de la première année pour manifester, dans votre vie de tous les jours, la qualité spirituelle du premier chakra: **l'innocence et la spontanéité avec le corps et les besoins du corps**.

L'enfant sain ou guéri de la première année est un enfant sage et puissant. Il agit instinctivement, selon la sagesse de son corps qui sait ce qu'il lui faut, au moment où il le faut. Contrairement à l'adulte qui gère son corps d'après les directives de son mental, l'enfant est innocent et spontané avec son corps et les besoins de son corps.

En étant à l'écoute de son Enfant Intérieur de la première année, l'adulte devient attentif à la fatigue de son corps, à sa faim, à sa soif, à son besoin de caresses, de chaleur, de fraîcheur, etc. Il n'y a plus ni refus ni culpabilité ni inattention ni narcissisme par rapport à ce temple du divin qu'est le corps humain. Il s'y installe, au contraire, une grande sécurité et beaucoup de paix. On devient alors le confident de son corps et non son plus mortel ennemi.

Écouter son corps est une entreprise assez difficile pour l'homme moderne, si aseptisé et réglementé dans son corps, de par son mental. Car le mental joue perpétuellement au chef et prétend tout savoir. Et pourtant, comment pourrait-il connaître les besoins du corps physique?

L' Enfant Intérieur de la première année est donc celui qui peut sortir l'individu des «griffes» du mental quant aux besoins réels du corps physique. En faisant régulièrement appel à l'innocence et à la spontanéité de l'enfant en soi, le corps physique de l'adulte retrouve petit à petit sa fraîcheur et sa souplesse.

L'adulte, dont l'Enfant Intérieur de la première année est bien équilibré ressent sa place, donc *existe*. Il a alors accès à la connaissance profonde de soi. Cette connaissance, en tant que personnalité intégrée, est une qualité du sixième chakra, qui s'exprime sur la base d'un premier chakra harmonieux (voir, à la fin du livre, le chapitre traitant de la guérison de l'Enfant Intérieur par la transmutation).

Je vous propose maintenant de rencontrer votre Enfant Intérieur de la première année.

Chapitre 4

À LA RENCONTRE DE L'ENFANT INTÉRIEUR DE LA PREMIÈRE ANNÉE

Dans nos séminaires, nous utilisons deux méthodes pour retrouver l'Enfant Intérieur: la régression dans l'enfance et la lecture psychique.

Ces deux méthodes sont complémentaires.

- Dans la régression, vous (re)devenez enfant. Vous ressentez dans votre corps tout ce que vous avez vécu.
- Dans la lecture, vous rencontrez l'enfant que vous avez été. Il y a vous, adulte, et l'enfant en face de vous. Vous dialoguez avec l'enfant que vous étiez.

Nous utilisons indifféremment les deux méthodes pour les trois années de l'enfance.

La lecture psychique est expliquée à la fin du chapitre portant sur la deuxième année. Si vous préférez faire d'abord une lecture de votre Enfant Intérieur de la première année, vous pouvez vous reporter au début du chapitre 6.

Je vous propose de commencer par la technique de la régression dans l'enfance, car je la trouve bien adaptée à la première année. C'est un processus d'intériorisation très puissant qui permet l'accès à ce qui est le plus inconscient dans l'être humain. La première année étant enfouie au plus profond de soi, il est donc nécessaire d'utiliser une méthode qui permette d'entrer très profondément dans son univers intérieur. La régression va complètement dans ce sens.

Pour une régression réussie, je vous recommande:

1. De vous ménager du temps.

2. De trouver, chez vous, un endroit qui soit bien à vous ou dans lequel vous soyez sûr de ne pas être dérangé (décrochez le téléphone). Essayez de personnaliser cet endroit en y mettant un peu de vous-même, de façon à vous sentir bien dans votre espace. Cela vous permettra de vous sentir plus en sécurité et vous aidera à vous relaxer.

3. De vous vêtir de vêtements souples et confortables; de vous départir de vos bagues, bracelets, montres et bijoux.

4. De vous allonger à même le sol, sur un tapis épais ou un duvet ou, à l'extrême limite, sur un grand lit.

5. De pratiquer la régression en vous faisant aider par une autre personne. Il est important de choisir quelqu'un avec qui vous êtes bien et qui éprouve suffisamment d'empathie à votre égard pour vous guider tout au long de votre voyage intérieur. Ressentir une présence chaleureuse et protectrice près de soi permet de se laisser aller, le grand avantage étant qu'on n'a plus besoin de s'occuper de la marche à suivre pour entamer le processus.

6. Pour la régression elle-même, deux possibilités s'offrent à vous, alors que vous êtes allongé, les yeux fermés:

   - Soit votre accompagnateur lit le processus lentement, à voix haute, en essayant de suivre ce qui se passe en vous et d'adapter pour vous le rythme de la méditation. Il est alors possible, si vous le souhaitez, de mettre un fond musical très doux, aidant à la relaxation.

- Soit vous avez préalablement enregistré le texte sur une cassette[1] et vous vous contentez de la faire mettre en route dès que vous êtes prêt. L'accompagnateur se «contente» alors de vous offrir sa présence rassurante et de noter les réponses que vous faites aux questions posées à la fin de la régression. Il vous aide, comme dans le cas précédent, en vous encourageant à exprimer ce que vous ressentez.

7. Il est important d'insister sur la phase de relaxation, qui doit durer suffisamment longtemps (dix à quinze minutes), surtout si vous n'avez pas l'habitude de vous y adonner.

TECHNIQUE DE LA RÉGRESSION DANS L'ENFANCE (POUR LA PREMIÈRE ANNÉE)

À lire lentement

1. Relaxation

- Vous êtes installé confortablement, les yeux fermés.

- Respirez lentement et profondément par le nez, d'une manière connectée, sans temps mort entre l'inspiration et l'expiration. Chaque inspiration suit bien chaque expiration, en un cycle continu... Vous respirez lentement et profondément, d'une manière connectée. Chaque inspiration suit bien chaque expiration, afin de créer un cycle continu d'énergie...

- Peu à peu, vous prenez conscience de vos pieds... Votre conscience est dans vos pieds et vous les sentez qui se réchauffent, qui se détendent, qui se relaxent...

- Maintenant, vous prenez conscience de vos jambes... Votre conscience est dans vos jambes et vous les sentez qui se réchauffent, qui se détendent, qui se relaxent...

1. Cassettes ou CDs disponible (voir page 263).

- Puis vous prenez conscience de votre bas-ventre... Votre conscience et votre respiration sont dans votre bas-ventre, au niveau de votre premier chakra... Vous respirez dans votre premier chakra et vous ressentez les muscles de votre bas-ventre qui se réchauffent, qui se détendent, qui se relaxent...

- Vous prenez maintenant conscience de votre ventre... Votre conscience et votre respiration sont dans votre ventre, au niveau de votre deuxième chakra... Vous respirez dans votre deuxième chakra et vous ressentez les muscles de votre ventre ainsi que vos muscles lombaires qui se réchauffent, qui se détendent, qui se relaxent...

- Puis, vous prenez conscience de votre plexus solaire... Votre conscience et votre respiration sont dans votre plexus solaire, au niveau de votre troisième chakra... Vous respirez dans votre troisième chakra et vous ressentez vos muscles abdominaux qui se réchauffent, qui se détendent, qui se relaxent...

- Maintenant, vous prenez conscience de votre poitrine... Votre conscience et votre respiration sont dans votre cœur, au niveau de votre quatrième chakra... Vous respirez dans votre chakra du cœur et vous ressentez vos muscles pectoraux qui se réchauffent, qui se détendent, qui se relaxent... Ressentez également vos muscles dorsaux qui se détendent, qui se réchauffent, qui se relaxent...

- Vous prenez maintenant conscience de votre gorge... Votre conscience et votre respiration sont dans votre cou, au niveau de votre cinquième chakra... Vous respirez dans votre chakra laryngé et vous ressentez les muscles de votre cou et de votre nuque qui se réchauffent, qui se détendent, qui se relaxent... Ressentez également les muscles de vos épaules, de vos bras et avant-bras, de vos mains et de vos doigts qui se réchauffent, qui se détendent, qui se relaxent...

- Maintenant, vous prenez conscience de votre visage et de votre tête... Votre conscience et votre respiration sont dans votre tête, au niveau de votre front et de votre sixième chakra. Vous respirez dans votre sixième chakra frontal et vous ressentez tous vos muscles faciaux qui se réchauffent, qui se détendent, qui se relaxent...

- Vous allez maintenant visualiser un halo protecteur tout autour de vous, comme une bulle de savon qui vous enveloppe totalement... Cette bulle vous protège de toutes les énergies négatives qui pourraient se manifester au cours de la régression.

2. Régression

- Vous vous visualisez dans un cadre naturel... dans une prairie... tout près d'un temple blanc. Vous marchez sur un sentier qui conduit à ce temple. Vous êtes bien, détendu et relaxé. Vous vous sentez léger et vous vous dirigez vers le temple. Vous entrez dans le temple et vous vous retrouvez dans une grande salle...

- Dans un coin de cette salle se trouve une porte rouge... Vous vous dirigez vers cette porte, puis vous traversez cette porte rouge. En passant la porte, vous vous débarrassez de votre corps physico-éthérique... Vous vous retrouvez de l'autre côté de la porte, dans votre corps astral... Vous êtes dans votre corps astral et vous avancez dans un grand couloir lumineux. Que ressentez-vous dans votre corps astral?...

- Au bout du couloir se trouve une porte orange... Vous traversez cette porte orange, et, en même temps, vous vous débarrassez de votre corps astral... Vous vous retrouvez de l'autre côté de la porte, dans votre corps mental... Vous êtes dans votre corps mental et vous avancez dans un grand couloir lumineux. Que ressentez-vous dans votre corps mental?...

- Au bout du couloir se trouve une porte verte... Vous traversez cette porte et vous vous retrouvez sur le plan de conscience où vous étiez avant de vous incarner dans cette vie... Visualisez, ressentez...

- Vous allez devoir vous réincarner... Vous vous sentez attiré vers le bas, attiré vers vos parents. Vous entrez maintenant dans le processus de la réincarnation...

- Vous naissez au monde physique...

3. Première année

- Vous venez de naître et de pousser votre premier cri...
  a) Que se passe-t-il lorsque vous êtes mis en contact avec votre mère pour la première fois?
  b) Que ressentez-vous au contact de sa peau? Aimez-vous son énergie?
  c) Ressentez-vous qu'elle a une place, un espace?
  d) Vous sentez-vous en sécurité?

- Pour la première fois, vous avez faim.
  a) Comment vous nourrit votre mère? Au sein ou au biberon?
  b) Arrivez-vous tout de suite à vous nourrir ? Est-ce agréable ? Votre mère est-elle calme?
  c) Vous sentez-vous rassasié par rapport à la nourriture? à l'amour? au contact corporel?
  d) Arrivez-vous à occuper votre espace?

- Au bout de quelques semaines, vous arrivez à l'âge où vous changez d'alimentation.
  a) Comment vous sentez-vous avec votre mère?
  b) Vous laisse-t-elle de la place pour vous ou, au contraire, vous envahit-elle?
  c) Comment vivez-vous votre changement d'alimentation? Est-ce facile pour vous?
  d) Lorsque votre mère vous change ou vous baigne, comment se comporte-t-elle? Vous caresse-t-elle? Joue-t-elle avec vous?

- Vous allez bientôt marcher.
  a) Où en êtes-vous par rapport au contact maternel (physique et affectif)?...

b) Et à votre espace? Ressentez-vous que vous en avez un?

- Graduellement, vous laissez les images disparaître... Vous respirez lentement et profondément... Vous reprenez conscience de votre corps, allongé, ici et maintenant... Étirez-vous... Reprenez conscience de votre corps et, lorsque vous vous sentez prêt, vous rouvrez les yeux.

* *
*

La démarche de régression expliquée ci-dessus est le processus général à suivre pour toutes les régressions dans les trois premières années de l'enfance. Seules les questions changent, en fonction de l'année choisie, et ce, à partir de la section 3. Celles qui s'appliquent à la régression à la deuxième et à la troisième année se retrouvent à la fin des chapitres correspondants.

Ces questions sont d'ordre général. Vous pouvez en imaginer d'autres, plus personnalisées, selon le problème que vous souhaitez aborder plus particulièrement, la seule restriction étant que ces questions soient en rapport avec l'année concernée. Ainsi, pour la première année, il faudrait s'interroger surtout sur le contact maternel, sur la place occupée et la nourriture ingérée, avec l'événement majeur du sevrage et l'amour instinctif, lesquels doivent faire l'objet de considérations particulières.

Je vous conseille de faire de nombreuses régressions dans la première année, surtout si vous avez des problèmes de place à prendre, et donc de sécurité intérieure. Ne les faites pas de façon trop rapprochées cependant, afin d'avoir le temps d'intégrer l'expérience.

Lorsque vous aurez bien ressenti le problème de votre première année, vous pourrez procéder à la guérison de votre Enfant Intérieur dans le premier chakra, en faisant les exercices qui suivent. Sachez que plus vous entrerez dans le problème et le ressentirez profondément, plus vous serez capable de vous en libérer.

* *
*

GUÉRISON POUR LE PREMIER CHAKRA ET L'ENFANT INTÉRIEUR DE LA PREMIÈRE ANNÉE

Je vous propose maintenant cinq exercices, très différents les uns des autres:

1. Exercice «Accouchez de votre maman!»;
2. Exercice sur la peur;
3. Exercice sur la sécurité et l'ancrage;
4. Le karma-yoga;
5. Pensées positives et élixirs.

1. EXERCICE «ACCOUCHEZ DE VOTRE MAMAN!»

De la même façon que votre mère a accouché de vous, il y a bien des années, vous allez à votre tour accoucher d'elle aujourd'hui.

Cet exercice n'est pas une blague, mais au contraire quelque chose de très concret, directement en relation avec votre problème de place à occuper.

Vous êtes en effet «plein» de votre mère. Elle a été votre premier modèle et vous a permis d'imprimer ou de réimprimer dans votre premier chakra votre façon de vivre l'espace-temps. Elle a peut-être envahi votre espace vital, ou elle l'a réduit à sa plus simple expression. Pour vraiment trouver votre place, il est donc nécessaire que vous vous détachiez d'elle, dans votre corps. En accouchant de votre mère, vous abandonnerez la représentation négative que vous vous faites de l'existence et vous vous autoriserez à prendre votre place dans le monde.

Remarque: Je le répète, il n'est pas question ici d'accuser votre mère. Vous l'avez justement «choisie» parce que vous aviez déjà un problème avec l'espace-temps, hérité d'une de vos vies précédentes. Remerciez-la, au contraire, de vous avoir fait prendre conscience de votre schéma.

Technique

- Vous vous asseyez confortablement, vous fermez les yeux et vous commencez le processus de relaxation. Vous calmez votre respiration et vous prenez tout le temps nécessaire pour vous intérioriser et ralentir votre souffle.

- Lorsque vous sentez que votre respiration est paisible et votre corps détendu, vous placez votre conscience et votre respiration dans votre poitrine, au niveau de votre chakra du cœur. Respirez lentement et profondément dans votre cœur...

- Puis vous demandez à voir apparaître votre mère devant vous. Visualisez votre mère et essayez de bien vous imprégner de son image... Imaginez maintenant qu'elle est en vous... Allez-y.

- Votre mère est en vous. Demandez à votre intuition de situer l'endroit où se trouve votre mère dans votre corps. Essayez de ressentir quelles sont les parties de votre corps qui sont «habitées» par elle. Laissez-vous bien aller... Lâchez prise et laissez votre corps parler...

- Ressentez bien votre mère en vous... Puis, regroupez toute l'énergie des parties de votre corps «habitées» par votre mère, dans votre premier chakra. Rassemblez toute cette énergie, aspirez chaque partie concernée et mettez-la dans votre premier chakra.

- Visualisez maintenant votre premier chakra plein de l'énergie maternelle. Ressentez que votre mère habite tout l'espace de votre premier chakra, ne laissant aucune place pour votre Enfant Intérieur. Visualisez-le et ressentez-le profondément.

- Maintenant que vous ressentez très fortement votre mère dans votre premier chakra, vous êtes prêt à l'expulser à l'extérieur de vous. Si vous le souhaitez, vous pouvez vous installer comme si vous alliez vraiment accoucher, en vous allongeant ou en vous accroupissant.

- Sur une ou plusieurs expirations, sortez votre mère de votre premier chakra... Allez-y... Concentrez-vous en vous aidant de vos expirations pour expulser votre mère... Ressentez que vous accouchez de votre mère... Ressentez que vous vous libérez, comme vous libérez votre mère, pour son plus grand bien...

- Une fois que votre mère est sortie de vous, n'oubliez pas de couper le cordon ombilical qui vous rattache à elle.

- Puis voyez-la qui se relève, vous dit au revoir, puis s'éloigne, tranquille et libérée.

- Faites ensuite entrer de la lumière dans votre ventre, puis enlevez toute trace de votre mère... Ressentez que vous avez maintenant en vous un grand espace bien délimité, mais sans aucune limitation restrictive... C'est votre espace...

- Voyez votre Enfant Intérieur qui joue sans contrainte dans ce grand espace. Il est chez lui... Cet Enfant Intérieur a maintenant toute la place nécessaire pour exprimer ce qu'il est.

- Sentez la libération que cela vous apporte.

- Visualisez maintenant, au-dessous de vous, le globe terrestre. La planète bleue sur laquelle vous habitez s'appelle Gaïa. Elle est votre véritable mère.

- Vous allez créer un cordon ombilical entre la terre et vous. Votre espace intérieur est désormais relié à la terre. Vous êtes un enfant de la terre, et la terre alimente votre espace intérieur.

- Ressentez qu'à chaque inspiration, l'énergie de la terre entre en vous et qu'à chaque expiration, cette énergie remplit votre espace pour le nourrir et le protéger...

- Lorsque vous ressentez bien votre espace en vous et votre connexion à la terre, vous l'ancrez en joignant le pouce et l'index de chaque main. Puis vous remerciez Gaïa pour sa nourriture et sa protection sans faille.

- Respirez lentement et profondément, et reprenez conscience de votre corps. Lorsque vous vous sentez prêt, vous rouvrez les yeux.

Remarque: Après toute méditation ou travail précis, il est important de noter dans un cahier ce que l'on a ressenti. Un journal spirituel, en quelque sorte. Ceci pour faciliter la manifestation concrète de ses différents «ressentis». On peut aussi revenir sur ses notes et voir comment on progresse.

2. EXERCICE SUR LA PEUR

Avec cet exercice, vous allez essayer de ressentir votre peur, afin de vous familiariser avec elle et d'accepter de la laisser circuler en vous. Cet exercice est destiné à vous aider lorsque vous avez réellement peur dans votre vie.

Technique

- Vous vous asseyez, fermez les yeux et calmez votre respiration. Prenez le temps de bien vous relaxer.

- Lorsque vous sentez que votre respiration est paisible et que votre corps est bien détendu, vous prenez conscience de la zone de votre bas-ventre... Vous placez votre conscience au bas de votre colonne vertébrale, au niveau de votre premier chakra.

- Une fois que votre conscience est bien placée, vous demandez à voir apparaître en vous un symbole ou une image, ou encore vous demandez à entendre ce que vous redoutez le plus au monde. Laissez-vous bien aller... Prenez conscience de ce que vous redoutez le plus... Osez le voir et l'affronter...

- Puis, prenez note de l'arrivée de la peur. Essayez de résister à la tentation de vous protéger. Acceptez d'entrer dans la peur et de la laisser vous investir. Que se passe-t-il en vous? Comment respirez-vous? Où la peur est-elle la plus forte? dans la poitrine? dans le ventre? dans les jambes? Quelles autres images apparaissent avec la peur? Quelle couleur? Quels mots? Laissez-vous bien aller. Habituez-vous à reconnaître les impressions et les sensations associées à la peur.

- Maintenant, vous allez vous concentrer sur votre respiration afin de la calmer. Faites appel à une image ou à un symbole qui représente pour vous la sécurité, la protection absolue. Demandez à votre intuition de vous fournir l'image ou le symbole dont vous avez besoin en ce moment.

- Comment est ce symbole ou cette image? Quelle est sa texture, sa couleur, sa température? Êtes-vous seul ou avec une autre personne? Entrez complètement dans le «ressenti» de sécurité que cela vous procure. Qu'est-ce que cela modifie dans votre cœur et dans votre corps? Comment respirez-vous maintenant? Comment sont vos muscles?

- Habituez-vous à reconnaître les sensations accompagnant le «ressenti» de sécurité.

- Lorsque vous vous sentez bien protégé, bien en paix, vous prenez quelques respirations profondes et vous rouvrez les yeux.

Je vous conseille de noter ce que vous avez ressenti au cours de cet exercice afin de mémoriser les sensations corporelles liées à la peur puis à la sécurité.

Dans votre vie quotidienne, la prochaine fois que vous ressentirez ces sensations, cela voudra dire que vous avez peur. Reconnaître rapidement cette émotion est déjà un grand pas vers le «lâcher-prise». Vous vous dites: «J'ai peur...». Alors, au lieu de combattre cette peur, de tout faire pour essayer de vous rassurer par des moyens extérieurs, essayez d'entrer en vous-même et de ressentir cette peur qui circule dans votre corps, en vous concentrant sur votre respiration. Observez tout ce qui se passe en vous au chapitre des sensations, des images et des symboles.

Sachez qu'en luttant contre la peur, vous l'entretenez. En vous y abandonnant, vous épuisez le pôle négatif de cette énergie et vous avez une chance de passer dans le pôle positif.

Essayez doucement de calmer votre respiration et faites appel à votre image sécurisante. Entrez dans cette image et ressentez-la. Une sensation de protection vous enveloppe complètement, vous calme et vous apaise...

Au début, cet exercice est difficile. Le succès dépend essentiellement de votre capacité à vouloir entrer dans la peur. C'est une question d'entraînement. Ne perdez pas courage.

En prenant l'habitude de vous laisser aller dans vos frayeurs, vous pourrez constater qu'avoir peur n'est pas dangereux et qu'il est possible de remplacer la peur par le sentiment opposé. Toute émotion est une énergie à deux faces, et si vous connaissez la peur, vous connaissez forcément la sensation d'être en sécurité. **Je dirais même que, plus vous savez ce qu'est la peur, plus vous êtes à même de vous ressentir en sécurité**.

C'est en connaissant la peur et en l'acceptant totalement en soi que l'on peut la transcender.

On ressent alors une telle sécurité à l'intérieur de soi que l'on irradie une énergie enveloppante et protectrice. Les autres se sentent rassurés à notre contact. C'est le principe bien compris de la «mère universelle», que toutes les femmes devront révéler un jour pour retrouver leur vraie fonction, soit aider l'Âme à trouver pleinement sa place dans le corps humain et dépasser ainsi sa peur viscérale de l'incarnation.

HYMNE À LA PEUR

Je suis humaine et la peur est un de mes bagages.

Je ressens le frisson de la peur qui parcourt mon corps.

Mon corps a peur, mes cellules ont peur...

Dieu que j'ai peur d'être dans ce corps physique,
avec sa fragilité, ses limites et sa destruction finale!

Cette peur qui m'habite, me contracte, me rétrécit
et m'empêche d'être ouverte à la vie.

Je regarde ma condition humaine, peureuse et limitée.

Je m'ouvre à cette peur. Je l'accepte.

Je la laisse me pénétrer complètement et circuler en moi.

Cette peur est mon amie: elle est porteuse
du germe qui me permettra de me dépasser,
de transcender mon enveloppe charnelle.

Je me dilate, je m'ouvre à l'infini
et m'épanouis comme une rose,
offerte et réceptive à la vie.

Qu'il en soit ainsi...

Gratitude infinie à la Terre, ma mère.

3. EXERCICE SUR LA SÉCURITÉ

La vraie sécurité est intérieure. Tant que l'on ne ressent pas cette sécurité à l'intérieur de soi, on est soumis au mirage de la sécurité extérieure. On est alors porté à se protéger par toutes sortes de moyens, parfois très coûteux, qui ne règlent en rien le problème fondamental de la peur.

De plus, on attire toujours à soi ce que l'on redoute. Si on a peur, on risque d'avoir à faire face à des événements effrayants, qui se produiront quelle que soit la protection extérieure dont on s'est entouré. Il me paraît donc plus simple de travailler sur sa sécurité intérieure plutôt que de se cacher derrière des portes blindées, des assurances ou des manipulations en tous genres.

La vraie sécurité n'est pas l'absence de danger, mais plutôt une force intérieure résultant de la confiance, du courage et du «ressenti» d'appartenance, soit la place que l'on a («on est chez soi» sur la terre). En cherchant la sécurité à l'intérieur de soi et non en manipulant l'environnement ou la situation, on sent grandir en soi une puissance et une assurance colossales.

- La **confiance,** c'est ressentir que, quoi qu'il arrive, l'Univers-Dieu ne nous fera traverser que ce que nous avons la capacité de supporter.

- Le **courage**, c'est accepter de laisser la peur entrer en soi et utiliser celle-ci pour se dépasser et non pour se figer.

- L'**appartenance à l'humanité**, c'est ressentir son espace intérieur, c'est savoir que «l'on est chez soi» sur cette planète. C'est reprendre contact avec la terre et ressentir qu'elle est notre véritable mère, nourricière, stabilisatrice et protectrice.

Ne pas se sentir en sécurité crée un point dur, comme un nœud qui empêche le premier chakra de «tourner» harmonieusement. Cela se manifeste concrètement:

- Sur le plan physico-éthérique par un bassin bloqué et des mâchoires crispées (au niveau des maxillaires);

- Sur le plan astral par la peur;
- Sur le plan mental par une croyance erronée ou limitative concernant sa place et sa sécurité individuelle.

Pour défaire ce nœud, il faut travailler sur trois plans de la personnalité, en commençant par le plan mental.

- Il faut d'abord changer ses conceptions ou ses croyances erronées ou trop limitatives, en s'individualisant sur la notion d'espace ou de place, ainsi que sur la sécurité. S'individualiser, c'est se débarrasser de tous les conditionnements hérités de l'enfance, de ses parents et de la société. En modifiant son point de vue, on fait en quelque sorte «sauter» ce blocage de base et on remet en mouvement son premier chakra. (Voir à ce sujet le livre de Pierre Lassalle, *Le Tarot de l'Individualisation*, chez le même éditeur.)
- Sur le plan astral, il est nécessaire de faire de la peur une alliée et non une ennemie. C'est l'acceptation pleine et entière de la peur qui donne accès à la confiance et au courage (voir l'exercice précédent concernant la peur).
- Sur le plan physico-éthérique, il faut, concrètement, faire circuler l'énergie dans le bassin (au niveau du premier chakra) pour faciliter l'évacuation du blocage, et donc harmoniser le chakra. Pour cela, vous pouvez faire bouger votre bassin à l'aide de mouvements circulaires ou de balancements (la danse du ventre est ici tout indiquée). Certains exercices de polarité sont aussi très efficaces pour faire circuler l'énergie au niveau du bassin.

Comme nous l'avons dit précédemment, l'appartenance consiste à ressentir que l'on a une place pour soi sur cette terre. On est chez soi ici (comme à la «maison»), et l'humanité tout entière est notre famille. Pour se ressentir comme appartenant à l'humanité et pour trouver sa place à l'intérieur de celle-ci, il faut reprendre contact avec la terre, ce qui s'obtient en «s'ancrant».

4. PROCESSUS DE L'ANCRAGE

S'ancrer, c'est se brancher à la terre, en imaginant des racines qui sortent de ses pieds (si on est debout) ou du bas de sa colonne vertébrale (si on est assis), comme si on était un arbre. Il faut s'identifier totalement à un arbre et imaginer que l'on a des racines qui poussent en dessous de nous. Ces racines sont très longues et s'enfoncent profondément dans la terre.

Il est important de se concentrer quelques instants sur cette visualisation afin de bien la ressentir.

Une fois que l'on se sent bien enraciné, on demande à l'énergie tellurique de la terre de monter en soi. On peut se représenter cette énergie comme une sève verte qui remonte petit à petit le long de ses racines jusque dans son premier chakra. On visualise ensuite l'énergie de la terre et l'énergie du premier chakra qui se mélangent et tournent harmonieusement ensemble, dans le bas-ventre.

Au début, cet ancrage est uniquement une représentation mentale. Puis, grâce à la pratique régulière de l'exercice, on en vient à ressentir réellement en soi sa visualisation. C'est là que l'exercice méditatif devient efficace.

Durant l'été, cette méditation d'ancrage peut être avantageusement remplacée par le jardinage, qui est un moyen concret de reprendre contact avec la terre. Mais, pour cela, il faut bien se concentrer sur ce que l'on fait, sur le fait que l'on touche la terre, sur la sensation que cela procure, etc.

Même sans blocage particulier et même si on ressent très bien son espace intérieur, ce qui est rare, s'ancrer régulièrement est une nécessité absolue, surtout si on travaille sur soi et que l'on médite.

- S'ancrer permet de faire circuler l'énergie du premier chakra, donc d'harmoniser ce chakra.
- S'ancrer procure puissance, stabilité et croissance. Grâce aux racines, on peut absorber plus de gravité terrestre. Cette gravité fixe et pose, car elle donne du

poids. Elle aide la conscience à se fixer dans son espace, à rester dans le «ici et maintenant», totalement présente dans le corps et dans l'instant présent. Il est alors possible de manifester ce que l'on est intérieurement et de manifester ce que l'on souhaite.

- S'ancrer permet donc de ressentir sa place et sa sécurité intérieures, car les racines rapprochent de la base. On ne risque rien: on est en bas et on ne peut pas tomber. Les racines agissent par ailleurs comme une «prise de terre». Elles protègent le corps d'une surcharge qui serait due aux tensions de la vie quotidienne. Le stress s'évacue naturellement par les racines et retourne à la terre. (Il faut savoir que la qualité essentielle de la terre est sa capacité d'absorption des énergies excédentaires ou négatives.)

- Sans racines, on n'a pas de place à soi. On a tendance à planer, car le contact avec la source est perdu. On n'a pas «les pieds sur terre», on rêve debout dans un monde imaginaire. L'attention erre au hasard, hors du moment présent. On n'est jamais tout à fait là. On est vide, peureux, manipulable et incapable de manifester quoi que ce soit.

Reprendre contact avec la terre est plus que jamais nécessaire, dans un monde où l'espace devient une denrée rare et où tout le monde veut sa «place au soleil», par peur de manquer de quelque chose.

Le besoin de se regrouper dans les grandes villes, par exemple, réduit considérablement l'espace dont dispose chaque personne. La plupart du temps, les gens vont vivre dans une grande ville pour se rassurer, par peur de manquer de travail, d'argent, d'amis, etc.

La peur de manquer de quelque chose est toujours due à un manque d'espace intérieur. Or, paradoxalement, en se fixant dans une grande ville, l'être humain réduit son espace. Cette situation va contribuer à augmenter son problème vis-à-vis de sa place, et donc sa peur et son insécurité.

Si les mégapoles se font de plus en plus nombreuses, c'est sans doute pour que l'homme prenne justement conscience de son manque d'espace intérieur. En effet, la promiscuité a toujours constitué un test puissant pour découvrir la place que l'on s'accorde sur cette terre et par rapport aux autres. Les grandes villes font partie des éléments majeurs qui transforment profondément la terre, ainsi que l'homme.

Puissiez-vous ressentir l'importance de retrouver votre espace intérieur et de vous réconcilier totalement avec vous-même et avec Gaïa la terre.

Il y a mille façons de s'agenouiller sur la terre...

Ce n'est plus le poids de l'existence qui me fait plier les genoux, mais la gratitude.

Gratitude infinie à la Terre, ma mère, pour m'avoir donné une place et pour m'inviter à exprimer ce que je suis.

Puissé-je ne jamais être un fardeau pour elle, mais contribuer à la rendre chaque jour plus belle et plus lumineuse.

Il y a mille façons de s'agenouiller sur la terre... pour l'embrasser!

5. LE KARMA-YOGA

«Yoga» signifie «union». L'union dont il s'agit est celle qui réunit l'homme et Dieu, ou la personnalité et l'Âme.

Il existe bien des sortes de yogas, car il y a nombre de chemins possibles pour réaliser cette union. Ainsi, selon sa nature, on choisira une forme ou une autre de yoga.

C'est une erreur répandue que de croire que le yoga est seulement une gymnastique. Cette confusion est due au hatha-yoga, qui est le yoga enseigné habituellement en Occident. Ce type de yoga est, en effet, une discipline physique demandant de prendre des postures bien précises, qu'il faut maintenir un certain temps. Or, on peut très bien faire du yoga sans jamais prendre de poses particulières ni faire la moindre gymnastique.

Le karma-yoga fait partie de ce genre de figure. C'est avant tout une discipline mentale, qui induit une certaine façon de se comporter dans la vie.

«Yoga» signifie «union», et «karma» signifie «action». Le karma-yoga est donc l'union dans l'action.

Être dans l'action signifie que l'on essaie de s'immerger totalement dans chaque acte de sa vie afin de faire un avec l'action que l'on entreprend. On reste conscient de chaque geste, en y mettant toute sa concentration. On devient ainsi totalement ce que l'on fait et on oublie tout le reste.

Ce yoga de l'action n'est pas très facile à pratiquer, car il va dans le sens contraire des habitudes de l'être humain moderne. Celui-ci pense sans arrêt à mille et une choses et ne prête pas attention à ce qu'il fait. Il est vrai que lorsqu'on agit, on pense rarement à ce que l'on fait. On est ailleurs: nos pensées nous entraînent vers le passé ou le futur et elles sont sans rapport avec l'acte en cours.

Il est cependant possible de discipliner son mental, en procédant par étapes. D'abord avec certains petits gestes de la vie quotidienne, comme prendre sa douche, marcher, manger, boire, etc. Ainsi, lorsqu'on boit, on ne pense qu'à cela et on oblige son mental à se focaliser uniquement sur cette action. On peut cependant s'aider, par exemple, en décrivant intérieurement ce que l'on fait.

On augmente ensuite graduellement le nombre des gestes faits consciemment, jusqu'à ce que l'on parvienne à rester le plus souvent possible dans l'instant présent.

Voilà, le mot est lâché. L'instant présent est la clé. Et cette clé est particulièrement bien adaptée à toute personne qui a un problème d'existence et de place à occuper.

- Pour la personne qui a un problème de place dans le temps, être dans le présent lui permet de prendre de l'expansion et de créer son espace. Sa conscience se dilate dans l'action, elle devient l'action et entre ainsi dans l'éternel présent. Elle ressent alors qu'elle n'a pas de limites et que son espace n'est plus réduit par le temps qui passe, puisque le temps a disparu.

- Quant à la personne qui a plutôt un problème de place par rapport à l'espace, rester dans l'action lui donne la dimension verticale manquante (temps). Ses limites sont créées par ce qu'elle fait, là, tout de suite. Elle ne sort pas du cadre de son action présente. Elle est donc bien délimitée. Elle est «ici et maintenant», ancrée dans ce qu'elle fait. L'axe vertical la fixe, la plante sur place, et elle ressent enfin le parfum de l'existence.

Le karma-yoga aide à se sentir exister ou à trouver sa place, c'est-à-dire à associer harmonieusement en soi l'espace et le temps. Mais il a de très nombreux autres avantages[1]. C'est donc un outil précieux pour évoluer et devenir conscient.

Le but final du karma-yoga est d'arriver un jour à faire ressentir la plénitude de l'existence, c'est-à-dire à expérimenter *sat* (de *sat-chit-ananda*), ou le «ressenti» intérieur de son expansion illimitée (espace) et éternelle (temps).

6. PENSÉES POSITIVES POUR L'ENFANT INTÉRIEUR DE LA PREMIÈRE ANNÉE

LE CORPS

Je peux habiter mon corps. Ce corps est mon «chez moi», et il y a de la place pour moi dedans. Je le découvre et en prends connaissance. C'est un endroit vaste et tranquille, qui n'est ni dangereux ni sale. Il n'a été construit que pour moi et il me correspond parfaitement. Je décide aujourd'hui de changer et

1. Vous trouverez plus d'informations concernant les trois yogas abordés ici dans le livre de Pierre Lassalle, *Chercheur de Lumière*.

d'entrer dans mon corps. J'habite mon corps et j'occupe pleinement mon espace, chaque jour davantage.

Mon corps est parfait. Je traverse la rue et j'apprécie la perfection de mes yeux et de mes oreilles, qui me permettent de percevoir autant le danger que la beauté. Je ressens mes jambes qui me portent et me permettent de me déplacer d'un endroit à un autre. Ma peau frissonne au contact de la brise qui la caresse. Je respire profondément et m'émerveille du constant renouveau de mon corps et de mes sensations. J'aime mon corps, il est parfait pour moi.

J'écoute mon corps. Enfant, je n'ai pas appris à lire les signaux concernant mes besoins physiques. La fatigue ou la faim n'avait aucune importance. Le résultat est que maintenant, je ne mange jamais au bon moment pour moi, ni ne prends le temps de me reposer. Je décide aujourd'hui de changer et d'être attentif aux besoins de mon corps. J'y réponds plus rapidement, au lieu d'attendre d'avoir l'estomac tordu par la faim ou d'être écrasé par une extrême fatigue. J'obéis à la sagesse instinctive de mon corps.

Mes propres besoins physiques ont de l'importance. J'ai appris à investir toute mon énergie dans les autres, en en prenant soin et en négligeant mes propres besoins physiques. Prendre soin de moi n'était pas aussi important que d'aider quelqu'un d'autre à se sentir mieux. Personne ne s'est jamais occupé de moi, et je n'ai pas appris à prendre soin de moi. Je décide aujourd'hui de changer mon attitude, en me rappelant qu'il n'est pas égoïste de prendre soin de soi. Je respecte mon propre corps et j'en prends soin.

L'EXISTENCE

Je me libère de ma peur d'exister. Lorsque j'étais enfant, je devenais invisible pour me préserver de la souffrance. Être invisible me permettait de me cacher, et ainsi de survivre. Mais, en tant qu'adulte, être invisible à moi-même me fait ignorer mes besoins et refouler mes émotions. Je décide aujourd'hui de sortir de ma cachette. Je n'ai plus besoin d'être invisible pour me sentir en sécurité. Je suis un être vivant et je participe pleinement à la vie, sans avoir peur des conséquences négatives.

Aujourd'hui, je me donne la liberté d'occuper ma place. Regardez les fleurs des champs. Elles ne font pas d'effort pour avoir leur place dans la prairie ou sur la colline. Elles sont à leur place, ici, tout simplement. Je décide aujourd'hui d'être comme les fleurs des champs. Pas d'effort ni de frénésie pour avoir ou pour refuser ma place. Je me donne la liberté d'occuper la meilleure place que Dieu m'ait accordée: la mienne. Dans mon corps, sur la terre et parmi les hommes, je suis à ma place.

LES FRONTIÈRES

Je reprends possession de mon corps. Enfant, mon corps était la propriété de tout le monde, excepté de moi-même. Au nom de l'amour, les autres me touchaient quand et comment ils le voulaient, et personne ne les en empêchait. Ma seule protection était d'oublier que ce corps était une partie de moi. Pendant longtemps, j'ai continué à laisser toute chose et tout le monde abuser de mon corps, par «amour». Je décide aujourd'hui de changer. Mon corps m'appartient. Personne n'a le droit de me dire ce que je dois faire avec lui. C'est à moi de décider quand et comment je souhaite être touché, car mon corps me contient. J'établis des frontières physiques saines, par égard pour moi et pour mon Enfant Intérieur.

Je me protège avec des limites solides. Dans ma famille, les limites changeaient tout le temps. Ce qui était valable un jour ne l'était plus le lendemain. Je n'ai donc jamais su où étaient mes limites et mes frontières. Je décide aujourd'hui de changer. Je choisis de dresser des frontières autour de moi. Je peux me détourner d'une situation si quelqu'un abuse de moi ou me dit non. J'établis mes limites et rends ainsi mon environnement sûr.

LE TOUCHER

Je peux toucher et être touché. Enfant, je n'ai pas eu de contacts physiques. Mes parents ne m'ont pas touché, et je suis maintenant persuadé que personne ne voudra me toucher. Je résiste à ma faim dévorante de contact physique en étant rigide et tendu. Je prends l'air détaché ou blasé par rapport aux autres, pour cacher ma peur de ne pas être aimé. Aujourd'hui, je décide de changer. Je prends spontanément et affectueusement l'autre dans mes bras et je célèbre ma capacité de toucher et d'être touché.

Je guéris mon Enfant Intérieur en le touchant avec amour. Dans mon enfance, toucher par amour était rare. On me touchait seulement lorsque j'en avais tellement besoin qu'il était impossible de l'ignorer plus longtemps. Pire, toucher ne rimait pas avec «amour», mais souvent avec «colère». Maintenant adulte, j'ai beaucoup de mal avec le toucher. Aujourd'hui, je décide de changer. Je vais me faire masser par un professionnel ou par un ami intime. Je m'autorise à me relaxer, pour laisser circuler l'énergie dans mon corps. Je calmerai mon mental afin qu'aucune pensée ne vienne ternir mon plaisir. À travers le toucher, je m'autorise à ressentir ma place dans ce monde ainsi que la sécurité et l'amour.

LA NOURRITURE

J'accepte d'être nourri par le toucher. J'ai peur d'être touché. J'ai peur d'avoir des réactions subites et inattendues qui me mettraient dans une situation difficile. Mon besoin de contact physique est tellement intense que cela me fait peur. Et si on me touche, je ne l'apprécie pas, car je ressens rarement que je le mérite. Aujourd'hui, je décide de changer. Je parle à un ami intime de mes besoins et de mes peurs concernant le toucher. Peut-être lui demanderai-je une courte étreinte pendant notre rencontre ou un contact sur mon bras pendant que je lui parlerai. Je m'autorise à lui demander d'arrêter si je me sens mal à l'aise. J'accepte le toucher, si nourrissant, qui me permet de grandir en amour, pour moi-même et pour les autres.

Je nourris mon Enfant Intérieur. Je regarde dans ses yeux et dans son être. Nous nous nourrissons ainsi, l'un et l'autre, d'amour. Je suis attentif à ses pleurs, car c'est sa seule façon de communiquer. Je suis heureux de lui donner nourriture, chaleur, baisers ou liberté dont il a besoin, quand il en a besoin. Je nourris d'amour mon Enfant Intérieur.

LA PROTECTION

Je suis un cocon protecteur pour mon Enfant Intérieur. Je l'enveloppe dans mon corps tiède et mes bras aimants, et je le berce de mes mots doux. Je suis l'espace où habite mon Enfant Intérieur. Lorsqu'il se sent en sécurité, il se manifeste à nouveau au monde. Je le protège des éléments qu'il n'est pas encore prêt à affronter et je l'encourage à entreprendre ce qu'il peut réaliser. Je me sens protégé et en sécurité dans mon espace intérieur.

L'ANCRAGE

Je reprends contact avec la terre. Lorsque j'étais enfant, le monde physique n'était pas assez sécurisant pour moi. Je me suis réfugié dans ma tête, échappant ainsi à mon corps. Je suis devenu complètement ignorant de moi-même dans le monde. Je ne suis pas ancré dans la réalité et je ne peux faire face à mon environnement. Aujourd'hui, je choisis de changer. Je plante mes pieds fermement dans le sol. Je ressens, venant des profondeurs de la terre, l'énergie qui irradie vers moi à travers la plante de mes pieds, puis me remplit totalement, dans tout mon corps. Comme un cordon ombilical, l'énergie de la terre me remet en contact avec la source de vie. Je suis là, dans mon corps. Je suis fermement connecté à la terre.

Je suis relié à la terre et au soleil. Je ferme les yeux et je vois mon Enfant Intérieur ainsi que moi-même marcher dans la forêt. Nous trouvons un arbre qui nous plaît. Nous plaçons nos bras autour de son tronc et nous ressentons sa force calme. Les rayons du soleil passent à travers les branches, se reflétant sur le sol et sur nos têtes en nappes de lumière. Nous ressentons la chaleur du soleil. Je suis connecté à la terre et au soleil.

J'appartiens à la nature et je vis selon les lois de la nature. Enfant, je n'ai rien appris concernant mon corps et le fonctionnement de la nature. La nature se reproduit, mais le sexe était un secret honteux dans ma famille. Tout meurt un jour, mais chez moi, si quelqu'un mourait, l'expérience était accablante et inacceptable pour mes parents. J'observe maintenant ce monde qui est le mien. Je reconnais mon appartenance au monde, dont je suis une partie indissociable.

LE VIDE

Je fais face à mon vide intérieur. Je fais taire en moi cette petite voix qui me rappelle sans cesse mon vide intérieur. Je décide d'affronter cette obscure sensation de vide intérieur, en y apportant la lumière, le courage et la confiance. Je ressens, à chaque instant de ma vie, la puissance de ma force intérieure qui me remplit totalement.

Je me remplis de douceur et de joie. Enfant, mes parents consacraient peu de temps et d'énergie à prendre soin de moi, et j'ai toujours su, instinctivement, qu'il me manquait quelque chose d'essentiel. Maintenant adulte, je décide de ne pas me focaliser sur ce que mes parents ne m'ont pas donné mais de m'occuper de cette place vide en moi, en prenant soin de mon Enfant Intérieur. Le soleil me nourrit, et je laisse la nature m'emplir. L'enfant à l'intérieur de moi ressent que l'on prend soin de lui, alors que je m'ouvre à la douceur et à la joie.

LES RESPONSABILITÉS

Je prends la pleine responsabilité de ma vie. Enfant, j'avais l'impression de vivre sur un bateau ivre, pris dans une tempête, alors que mes parents, les capitaines de la famille, avaient abandonné leur poste. Je décide aujourd'hui de ne pas faire comme eux. Je découvre mes motivations, je prends des décisions claires concernant ma vie et je conduis ma propre goélette pour un voyage sûr. C'est sécurisant pour mon Enfant Intérieur que je sois devenu un navigateur expert. Comme un capitaine de bateau qui reste à la barre lorsque son bateau est pris dans la tempête, je n'abandonne pas mon poste quand l'océan de la vie menace de m'engloutir. Tout ce que je découvre sur moi m'aide à prendre la pleine responsabilité de ma vie.

Je suis responsable de moi-même. Enfant, je croyais être responsable des autres ainsi que des bonnes et des mauvaises choses qui pouvaient leur arriver. Je parlais, agissais et souvent respirais dans le dessein de les rendre heureux. Parfois, cela marchait. Parfois, cela ne marchait pas.

Aujourd'hui, je comprends et je décide de changer. L'attitude infantile qui se traduisait par: «C'est à cause de l'autre» ne sera plus une excuse pour justifier mes actions. Je ne suis pas responsable des émotions et des actions de qui que ce soit, mais seulement de moi-même.

Je décide de changer mon film! J'ai l'impression de répéter toujours les mêmes vieux schémas de mon enfance. J'en connais le commencement, le milieu et la fin, dans toutes les situations de ma vie. C'est un film que j'ai déjà vu des centaines de fois. Aujourd'hui, je décide de devenir le metteur en scène de ce film, et non plus seulement le spectateur. Mon nom est écrit en très grosses lettres, au haut de l'affiche. Ce n'est plus un film de série B, à petit budget, avec une fin prévisible. Non, c'est un film à grand déploiement, avec suspense et rebondissements. Ma vie est mon film, et je suis totalement responsable de sa mise en scène.

LA TRANQUILLITÉ

Je retrouve la tranquillité. Enfant, j'avais parfois besoin d'être assis et de contempler simplement les nuages, les étoiles ou une araignée tissant sa toile. Mais ma mère disait: «Fais quelque chose. Ne reste pas inoccupé». Aussi, maintenant, je cours toute la journée et je remplis ma vie en passant d'une activité à l'autre, mais sans jamais aller nulle part. Je décide aujourd'hui de changer. Je me donne du temps pour ne rien faire. En restant tranquille, je retrouve mon espace et ressens l'énergie de vie en moi.

LE SOMMEIL

J'accepte de dormir. En tant que parent aimant et responsable, je sais que mon Enfant Intérieur a besoin de sommeil pour grandir. Je m'assure qu'il se met bien au lit à l'heure et que son lit est confortable et relaxant. Je l'aide à se glisser dans les draps et je le borde chaudement avec ses couvertures. Je l'aide à s'endormir. Il dort jusqu'à ce que son corps lui signale qu'il est temps de s'éveiller, et il se réveille reposé, prêt à entreprendre une nouvelle journée. Grâce à mon Enfant Intérieur, je m'autorise à dormir autant que nécessaire.

LA PERFECTION

Mon Enfant Intérieur sait ranger sa propre maison. La maison de mes parents n'était que pour les adultes. Il n'y avait pas de place pour moi. Ma mère, rigide et perfectionniste, m'interdisait l'accès à certaines pièces, le séjour par exemple, et je devais toujours laisser ma chambre dans un ordre impeccable. Aujourd'hui, je laisse mon Enfant Intérieur avoir son propre espace et faire ce qui lui plaît dans chaque pièce. Il est capable de garder sa maison en ordre, car il aime le calme que l'ordre procure. Je sais garder mon espace harmonieux, sans me créer de tensions.

Je me détache de mon perfectionnisme. En grandissant, j'ai appris à craindre de ne pas être parfait et j'ai pris sur moi la responsabilité des choses qui n'allaient pas dans ma famille. J'ai limité à la fois les risques et les occasions d'explorer l'existence. Aujourd'hui, je décide de changer. Je laisse mon Enfant Intérieur libre de vivre ou non les expériences qui se présentent à lui. Je transforme mes échecs en réussites et je ressens la joie d'appartenir à la race humaine.

LE DYNAMISME

Je peux entreprendre quelque chose. «N'entreprends rien! Tu pourrais te faire mal ou tu pourrais être rejeté.» C'est ce que j'entendais durant mon enfance. Je n'ai donc jamais rien osé tenter dans ma vie. Aujourd'hui, je décide de changer. Je demande à mon Enfant Intérieur ce qu'il souhaite. Il n'a plus besoin de se cacher derrière les arbres ou derrière sa mère. Je commence et entreprends ce que je veux. Je n'ai pas peur d'entreprendre quelque chose, car j'en suis capable.

LA PEUR

J'accepte de ressentir ma peur. Depuis trop longtemps, je laisse mes peurs guider ma vie, m'empêchant de faire ce que mon cœur me dit de faire. Aujourd'hui, je décide de changer. J'ouvre mes yeux avec calme et détermination. Je suis surpris de ce que je vois. Ce n'est pas l'horrible monstre auquel je m'attendais. À la place, je vois un enfant perdu, seul, effrayé. Une part de moi-même laissée trop longtemps de côté, dans le froid. Je prends cet enfant dans mes bras et lui dis: «N'aie pas peur, tu es avec moi maintenant.» Je ressens ma peur et l'accepte; elle fait partie de ma nature mais ne gouverne pas ma vie.

Mon Enfant Intérieur se libère de sa peur. Je me détache aujourd'hui de mes peurs, en les confiant aux bons soins de mon Âme. Je suis libre d'explorer en toute sécurité ce que je ressens. Je peux laisser mon corps se dilater, m'intéresser à la spiritualité et envisager un pouvoir supérieur dont j'ai besoin pour mon évolution. Aujourd'hui, je suis libéré de ma peur et libre d'explorer ce que je suis.

7. ÉLIXIRS POUR L'ENFANT INTÉRIEUR DE LA PREMIÈRE ANNÉE

Le précurseur des élixirs est un docteur anglais du nom d'Edward Bach (1886-1936). Ce bactériologue et homéopathe a consacré les six dernières années de sa vie à rechercher une thérapie simple et naturelle. Ses investigations l'ont conduit à créer trente-huit remèdes floraux dont la fin essentielle était d'aider la personnalité à maîtriser par elle-même des schémas négatifs issus de l'enfance ou de l'influence extérieure immédiate.

Depuis, de nombreuses autres personnes se sont penchées sur la science des élixirs et, à l'heure actuelle, il existe un vaste éventail d'essences de toutes sortes.

Les élixirs sont des essences extraites soit des fleurs et des plantes, soit des minéraux. Ils sont préparés par macération, dans une eau de source très pure exposée au soleil pendant quelques heures. La préparation s'effectue toujours directement sur les lieux où se trouvent ces plantes et ces minéraux, en plein air.

Les élixirs sont vendus dans de petits flacons en verre, avec une pipette. Leur usage est généralement interne, mais ils peuvent aussi être utilisés extérieurement, ajoutés à l'eau du bain, à l'huile de massage, etc. En usage interne, il faut mettre quatre ou cinq gouttes sous la langue, les garder quelques secondes pour bien les mélanger à la salive, puis les avaler.

Ils ont en général une action sur les corps physico-éthérique et astral. Ils agissent comme des catalyseurs qui rétablissent le contact interrompu entre l'Âme et la personnalité.

On peut augmenter l'efficacité des élixirs par la visualisation créatrice, les pensées positives ainsi que par différentes techniques de purification.

Je vous donne ci-après une liste de quelques élixirs particulièrement bien adaptés pour régler les problèmes que rencontre l'Enfant Intérieur de la première année. Ils peuvent constituer une aide précieuse si on les associe aux différents exercices expliqués plus haut.

LE CORPS

Églantier de Californie* (*California Wild Rose*): Idéal pour ceux qui manquent d'intérêt pour le monde physique et matériel, car il apporte l'enthousiasme pour la vie et la destinée terrestre.

Manzanita*: Grâce à cet élixir, l'Enfant Intérieur accepte de s'incarner et s'intègre davantage dans son corps. Très efficace en cas de naissance difficile ou de traumatisme à la naissance. Manzanita aide à éprouver du respect pour son corps physique et, d'une manière générale, pour le monde terrestre. Le corps n'est plus une entité «non spirituelle» mais, au contraire, le «temple du divin». Précieux aussi pour l'anorexie et la boulimie.

Clématite des haies (*Clematis*): Cet élixir aide à rester dans le «ici et maintenant». Il est recommandé pour les «absents» et les rêveurs.

Romarin (*Rosemary*): Idéal lorsque l'on n'est pas vraiment incarné. Permet à la personnalité inexistante de fournir de l'énergie nécessaire à son corps. Atténue aussi les oublis et les pertes de mémoire.

Darlingtonia Californica* (*California Pitcher Plant*): Aide précieuse pour la maîtrise des instincts primaires et ceux de la puissance animale.

LES FRONTIÈRES

Sumac vénéneux* (*Poison oak*): Efficace pour la personne qui a un corps éthérique trop rigide, qui se crée une carapace, par peur de se «mélanger» aux autres et à la vie. Cet élixir rend la personne plus ouverte aux autres: il atténue la barrière hostile qu'elle projette, tout en maintenant les limites de l'espace individuel nécessaires pour qu'elle se distingue des autres.

Desert Barrel Cactus**: Convient à la personne dont le corps éthérique n'est pas assez structuré. Aide à établir ses limites: où elles commencent et où elles finissent par rapport aux autres. Permet aussi de définir ce que l'on est par rapport à l'humanité, la place que l'on occupe.

Étoile filante* (*Shooting star*): Permet d'accepter le fait d'être sur terre et d'appartenir à l'humanité. Protège contre une trop grande ouverture et une trop grande expansion, par manque de délimitation de son espace.

LE TOUCHER (MASSAGES ET SEXUALITÉ)

Jojoba**: Élixir par excellence pour toutes les formes de massages. Se combine aux huiles essentielles pour une amplification de leurs propriétés.

Pissenlit (*Dent-de-lion*): Intéressant à utiliser si on travaille sur le corps. Il relâche les tensions musculaires et émotionnelles, et dissout toxines et blocages. Peut aussi être associé aux huiles de massage, être placé en compresse ou appliqué directement sur la zone douloureuse.

Brunelle commune (*Self-heal*): Cet élixir aide à faire circuler de nouvelles énergies vitales dans le corps. Accentue le bien-être général.

Cornouiller sanguin* (*Dogwood*): Aide à libérer les émotions fortes emmagasinées dans le corps, surtout lorsque l'enfant a été soumis à des abus physiques ou sexuels, ou la femme à un viol. Permet le retour au charme et à l'innocence et une meilleure acceptation de la sexualité.

Pommier sauvage (*Crab apple*): Permet d'atténuer le sentiment de honte et la croyance que le sexe est quelque chose de sale.

Mimule aurianticus (*Sticky monkeyflower*): Cet élixir est idéal lorsqu'on a peur de l'intimité et de l'énergie sexuelle. Permet aussi d'aplanir les troubles de l'expression sexuelle.

LA NOURRITURE

Impatiente (*Impatiens*): Aide à corriger l'incapacité de se sentir nourri ou satisfait par la nourriture. Cet élixir est également efficace si on a tendance à manger trop rapidement.

Achillée mille-feuille (*Yarrow*): Tout indiqué si on a tendance à prendre du poids afin de se créer une barrière ou une protection contre une trop grande sensibilité psychique due à l'absence de délimitation intérieure.

Achillée rose-feuille var. rubra (*Pink Yarrow*): Élixir très proche du précédent, avec un nom presque identique. Il atténue le besoin d'utiliser la nourriture pour repousser les autres et celui de se remplir pour engourdir son plexus solaire afin de ne pas ressentir ses émotions.

Eau de Roche (*Rock water*): Idéal lorsqu'on est porté à faire des régimes trop stricts et trop durs pour le corps. Atténue la tendance ascétique de l'individu.

LA PROTECTION

Tilleul: Cet élixir apporte ses qualités de protection, de chaleur nourricière et d'apaisement. Il renforce la relation intime entre la mère et l'enfant.

Tulipe des prairies* (*Mariposa lily*): C'est l'élixir par excellence de l'amour maternel. Il stimule les forces maternelles de protection et de réconfort et aide à instaurer la confiance dans les liens affectifs entre la mère et l'enfant ainsi que dans l'aspect nourricier de toute relation.

L'ANCRAGE ET LA SÉCURITÉ

Maïs (*Corn*): C'est l'élixir de l'assise terrestre, de l'équilibre et de la stabilité. Il aide à garder les pieds sur terre et à rester en contact avec elle, même dans un environnement urbain. Le maïs aide à ressentir ses racines spirituelles avec la terre.

Chaussure de Vénus** (*Yellow lady's slipper*): Aide à ouvrir les chakras des pieds. Harmonise le fluide éthérique avec les forces magnétiques de la terre. Utile en réflexologie.

Millepertuis* (*Saint John's wort*): Aide à développer sa force intérieure et à mener ainsi une vie moins périphérique et moins dispersée.

LES RESPONSABILITÉS

Orme (*Elm*): Très bien adapté pour l'Enfant Intérieur de type «héros», qui s'est senti responsable de sa mère et de sa famille en général. Le petit a pris beaucoup trop tôt des responsabilités d'adulte. L'orme permet aussi d'atténuer la sensation d'être écrasé par les responsabilités et aide à les assumer avec beaucoup moins d'anxiété.

Saule (*Willow*): Cet élixir aide à assumer la responsabilité de ses échecs, au lieu de les rejeter sur les autres. Le saule combat aussi l'amertume.

Bourgeon de marronnier (*Chestnut bud*): À utiliser lorsqu'on prend enfin conscience que l'on reproduit sans arrêt les mêmes vieilles habitudes et expériences de la vie. Idéal aussi lorsqu'on n'arrive pas à tirer de leçons de la vie. Cet élixir s'accorde bien avec la pensée positive: «Je décide de changer mon film!»

LA TRANQUILLITÉ

Impatiente (*Impatiens*): Convient aux tempéraments impatients et frénétiques.

Madia elegans* (*Madia*): Aide à se concentrer sur une seule chose à la fois et empêche de dévier sur les choses non essentielles.

Pois de senteur** (*Sweet pea*): Indiqué pour la personne qui ne trouve pas sa place, qui voyage tout le temps, qui est incapable de trouver ses racines. Cet élixir aide à vivre dans le présent et à mieux s'intégrer à son environnement.

Folle avoine (*Wild oat*): Cet élixir est idéal pour la personne touche-à-tout, incapable de choisir quoi que ce soit.

Camomille (*Chamomille*): Pour calmer l'hyperactivité de l'Enfant Intérieur, et donc la vôtre.

LE SOMMEIL

Marronnier d'Inde (*White Chestnut*): Aide à dissiper les problèmes d'insomnie reliés à des pensées répétitives et obsessionnelles et à l'incapacité de s'apaiser au moment d'aller dormir. Intéressant aussi pour les enfants ayant un «ressenti» d'insécurité pendant la nuit.

Millepertuis* (*Saint John's Wort*): Efficace en cas de nuits perturbées par des rêves reliés à la peur.

LA PERFECTION

Pommier sauvage (*Crab apple*): Aide à s'accepter soi-même, au lieu de se concentrer sur les impuretés et les imperfections extérieures, surtout en ce qui concerne la propreté et la santé personnelles.

Bec de cigogne* (*Filaree*): Cet élixir agit sur les préoccupations et les craintes vis-à-vis des petits problèmes de la vie quotidienne. Il aide aussi à guérir son obsession concernant les détails et les futilités n'ayant aucun intérêt.

Hêtre (*Beech*): Idéal lorsqu'on s'identifie trop à l'environnement. Il atténue le besoin de vouloir que tout soit parfait, et contre donc la critique permanente.

LE DYNAMISME

Tanaisie* (*Tansy*): Utile lorsqu'on est léthargique et que l'on a tendance à remettre les choses au lendemain. Bon pour lutter contre la paresse et le flegme trop prononcé ainsi que pour la sensation de lourdeur du corps.

Mûrier (*Blackberry*): Efficace lorsqu'on est incapable de mettre ses idées en pratique ou qu'on n'arrive pas à avoir une vision pratique des choses.

LA PEUR

Mimule tacheté (*Mimulus*): Permet de lutter contre une trop grande anxiété ou une trop grande nervosité à l'égard de la vie quotidienne et des peurs qui y sont associées.

Centaurée du solstice* (*Star Thistle*): Efficace pour calmer la peur de manquer de quelque chose pouvant mener à l'avarice.

Tremble (*Aspen*): Idéal pour la peur de l'inconnu, de l'avenir et du noir.

Hélianthème à feuilles rondes (*Rock Rose*): Très efficace lorsqu'on a tendance à s'affoler facilement, et également pour les états de peur aiguë provoqués par une panique si forte qu'elle fait perdre le sens des perceptions. Donne du courage, ainsi que la possibilité de se dépasser et de mobiliser l'énergie nécessaire en cas de crise. On peut renforcer les propriétés de cet élixir en visualisant son plexus solaire protégé par un bouclier de lumière.

Ail (*Garlic*): Permet d'éliminer les peurs et la paranoïa. Peut être utilisé pour contrer le trac, pour faciliter la détente avant un événement difficile.

Actée** (*Black cohosh*): Utile pour dépasser les vieilles formes-pensées ou les anciennes frayeurs psychologiques, incluant celles de vies antérieures. Dissout les tensions enfouies dans le subconscient.

* *
*

La plupart des essences citées sont des élixirs de Bach ou Deva, et on peut les trouver dans certaines librairies ésotériques et dans certains magasins diététiques, en France comme au Québec.

On peut aussi les commander directement.

- En France: Laboratoires Deva
  B.P. 3
  F-38880 Autrans

- Aux États-Unis: Flower Essences Services
  P.O. Box 1769,
  Nevada City
  CA 95959 USA

Les élixirs marqués de un ou deux astérisques sont des élixirs américains. On peut les obtenir assez facilement en écrivant à l'une ou l'autre des adresses suivantes:

(*) The Flower Essence Society
(F.E.S.)Earth-Spirit Inc.
P.O. Box 459
Nevada City, California
95959 USA

(**) Pegasus Products, Inc.
P.O. Box 228
Boulder, CO 80306-0228
USA

RÉSUMÉ POUR LA PREMIÈRE ANNÉE

- Correspond au premier chakra et au corps physico-éthérique.
- Année de l'existence, ressentie grâce à la symbiose.
- Dépend de la relation avec la mère.
- Expérimentation de la vie instinctive, qui comprend l'alimentation, le sommeil, le contact, le plaisir ou la douleur physiques.

Enfant Intérieur blessé dans la première année (ne pas trouver sa place en soi)

- Émotion dominante de l'adulte: la **peur**;
- Problème dominant de l'adulte: l'**insécurité**.

Se manifeste par:

- Une insensibilité sur le plan des besoins physiques.
- Ne pas aimer être touché, avoir honte de son corps.
- Avoir un besoin maladif de nourriture, de rapports sexuels non désirés (ou rejet).
- Avoir des troubles du sommeil.
- Fumer.
- Des problèmes de responsabilités (se laisser «envahir» par les autres et avoir des problèmes de poids, ou refuser d'aider les autres par peur d'être «envahi»).
- Des problèmes d'orientation et des problèmes de temps.
- Être maladroit, oublieux et rêveur.
- Ne pas arriver à manifester, à concrétiser ses projets.
- Le besoin maladif de perfection ou être très désordonné.
- Ne pas tenir en place.
- De la difficulté à commencer les choses.

Chapitre 5

LA DEUXIÈME ANNÉE

Aimer grâce à la relation
ou
l'Enfant Abandonné

La deuxième année démarre au moment où l'enfant arrive à marcher tout seul, pour se terminer au moment où il amorce une réelle communication avec les autres (en construisant des phrases par lui-même) et où il commence à s'affirmer.

Si l'enfant ne marche pas en deçà de quatorze mois, cela signifie qu'il est de nature plutôt passive et qu'il n'a pas encore intégré en lui la notion d'espace-temps. Il retarde ainsi son passage dans le second plan de conscience (deuxième chakra). La marche est, en effet, l'événement majeur qui indique que l'enfant se stabilise à un autre niveau. L'absence du «ressenti» d'existence peut retarder ses premiers pas. Comme s'il souhaitait se donner une dernière chance!

Marcher de façon précoce peut être un «bon signe» mais ce n'est pas forcément positif. Si l'enfant est de nature plutôt active, il peut marcher très tôt (vers dix ou onze mois), car il ressent le poids de sa mère pesant sur lui et souhaite s'en dégager au plus vite. Cette période symbiotique étant pénible pour lui, il l'écourte pour passer à une autre expérimentation. Comme dans le cas précédent, la notion d'espace-temps est mal vécue, ce qui donnera un adulte frustré et dépendant de toutes sortes de palliatifs.

La deuxième année est celle où l'enfant assimile la notion du «donner» et du «recevoir». Si cette notion est bien intégrée, la personne se sentira aimée. Sinon elle se sentira rejetée.

Au cours de cette année, la deuxième force de l'Âme soumet l'organisation physique de l'enfant en formant le germe qui permet le développement du larynx, afin que celui-ci devienne l'organe de la parole. C'est grâce à la modulation du **SON** que l'enfant apprend à se mettre en relation avec l'autre. Car le son est une vibration, et la vibration est le moyen privilégié qui permet de relier entre elles des choses distinctes, c'est-à-dire d'établir la relation. La vibration fait le lien entre la personne qui émet et celle qui reçoit. En résumé, retenez que le son et la relation sont interdépendants et que c'est grâce au langage que l'on peut entrer en relation avec l'autre.

Au début, l'enfant assimile le langage par l'imitation de son entourage et non pas, comme on pourrait le croire, par un processus de réflexion.

- Pendant la première année, il est tout d'abord attiré par le son «a». Cette voyelle représente l'entrée dans le monde. «Tata» et «mama» sont donc les premiers sons intelligibles du petit enfant. Ils s'accompagnent, pour lui, de certraines sensations, plutôt que d'images particulières.

- Lorsqu'il marche, l'enfant commence à nommer les objets du monde extérieur. C'est un progrès important qui indique que l'enfant se place en face du monde extérieur, alors qu'avant, il ne se distinguait pas de lui.

- Plus tard, l'enfant commence à assembler des mots pour former des phrases. Le processus de la pensée se met en place. L'enfant entre dans sa troisième année.

Tout le défi de la deuxième année repose sur le fait que l'enfant doit comprendre le principe de la relation pour ressentir l'amour et la bonté. Apprendre à relier et à se relier rend créateur, au sens le plus large du terme. Ainsi, on peut partager avec l'autre ce que l'on crée.

La question que se pose l'enfant ayant un problème relationnel est celle-ci: *Pourquoi suis-je ici?*

C'est sa toute première question, s'il n'a pas eu auparavant de problème particulier avec l'espace-temps.

L'enfant «relationnel» a souvent une Âme pour qui le son et la vibration sont essentiels. Or, une fois incarnée, l'Âme n'entend plus l'harmonie de l'Univers-Dieu.

Il faut savoir que l'univers tout entier résonne. Le cosmos émet une vibration ayant une certaine tonalité. Ce son est «silencieux», non audible pour l'oreille humaine, mais il peut cependant être ressenti intérieurement par l'être humain. Cette note intérieure met la personne en résonance avec l'univers. Elle «accorde», en quelque sorte, l'être humain avec tout ce qui existe, lui faisant ressentir l'amour, la bonté et l'appartenance au monde.

Cette faculté de percevoir les sons avec l'Âme permet au petit enfant de capter ce qui se passe au plus profond des êtres qui émettent les sons. Et ce qu'il «entend» à travers la relation parentale n'est ni doux, ni empreint de bonté. Ce n'est que souffrance et tristesse. L'enfant ne parvient pas à entendre résonner en lui la mélodie de l'amour qui circule. Il n'y a pas de bonté dans le monde ici-bas, et il l'entend. Dans le royaume spirituel, le son est musique, le son est union et chaleur. Pourquoi est-ce si différent dans la matière? L'enfant se réfugie alors au plus profond de lui et il se résigne à écouter et à imiter la cacophonie qui l'entoure, ou alors il refuse de le faire.

Cet enfant peut entrer sans enthousiasme dans le monde de la parole. Il retardera le moment de parler, restera difficilement compréhensible pendant une longue période, il bégaiera, ou bien encore, de façon plus subtile, il assimilera la langue maternelle de manière passive, se contentant d'imiter strictement ce qu'il entend, sans chercher à créer sa propre façon de s'exprimer.

Alors qu'un enfant dynamique et créateur appelle les objets et les personnes par leur nom habituel, mais aussi, parfois, par un nom qu'il invente complètement, l'enfant résigné se contentera d'imiter les sons perçus, sans aucune participation réelle, tel un perroquet qui répète mais n'imagine jamais rien.

L'enfant créateur fabrique un mot qui exprime ce qu'il est, à l'instant même, à partir de la nature même du son. Il utilise celui-ci pour partager avec les autres ce qu'il ressent profondément. Il expérimente ainsi les prémisses du «donner-recevoir» et de la création.

- **Donner:** Il émet le son qui reflète ce qu'il est maintenant (en cela, il est créateur) et il l'exprime à l'autre. Il donne ainsi une part de lui-même, par pur plaisir de créer, sans attente concernant un quelconque retour extérieur.

- **Recevoir:** Il écoute. Il est réceptif à son être intérieur et accepte de le partager avec les autres.

Bien entendu, chez le jeune enfant, ce concept n'est ni conscient, ni même pensé. Il est en potentiel et n'est révélé qu'en fonction de l'attitude parentale. L'enfant pourra ne pas se montrer créateur dans le son parce qu'il aura imité la communication sans vie et sans amour de ses parents. Ou bien il pourra faire malgré tout des tentatives de création, mais celles-ci seront repoussées par ses parents. L'enfant épousera alors l'avis parental. Dans les deux cas, le petit devenu adulte aura du mal à être créateur et à vivre des relations basées sur le partage.

COMMENT SE COMPORTE LA PERSONNE QUI A UN PROBLÈME AVEC LE SON?

- Cette personne a soit un problème concernant l'émission du son. La voix pourra être disharmonieuse (sans chaleur, stridente, saccadée, agressive), ou alors hésitante, allant même jusqu'au bégaiement.

- Soit elle a un problème d'écoute. Elle a du mal à écouter vraiment les autres, surtout quand ceux-ci ne sont pas du même avis qu'elle ou qu'elle les considère comme «inférieurs» à elle (un directeur par rapport à son employé, un adulte par rapport à un enfant, etc). Les symptômes de la non-écoute sont: couper la parole à l'autre, changer sans cesse de sujet de conversation, etc.

Paradoxalement, la musique revêt une importance toute particulière pour les personnes ayant un problème avec le son. Il s'agit souvent de chanteurs, de musiciens ou de mélomanes. La musique permet de développer l'écoute intérieure, et ces personnes cherchent ainsi, sans toujours le savoir, à écouter leur Âme et à se mettre en relation avec elle.

Lorsqu'on a un problème relationnel important, notamment avec le «donner» et le «recevoir», il est essentiel de transformer son mode d'utilisation du son. La musique est un moyen, mais il faut aller beaucoup plus loin. Il faut apprendre à parler et à écouter dans sa vie quotidienne, au milieu des autres, et pas seulement dans le cadre d'une mélodie.

Parler = donner

Il s'agit de retrouver sa capacité enfantine d'exprimer ce que l'on est, grâce au son. Cette faculté, si elle est bien utilisée, se manifestera par une parole authentique, créatrice et vibrante d'amour, qui n'existera que pour assurer chaleur et réconfort, mais aussi compréhension et transformation.

Pour parvenir à ce résultat, l'adulte doit apprendre à parler moins et autrement:

1. Il doit d'abord s'obliger à attendre quelques secondes avant de parler.

   Il peut, par exemple, compter jusqu'à trois ou quatre avant de répondre à une question ou d'émettre un son. Il peut aussi se poser les trois questions classiques que le Bouddha recommandait à ses disciples: «Est-ce nécessaire?»; «Est-ce vrai?»; «Est-ce bienveillant?» Il peut enfin, s'il est de nature dévotionnelle, se dire à lui-même, avant de parler, une phrase du genre: «Toi à qui je parle, je te rends grâce», etc.

C'est ce que la sagesse populaire appelle «tourner sa langue sept fois dans sa bouche avant de parler». Mettre ce dicton quotidiennement en pratique permet de prendre du recul dans sa communication et de rester centré, plutôt que de se perdre dans le verbiage. On parle ainsi de façon moins réactive et plus profonde.

2. Il doit ensuite s'entraîner au silence intérieur.

   Le silence intérieur ne consiste pas à s'empêcher de parler (refouler ses mots, alors que l'on a mille pensées en tête, n'apporte qu'excitation ou frustration) ni à s'écouter parler. Le silence intérieur, c'est maîtriser ses pensées pour les ralentir (jusqu'à les faire disparaître, par moments). La parole étant la conséquence de la pensée, ralentir ses pensées rend forcément moins bavard. Et si les paroles inutiles diminuent, la communication peut devenir plus vraie. Il s'agit là d'un cheminement qui peut demander beaucoup de temps, mais qui aboutit au don de soi, au partage de ce que l'on est en réalité. Le silence intérieur est la clé du «donner» et du «recevoir», car c'est grâce à lui, que l'on peut vraiment écouter.

Écouter = recevoir

Il s'agit de retrouver sa capacité enfantine d'entendre avec son Âme, c'est-à-dire écouter sans projeter sur les sons la réaction de ses émotions et de ses idées personnelles.

Si le petit enfant de la deuxième année a parfois une réaction négative par rapport au son, c'est parce qu'il commence à associer le son avec l'émotion.

Tout le travail de l'adulte consiste à apprendre à passer au-delà de l'émotion et du jugement pour avoir accès au son dans toute sa pureté. Le son pur et originel est la voix de l'Âme...

Pour parvenir à ce résultat, il faut:

1. Apprendre à écouter le son en faisant abstraction de soi, c'est-à-dire ne pas chercher à savoir si ce son est agréable ou désagréable mais se concentrer uniquement sur ce que ressent profondément l'être qui a émis le son. On se met ainsi en résonance avec l'autre, on «vibre» avec lui, on entre en relation avec lui. À force de pratiquer cet exercice, on apprend peu à peu à entendre la réalité du son. Ce qui n'était auparavant qu'un vague bruit pour l'Âme devient un véritable langage. On entre en relation avec la vie tout entière.

2. Lorsqu'on s'est un peu familiarisé avec le son, il faut ensuite apprendre à écouter vraiment les autres. Lorsqu'on écoute, le silence intérieur doit régner en soi, car savoir écouter et savoir se taire sont synonymes. L'être humain n'arrive jamais à se taire. Il a toujours un avis sur tout, et tout ce qu'il entend autour de lui est confronté à une opinion ou à une émotion particulière.

Apprendre à se taire intérieurement, c'est réduire au silence les objections, mais aussi l'approbation que l'on sent naître en soi lorsque quelqu'un nous parle.

Cela demande beaucoup d'attention et d'observation de soi. Pour minimiser les difficultés, on peut commencer par s'exercer à certains moments particuliers, bien délimités dans le temps. Puis on augmentera graduellement cette manière d'écouter, jusqu'à ce qu'elle nous soit complètement naturelle.

Parvenir à écouter l'autre en faisant abstraction de sa manière de voir et de sentir les choses permet de se fondre dans l'autre et de le connaître. À travers les mots, on entend la vibration intérieure d'une autre Âme. Le son devient le moyen de percevoir l'Âme des autres et de se mettre en relation avec eux.

Si on arrive à se mettre à l'écoute de l'Âme d'une autre personne, on devient également capable de le faire par rapport à sa propre Âme. On peut alors écouter sa petite voix intérieure sans que le mental vienne interférer avec des opinions de tous genres. C'est là une grande victoire. Entendre son Âme, c'est pouvoir entretenir une relation avec elle pour recevoir son amour et sa lumière. C'est l'ultime relation, la relation à Dieu.

* *
*

Pour en revenir à l'enfant, signalons qu'au cours de la deuxième année, celui-ci doit concevoir son corps astral, lequel naîtra (deviendra autonome) au moment de la puberté, soit vers l'âge de quatorze ans.

L'enfant conçoit son corps astral en prenant comme modèle le corps astral de chacun de ses deux parents. C'est-à-dire qu'il apprend à vivre la relation en imitant la façon dont ses parents vivent eux-mêmes la leur.

- Si les parents s'entendent bien et que leur communication est claire, authentique, basée sur l'amour et le partage, ils influenceront l'enfant dans le même sens.
- S'ils vivent dans la mésentente, crient, vocifèrent et ont une communication basée sur le combat ou sur la manipulation, ou, tout simplement, s'ils n'expriment pas à l'autre ce qu'ils sont réellement, ils influenceront l'enfant dans ce sens.

Cette deuxième force de l'Âme qui imprègne l'enfant pour lui faire intégrer la notion relationnelle agit en fixant sa conscience dans le deuxième chakra. Alors que la conscience «traverse» le deuxième chakra, l'enfant expérimente le secteur de vie qui est en relation avec ce chakra.

Qu'est-ce que le deuxième chakra ou chakra sacré?

Dans le premier chakra, on n'a pas conscience de l'extérieur mais, dans le deuxième, on commence à prendre conscience d'une partie de l'extérieur: on prend conscience de l'autre. On passe ainsi de l'expérimentation du un au deux. **Le deuxième chakra est le chakra de la relation avec l'autre**.

- Il est gouverné par la puissante loi de l'attraction: les contraires s'attirent (le positif et le négatif, le masculin et le féminin, etc.). Cette attraction magnétique est extérieure et a comme objectif réel la procréation, c'est-à-dire la continuation de soi dans un autre être.

- Dans le deuxième chakra, on expérimente la sensation, les émotions, l'affection et les désirs.

- C'est un chakra très perméable et impressionnable. Impressionnable dans le sens qu'il absorbe, tel un buvard, tout ce qui l'entoure.

Il est relié à l'eau, à la lune et aux énergies lunaires. Comme la lune exerce son attirance sur la marée, ce chakra attire à lui l'océan des émotions, des sentiments et des désirs fabriqués par l'humanité.

C'est par sa capacité d'accepter et de faire circuler l'énergie émotionnelle dans le corps astral que l'être humain est plus ou moins à l'aise avec le monde émotionnel, c'est-à-dire avec:

- les émotions;
- la sensibilité et les sensations;
- les désirs;
- les sentiments intimes, l'affection vis-à-vis de l'autre;
- l'imagination et le rêve;
- la mémoire;
- la parole.

L'acceptation de l'énergie émotionnelle et sa circulation plus ou moins facile en soi dépendent de la deuxième année de l'enfance. C'est en effet durant cette période que le corps astral commence à fabriquer sa «mémoire». L'enfant imite le comportement émotionnel et affectif de ses parents et, une fois adulte, il adoptera un comportement similaire au leur ou diamétralement opposé (ce qui revient au même).

Si, sur les plans affectif et émotionnel, cette deuxième année n'a pas été satisfaisante pour lui, il pourra penser, par exemple: «Aimer finit toujours par rendre malheureux.» Il aura alors tendance à nier ces sentiments, ce qui créera un blocage au niveau du deuxième chakra. Il ne pourra jamais avoir un deuxième chakra très ouvert s'il ne fait pas un travail psychique précis sur ce chakra.

Que signifie pour l'enfant, expérimenter le deuxième chakra?

Le mot clé du deuxième chakra est «aimer». Durant sa deuxième année, l'enfant expérimente ce que signifie aimer, grâce au passage de sa conscience dans le deuxième chakra. Ayant pris conscience qu'il était physiquement distinct de l'autre, il devient capable de vivre la relation dans son côté intime, avec ses multiples formes d'échanges.

En plus de son corps physique, l'enfant prend conscience de son corps émotionnel et affectif. Il se rend compte que par la parole, les autres ont une action sur lui: s'il se fait gronder, il est triste, si on lui dit qu'on l'aime, il est heureux. Sa conscience instinctive diminue, au profit d'une conscience plus sensitive et plus imaginative.

La première année a permis à l'enfant de se former une mémoire rudimentaire. Il s'est fait une image des choses et des événements, mais ces représentations ne restaient pas gravées dans sa mémoire.

Au cours de la deuxième année, la mémoire se développe largement, permettant à l'enfant de passer au stade lunaire. Sa conscience devient alors imaginative et imagée. Les images qu'il voit en lui ont un rapport direct avec les êtres et les choses de son entourage, car il s'en souvient. Elles remontent donc de temps en temps à sa conscience. Son sommeil est maintenant peuplé de rêves directement reliés à ce qui l'entoure. Il fait le lien entre la sensation et l'image, ce qui donne l'imagination. Le développement de cette conscience imaginative a pour base la formation du corps astral, outre celle du corps physico-éthérique. C'est la mémoire qui permet de développer la faculté de nommer ce que l'on voit et entend, et de saisir l'utilité du nom qui a été attribué à une chose.

Bien que la sensibilité de l'enfant ait notablement diminué, sa conscience est encore en relation avec les animaux et le monde invisible. Cela est dû au fait qu'il n'a pas encore de pensées qui puissent gêner cette perception.

Toutes les attentes de l'enfant reposent maintenant sur ses besoins affectifs et émotionnels. Ses besoins physiques sont toujours présents, mais voilés par des besoins plus subtils. La satisfaction ou la non-satisfaction de sa demande détermine la couleur de sa vie, sa joie ou sa douleur. Quand l'enfant obtient ce qu'il désire, il éprouve une sensation agréable, qu'il relie à la personne qui a satisfait son désir, et il se sent aimé de cette personne. S'il est contrarié, au contraire, il a une sensation désagréable, qu'il reliera à la personne qui n'a pas répondu à son attente. Il se sentira alors rejeté par elle.

* *
*

LES ATTENTES DE L'ENFANT AU COURS DE SA DEUXIÈME ANNÉE

Lorsque l'enfant prend pleinement conscience qu'il est physiquement distinct de l'autre, il cherche à se relier à lui par la parole et à se faire aimer. Il va répondre aux attentes de ses parents afin que ceux-ci répondent à ses besoins. C'est le principe de la relation affective. Il s'agit d'un lien psychique grâce auquel l'enfant se remplit des émotions et de l'affection de ses parents, ce qui lui permet de se sentir uni à eux, donc bien à l'intérieur de lui.

Pour se ressentir «plein» dans son corps astral, l'enfant attend que l'autre réponde à ses besoins affectifs. Il expérimente ainsi les émotions, l'amour-affection et les désirs. Après s'être familiarisé avec l'élément solide (premier chakra) qui lui a apporté la coordination de son corps physique et la possibilité de marcher, l'enfant se familiarise maintenant avec l'élément liquide (deuxième chakra), qui lui permet d'agir sur la circulation de l'élément Eau dans son corps. Cette régulation des liquides du corps se manifeste concrètement de deux façons:

- Par l'apprentissage de la parole, avec la maîtrise du son, un fluide qu'il faut apprendre à moduler et dont il faut régler le débit.
- Par l'apprentissage de la propreté, avec la maîtrise des sphincters. L'enfant apprend à décider quand il veut évacuer les liquides de son corps, de la même façon qu'il doit apprendre à le faire pour ses émotions.

Apprendre à parler et à être «propre» sont les deux moyens par lesquels l'enfant manifeste une attitude tenant compte de l'autre. Il parle et devient «propre» pour établir la relation. Grâce à la maîtrise de son larynx et de ses sphincters, l'enfant apprend à inclure l'autre dans sa conscience. Il fait volontairement quelque chose pour se relier à l'autre en répondant à ses attentes, et donc à se faire aimer de lui. C'est ce que les psychiatres appellent le «stade anal».

Un stade anal mal vécu a souvent des répercussions, à l'âge adulte, sur le langage (bégaiement, par exemple) ou sur la circulation des liquides dans le corps. Ainsi, une mauvaise circulation du sang est la principale caractéristique d'une deuxième année difficile, car elle représente la circulation de l'amour et de la joie en soi. Cette déficience circulatoire se portera plutôt sur les jambes, pour les femmes et sur le cœur, pour les hommes.

Au cours de cette deuxième année, l'enfant a besoin de pouvoir expérimenter les émotions et l'amour.

1. Pouvoir expérimenter les émotions en jouant avec

À cette période, il est essentiel que l'enfant puisse laisser circuler en lui ses multiples émotions, lesquelles sont, la plupart du temps, générées par la relation affective avec la mère et le père. Cette libre circulation n'est possible que si les parents laissent eux-mêmes circuler leurs propres émotions et qu'ils n'empêchent pas l'enfant d'en faire autant. Très souvent d'ailleurs, l'enfant ne fait que «ramasser» les émotions parentales. Ainsi, une mère nerveuse aura un enfant agité, une mère déprimée aura un enfant amorphe et triste, etc.

La mère et l'enfant sont émotionnellement «branchés» sur la même longueur d'ondes. Par exemple, l'enfant éprouve certaines sensations en escaladant une chaise. Sa mère en ressent aussi en le regardant faire. Si la mère a trop peur de la chute, elle peut transmettre sa peur à l'enfant, qui finira peut-être par tomber réellement.

Cette empathie est ce qu'on appelle la «clairsentience»[1], qui est la capacité de ressentir les émotions des autres. La mère et l'enfant sont l'exemple caractéristique de personnes clairsentien-

1. Tout comme la mère et l'enfant, la plupart des gens sont, à un certain degré, clairsentients, clairaudients et clairvoyants, même s'ils ne le savent pas. Ces «dons» ne sont que les capacités psychiques d'un corps astral normalement développé. Être émerveillé par les clairvoyants de tout poil relève donc de l'ignorance, car tout le monde peut en faire autant. Le but n'est pas d'en faire un commerce, mais de transcender ses capacités astrales en capacités supérieures.

   Dans le cas de la clairsentience, par exemple, une personne peut capter le mal-être d'une autre personne, croire qu'il s'agit de sa propre émotion et vivre elle-même l'expérience. Elle ne reconnaît tout simplement pas les émotions qu'elle ramasse des autres. Elle peut ressentir des sautes d'humeur incompréhensibles parce qu'elle aura accordé sa propre humeur avec celle de tel ou tel ami. Ou encore son cerveau pourra détecter l'émotion, mais sans découvrir son origine extérieure. Elle sentira alors subitement qu'elle doit se comporter d'une certaine manière, sans comprendre que ce sont les autres qui attendent cela d'elle.

   Ainsi, si elle est inconsciente et non maîtrisée, la clairsentience aura une influence plutôt désagréable. Mais si on y prête attention, elle deviendra au contraire une aide précieuse et non plus une gêne. Sa reconnaissance enlève l'«obligation» inconsciente de toujours répondre aux besoins que l'on capte des autres. On dispose alors de son libre arbitre pour y répondre ou non, en toute connaissance de cause, par choix et non plus par devoir!

tes. Supposons que la mère est éloignée de son enfant et qu'elle ressent subitement un malaise. À ce moment, elle peut très bien reconnaître la source de sa perturbation: son enfant est en difficulté. Mais elle peut aussi ne pas comprendre pourquoi elle a cette sensation désagréable. Tout dépend si son cerveau reconnaît l'information ou non.

2. L'amour

L'enfant se rend compte qu'il est distinct de l'autre, et cette constatation l'insécurise affectivement. Il doit établir ses «repères» par rapport à l'autre et, pour cela, la présence aimante et attentive de ses parents est capitale. Tout éloignement, toute préférence pour un autre enfant peut être vécue comme un abandon: il est perdu, seul et désespéré. Un simple éloignement de la mère, même très court dans le temps, peut suffire à persuader l'enfant que sa mère ne reviendra jamais. Et souvent, cette perception tient à un détail. Les circonstances extérieures peuvent être ce jour-là différentes; ou encore la mère peut avoir un problème qui la rend soucieuse et anxieuse... En questionnant ses parents sur cette période, on a souvent la stupéfaction d'apprendre que, justement à ce moment-là, notre mère était malade ou enceinte et qu'elle avait dû nous confier à quelqu'un d'autre pendant un certain temps. Ou encore que nous avons été malade et que nous avons dû aller à l'hôpital, ou dans un foyer pour enfants, etc. Pour nos parents, l'histoire était tellement anodine qu'ils n'ont même pas jugé bon de nous en parler. Pour nous cependant, c'est le drame qui nous a fait basculer dans la peur de ne plus être aimé et celle d'être abandonné, avec les croyances qui en ont découlé à l'âge adulte.

Cette période est toujours la plus mauvaise pour se séparer de l'enfant. Elle ne se prête pas non plus à l'arrivée d'un autre enfant dans le foyer, n'en déplaise au cliché de la conscience collective qui affirme qu'un écart d'environ deux ans entre les enfants est très bien... Pour qui? L'arrivée d'un petit frère ou d'une petite sœur avant que l'aîné ait atteint l'âge de deux ans et demi minimum provoque presque systématiquement un sentiment d'abandon chez ce dernier. Si ce cas est le vôtre, ne cherchez pas plus loin. Vous avez tous les risques d'être un Enfant Abandonné!

En résumé, l'enfant a vraiment besoin de se sentir aimé, de ressentir qu'un lien indéfectible l'unit à ses parents et qu'il ne sera jamais séparé d'eux. Il a besoin d'être sûr que l'autre comblera toujours ses besoins. Chaque fois que cette certitude lui échappe, il se sent seul et abandonné. Il lui faut beaucoup, beaucoup d'amour, et le plus inconditionnel possible. Il ne sait pas encore donner, il ne sait que «prendre»... Il apprend.

La certitude d'être aimé et la libre circulation des émotions sont les deux éléments essentiels et indispensables à l'enfant pour le «ressenti» de plénitude affective.

* *
*

LE RÔLE DES PARENTS AU COURS DE LA DEUXIÈME ANNÉE

Toujours grâce à sa capacité d'imitation, l'enfant se coule maintenant dans le moule relationnel parental. Il imite la façon dont ses parents se comportent l'un envers l'autre. Il est totalement en empathie avec eux. Cela signifie qu'il capte leurs émotions, leurs sentiments et leurs sensations et qu'il adopte la même attitude qu'eux. La satisfaction de ses besoins affectifs repose sur la mère, dans les tout premiers temps de sa deuxième année, puis, assez vite, également sur le père. L'enfant doit faire l'expérience de la plénitude affective et celle-ci dépend de la certitude que ses parents l'aiment et qu'ils s'aiment entre eux. De cette certitude plus ou moins ressentie dépend l'attitude future de l'adulte par rapport à ses émotions et par rapport au monde affectif et sentimental.

À ce stade de son développement, un bon modèle de parents, pour l'enfant, sera des parents:

- Qui laissent circuler librement leurs émotions en les exprimant, car ils n'en ont pas peur. Ils acceptent donc que l'enfant en fasse autant. Ils ne lui disent pas, par exemple, qu'il est mal de pleurer ou de crier. L'enfant ne refoulera pas ses émotions, et surtout, il ne croira pas qu'il faut les cacher pour être aimé, que c'est mal d'en avoir.

- Qui savent exprimer à l'autre leurs besoins et leurs attentes, et qui acceptent que l'autre puisse ne pas toujours y répondre. L'enfant apprendra à en faire autant, et surtout, il n'associera pas le fait que si on ne répond pas à tous ses besoins, c'est qu'on ne l'aime plus.

- Qui considèrent l'imagination et le rêve comme une preuve de richesse émotionnelle et non pas comme quelque chose d'inutile et de gênant, qu'il faut enrayer à tout prix.

  L'imagination représente un stade incontournable de l'enfance. Elle permet le développement de la mémoire et de la créativité. Cette faculté imaginative est due au fait que l'enfant est très sensible. Cette sensibilité l'immerge totalement dans la conscience collective de l'humanité, laquelle est très chargée en fresques et en cauchemars de toutes sortes. L'enfant devra apprendre, plus tard, à faire la part des choses et à devenir moins impressionnable et plus raisonnable.

  Les adultes dont les parents ont respecté l'imagination de l'enfance sont souvent créateurs. La créativité empêche de se perdre dans l'imaginaire en «planant» et empêche aussi de refouler ses rêves. La vie est concrète et garde son côté magique et inattendu.

- Qui ont entre eux une relation harmonieuse, basée sur la confiance et le partage. Ils donnent ainsi à l'enfant une image relationnelle positive. Une relation harmonieuse ne signifie pas une relation «sans orages», mais une relation authentique, où chacun exprime ce qu'il est et laisse l'autre en faire autant...

a) Des parents idéaux seraient des parents qui tendent vers l'amour du cœur, qui essaient de ressentir que l'amour est avant tout à l'intérieur d'eux-mêmes et qui tentent de partager cet amour avec l'autre. En agissant ainsi, ils s'aperçoivent qu'ils n'ont plus besoin de l'autre et, par conséquent, se sentent en sécurité sur le plan affectif. Ils n'ont pas peur d'être abandonnés ni d'être séparés de leur conjoint. Ils transmettent alors à l'enfant la tranquille certitude que l'amour est là, même si on se permet d'exprimer ses émotions, même si on ne répond pas aux besoins de l'autre. L'adulte, plus tard, laissera circuler librement ses émotions, sans les refouler, et il aura tendance à ne pas trop dépendre de l'autre affectivement. Son deuxième chakra n'aura pas de blocage majeur, et il sera à l'aise avec la plupart des secteurs de vie lui correspondant. Il aura des aptitudes pour expérimenter un jour l'amour du cœur, qui ne demande rien pour lui mais partage ce qu'il est avec l'autre (pour passer de l'amour conditionnel à l'amour inconditionnel).

b) Des parents qui ne sont jamais disponibles pour leur enfant, qui ne communiquent pas avec lui ne permettent pas au petit de se sentir vraiment aimé.

c) Des parents qui ne s'entendent pas entre eux, même s'ils font «comme si» tout allait très bien, perturbent l'enfant, même s'ils ne se disputent jamais. L'enfant «entend» psychiquement la disharmonie parentale (clairaudience). Cela provoque en lui une forte irritation. Cette irritation et le désir de ne plus «entendre» la discorde peuvent, par exemple, donner au petit des otites à répétition. C'est comme s'il cherchait à se couper du monde extérieur, à ne plus entendre le son grinçant de la relation parentale.

d) Des parents incapables d'exprimer leurs véritables besoins à l'autre et qui espèrent que l'autre devinera leurs attentes sont en permanence déçus par leur partenaire. Cette déception entraîne la tristesse ou la colère (qu'ils refoulent). L'enfant ne se permettra pas d'exprimer ses véritables besoins et attendra que l'autre les satisfasse. Il sera élevé dans une atmosphère de tristesse ou de colère qu'il s'appropriera.

e) Des parents qui ont peur du monde émotionnel, qui refusent de reconnaître leurs émotions et de les laisser circuler donnent le refoulement comme modèle à l'enfant. Celui-ci considérera cette attitude comme juste: «Les émotions sont quelque chose de mal qu'il est nécessaire de cacher si on veut être aimé.» Son deuxième chakra se bloquera, et il ne sera jamais vraiment à l'aise avec le monde émotionnel et affectif.

L'enfant insatisfait souffre. Il subit une blessure dans son corps astral et dans son deuxième chakra (qui se bloque). Cette blessure s'appelle la tristesse et elle entraîne la possessivité.

L'émotion dominante de l'être humain qui a été blessé dans son deuxième chakra est la tristesse.

La tristesse correspond à une dépression, à une chute d'énergie. Cette baisse énergétique est reliée au fait qu'on se retrouve soudain tout seul, soit physiquement, soit émotionnellement ou mentalement. Quelques instants plus tôt, on se sentait soutenu, porté par les autres, et voilà que, tout à coup, ceux-ci nous lâchent. Cela entraîne la chute. On tombe brutalement et profondément en soi.

Utilisée normalement, la tristesse permet de lâcher prise et elle peut conduire à l'intériorisation. L'extérieur nous lâche; on est donc invité à lâcher aussi et à retourner à l'intérieur de soi. À partir de là, deux attitudes sont possibles:

- Soit on s'apitoie sur son sort et on joue les victimes, en cherchant à se cramponner, coûte que coûte, à l'extérieur. Il n'y a alors ni lâcher-prise, ni remise en question (nature passive).

- Soit on accepte de lâcher prise, pour retourner à l'intérieur de soi et apprendre à se soutenir par soi-même. Il y a alors remise en question (nature active).

Si elle est mal vécue, cette sensation d'être livré à soi-même est ressentie comme un abandon. Elle entraîne le besoin de s'attacher les autres et de les posséder (nature passive) ou, au contraire, elle entraîne le rejet des autres (nature active). Dans les deux cas la tristesse est exacerbée et mal canalisée, ce qui se manifeste par une attitude de «vampire» (aspirer les autres) ou de misanthrope (rejeter les autres).

Réagir systématiquement par la tristesse, face à la vie, signifie que l'on est porteur du «karma d'attachement possessif».

Pour que la tristesse soit une invitation au lâcher-prise et à l'intériorisation, il faut s'être senti aimé et soutenu émotionnellement dans sa petite enfance.

- L'adulte qui s'est senti aimé et soutenu dans sa deuxième année se sent libre d'être lui-même et laisse ses proches libres d'être eux-mêmes. Il vit ses relations dans le partage, et non dans l'attachement.
- L'adulte qui ne s'est pas senti aimé ni soutenu émotionnellement dans sa deuxième année est toujours insécurisé, dépendant et possessif dans ses relations.

La tristesse a pour conséquence la possessivité.

La possessivité, c'est la relation mal comprise. Ainsi, au lieu d'être créateur, le lien se fige et se sclérose. Être possessif, c'est vouloir relier les choses entre elles de façon définitive et interdire tout changement ou mouvement. Ainsi, on retient à soi ce qui ne nous appartient pas; on attache l'autre psychiquement pour l'empêcher de nous lâcher. On émet inconsciemment, comme une araignée, de très longs fils faits d'énergie subtile, que l'on projette sur l'objet ou sur la personne convoités. Cette énergie se rend jusqu'à son destinataire, auquel elle s'accroche fermement. Elle est faite de substance éthérique et peut être perçue psychiquement comme un lien qui attache les gens entre eux ou qui les rattache à l'objet de leur convoitise.

Ce lien est toujours présent, même si on ne voit plus la personne depuis longtemps, même si la personne est loin ou décédée. Qu'on le sache ou non, qu'on le croie ou non n'enlève rien à la réalité du fait. En prendre conscience et l'accepter permet de travailler sur le problème et d'apprendre à se détacher, à lâcher son emprise. Ce détachement est la promesse d'une liberté intérieure qui n'a pas d'équivalent dans le monde extérieur et qui, bien entendu, n'a rien à voir avec le rejet ou la froideur. Je vous invite à l'expérimenter par vous-même, grâce à un petit exercice de détachement que je vous propose à la fin de ce chapitre.

L'attachement rend l'être humain dépendant du monde de la sensation, de même que de l'affection et du désir, et le pousse à l'accumulation et au rejet.

1. L'accumulation

Si la personne est de nature yin, émotionnelle ou passive, elle n'aura de cesse de combler son manque d'amour par une course effrénée aux satisfactions émotionnelles de toutes sortes. Elle aura tendance à se noyer dans ses émotions, à «en faire un peu trop», aidée en cela par une imagination débordante. Dans toutes les situations de la vie quotidienne, elle jouera à l'éternelle victime et demandera toute l'attention des autres (elle «pompera» leur énergie et leur amour). Elle est attachée et dépendante.

2. Le rejet

Ce rejet concernera tout ce qui est émotionnel et affectif, si la personne est de nature yang, mentale ou active. Le refoulement est la clé de voûte de tout son fonctionnement. Elle affirme qu'elle n'a pas d'émotions, pas de désirs, qu'elle n'a pas besoin des autres ou qu'elle n'a aucune imagination. Elle est mal à l'aise avec ses sentiments et incapable d'exprimer ses besoins. Elle ne croit pas à l'amour. (Il y a cependant, dans sa vie, un homme ou une femme qui se «dévoue» pour lui prouver le contraire!). Cette fausse attitude de «froideur» ne fait qu'attirer l'attention des autres, donc l'amour des autres. Ici aussi, la personne est attachée et dépendante.

Bien entendu, la personne qui souffre d'attachement exprime sa dépendance affective et émotionnelle tantôt par l'accumulation, tantôt par le rejet.

Cette possessivité se manifeste dans les domaines suivants: les relations affectives, les émotions, la culpabilité et le sacrifice de soi, l'énurésie, l'alcoolisme.

3. Les relations affectives

Les problèmes relationnels sont toujours causés par la dépendance affective. L'être humain s'attache aux personnes qu'il aime, par peur d'être abandonné et de se retrouver tout seul. Cette peur de l'abandon, qui se traduit par une attitude possessive vis-à-vis de l'autre, vient d'un «ressenti» d'abandon vécu avant l'âge de deux ans.

- L'enfant a eu un petit frère ou une petite sœur pendant cette période. Les parents n'ont pas suffisamment rassuré l'aîné, qui s'est senti rejeté. Plus tard, l'adulte se mettra toujours dans une situation affective où on lui en préférera un autre, et ce, justement au bout de deux ans de relation!

- L'enfant est séparé de ses parents et se retrouve dans un milieu totalement étranger pour lui. Soit qu'il tombe malade et est envoyé à l'hôpital ou dans un foyer pour enfants; soit que ses parents le confient à des personnes qu'il n'a jamais vues auparavant. Les parents n'expliquent rien à l'enfant, car ils pensent que celui-ci n'est pas en âge de comprendre. Comme dans le cas précédent, l'enfant se sent rejeté et abandonné. Selon son «bagage» karmique, il pourra se sentir abandonné plutôt par sa mère (il faudra aussi travailler sur sa première année), ou plutôt par son père (il faudra aussi travailler sur sa troisième année).

Plus tard, l'adulte se mettra toujours dans une situation affective où il sera subitement abandonné. L'autre s'en va brutalement, sans explications, ou tombe amoureux de quelqu'un d'autre, ou devient si gravement malade que la vie commune n'est plus possible, ou encore il meurt dans un accident, etc., et ce, souvent au bout de deux ans de relation.

Ce «ressenti» d'abandon peut aussi être vécu de manière très forte, à travers la relation qui s'est établie entre les parents, par exemple si le père abandonne la mère justement lorsque l'enfant est dans sa deuxième année. En plus de son propre abandon, l'enfant ressent l'abandon subi par sa mère. Bien entendu, à l'âge adulte, il n'aura de cesse de reproduire ce schéma d'abandon, soit en se faisant abandonner par les hommes si c'est une femme, soit en abandonnant lui-même sa petite famille.

La dépendance affective colore toujours l'amour que l'on expérimente au niveau du deuxième chakra puisque c'est un amour qui repose sur le besoin de l'autre.

Pour l'enfant, ce stade de l'amour égoïste est tout à fait normal. Il doit apprendre à s'aimer lui-même grâce à l'amour qu'on lui porte. Il est complètement égocentrique: il est le centre, et le monde entier tourne autour de lui. Il ne sait que «prendre». Il stocke l'amour des autres et le garde pour lui, ce qui lui permet de pouvoir ressentir un jour sa propre source d'amour: s'aimer lui-même. L'adulte qui s'aime lui-même n'a plus besoin de l'amour des autres. Au contraire, il peut partager et irradier ce qu'il est, aidant ainsi les autres à s'aimer davantage (amour du chakra du cœur).

Malheureusement, l'adulte dépasse rarement la compréhension enfantine et limitée de l'amour, qui est celle du besoin (à moins qu'il ne fasse un travail précis sur l'ouverture de son chakra du cœur et qu'il ne s'ouvre lui-même au partage, en apprenant à donner et à recevoir).

Pour cette compréhension limitée, il serait plus judicieux d'employer le terme «affection» plutôt que «amour». Étymologiquement, «affection» signifie «disposer physiquement et moralement d'une personne selon ses besoins», ce qui correspond très bien à l'amour-besoin: on aime les personnes et les objets pour l'usage qu'on en fait.

C'est toujours de cet amour-là dont tout le monde parle, avec ses multiples drames quotidiens, mais aussi ses rêves de grand amour, de prince charmant, etc. C'est l'amour sentimental du corps astral, qui n'a rien à voir avec l'amour de l'Âme, lequel est une qualité divine et non pas un sentiment. Pour le comprendre et le ressentir, il faut avoir fait un travail sur son chakra du cœur afin d'apprendre à s'aimer soi-même et à s'accepter complètement.

L'adulte qui ne comprend pas cela reste dans le besoin d'amour et ne peut jamais vraiment donner de l'amour. S'il a été affectivement abandonné dans sa petite enfance, ce besoin en sera d'autant renforcé, ce qui rendra impossible toute relation durable. Il cherchera sans cesse la personne parfaite qui répondra à tous ses besoins et il passera d'une relation à l'autre en étant toujours déçu. Ou bien alors il s'accrochera à une relation dépassée, en rêvant d'un lendemain parfait.

4 . Les émotions

L'idéal serait d'avoir des parents qui laissent leurs enfants exprimer leurs émotions, quelles qu'elles soient. On éviterait ainsi refoulement, maladies et manque d'amour. En effet, c'est toujours la méconnaissance et la non-acceptation des émotions qui bloquent le deuxième chakra et «polluent» le corps astral. Un corps astral chargé d'émotions stagnantes empêche l'ouverture du chakra du cœur. La conscience, engluée dans les trois premiers chakras, ne parvient pas à se déployer jusqu'au quatrième chakra. La personne reste prisonnière du masque de la personnalité et ne peut pas le transcender.

La petite enfance est sans aucun doute la période qui surcharge le plus le corps astral en émotions de toutes sortes. Et si, à l'âge adulte, on ne fait rien pour évacuer ces dernières, elles restent stockées toute la vie dans le corps émotionnel, le rendant obscur et non réceptif à la lumière de l'Âme.

Tout travail psychique sur la petite enfance qui se veut efficace inclut donc forcément une purification intensive du corps astral, ou *catharsis* (terme d'origine grecque qui signifie «purification»). Pour produire cette *catharsis*, il faut faire remonter à la conscience toutes les émotions qui sont profondément enfouies en soi, afin de les évacuer hors de soi. Ce travail d'élimination peut s'accompagner de pleurs, de cris, de colère, de rires, etc.

La recherche de l'Enfant Intérieur est une méthode de choix pour justement reprendre contact avec des émotions dures, qui se sont cristallisées dans le corps astral. Si on entre bien dedans, si on a le courage de les affronter et de les revivre vraiment, l'évacuation se fera naturellement et spontanément: les larmes couleront et la colère grondera.

On peut aussi purifier son corps astral en pratiquant ce que nous appelons des «méditations dynamiques». Il s'agit de laisser bouger son corps, les yeux fermés, en essayant d'être le plus possible en situation de lâcher-prise, tout cela au son d'une musique rythmée et primitive (ou tribale) prévue à cet effet. Il faut inviter les émotions enfouies en soi à bien vouloir remonter à la conscience et accepter ensuite de se laisser aller aux énergies qui se mettent à circuler en soi.

Au bout d'une demi-heure à trois quarts d'heure de cette pratique, c'est la *catharsis*: des émotions de toutes sortes sont remontées à la surface, et on les évacue en pleurant, en criant, etc.

La première fois que l'on s'adonne à une méditation dynamique, on peut se sentir un peu effrayé et ne pas oser se laisser aller. Mais après deux ou trois pratiques, on entre de mieux en mieux dans l'exercice, et le bien-être qui en résulte est tel qu'on accepte de laisser tomber la «bienséance».

Ces méthodes — celles de l'Enfant Intérieur et des méditations dynamiques — sont éprouvantes, mais la récompense est inimaginable. On devient léger, léger...

Lorsque la purification est suffisamment importante, le chakra du cœur s'ouvre, révélant ainsi le monde spirituel. Le monde invisible et l'amour divin deviennent peu à peu perceptibles par la conscience. La vie prend toute sa réalité et le corps astral s'éclaire.

5 . La culpabilité

Les parents sont toujours le point de référence grâce auquel l'enfant construit sa personnalité. Si cette référence fait défaut, la personnalité ne peut pas se construire et, passé trois ans, l'enfant s'expose à l'inadaptation totale face à son milieu, si ce n'est à la folie. Il en résulte une nécessaire idéalisation des parents: quoi que fassent ces derniers, l'enfant considère leur comportement comme une attitude juste et normale à laquelle il doit se conformer. S'il n'arrive pas à le faire, il pensera que c'est parce qu'il est méchant mais il ne remettra jamais en question la mauvaise référence parentale. Les enfants battus et maltraités illustrent bien ce phénomène: ils refusent toujours d'être enlevés du milieu familial et vivent comme un drame leur séparation d'avec leur bourreaux.

Pour l'enfant, les mauvais traitements, l'abandon ou les multiples blessures émotionnelles et affectives sont la conséquence de quelque chose qu'il a fait de mal et dont il se sent coupable. Deux attitudes sont alors possibles:

- Soit il s'évade dans l'imaginaire: «Ce ne sont pas mes vrais parents!» (attitude passive ou yin);
- Soit il s'infériorise et se rejette: «C'est parce que je suis méchant, mais eux sont gentils!» (attitude active ou yang).

Il apprend ainsi à se détester et, une fois adulte, il aura toujours besoin de l'amour des autres.

Des parents qui ne s'aiment pas eux-mêmes apprennent à l'enfant à ne pas s'aimer. Leur attitude est inconsciemment imprégnée de tristesse et de rejet, une attitude qui sert de modèle à l'enfant et que l'enfant subit. Ce comportement disharmonieux ne pouvant être remis en question, l'enfant se rejettera lui-même et se sentira coupable de mériter ce mauvais traitement.

Pour vous aider à découvrir si ce cas de figure vous concerne, il y a ces fameuses phrases clés des parents qui ne s'aiment pas et qui confortent l'enfant dans sa culpabilité (peut-être les avez-vous déjà entendues chez vous): «À cause de toi, je ne peux pas partir, ou travailler, ou lire, ou m'amuser, etc.» ou «Après tout ce qu'on a fait pour toi...», ou encore (plus subtilement): «Je ne te demanderai jamais rien. Je souhaite que tu aies tout, moi, ça ne compte pas!»

Ces phrases font bien comprendre à l'enfant qu'il est redevable à ses parents d'être en vie, d'être pris en charge par eux, etc. Elles font ressentir à l'enfant qu'il a une dette envers ses parents. Il a pris une chose à laquelle il n'avait pas droit, mais les parents acceptent de se «sacrifier» pour lui.

Bien entendu, ce sacrifice-là n'a rien à voir avec la réalité étymologique du mot, qui signifie «rendre sacré». Se sacrifier, c'est se rendre sacré, mais encore faut-il pour cela, s'aimer soi-même!

La mère qui se «sacrifie» pour ses enfants ou pour son mari est l'archétype de la personne qui ne s'aime pas et qui se sent coupable. Le sacrifice est un moyen pour elle de faire partager sa culpabilité aux autres, en se donnant bonne conscience. Elle se «sacrifie» parce qu'elle ne s'aime pas et parce qu'elle se sent coupable. La notion de sacrifice est alors exactement inversée par rapport à son sens réel.

Malheureusement, dans la société actuelle, culpabilité et sacrifice de soi sont synonymes. On se «sacrifie» toujours pour se faire pardonner quelque chose dont on se sent inconsciemment coupable.

L'enfant issu d'une famille dont les parents ne s'aiment pas et se sentent coupables devient un adulte se détestant cordialement et se sentant toujours coupable. Coupable d'être en vie alors qu'il est si méchant! Il a toujours besoin de l'amour des autres pour se supporter et il est très dépendant affectivement. S'il est de nature passive, il se sacrifiera pour les autres. S'il est de nature active, il rejettera les autres.

Il faut savoir aussi que la culpabilité peut empêcher de dormir ou perturber le sommeil. En effet, il est nécessaire d'avoir la conscience tranquille pour pouvoir dormir. Or, si on se sent coupable, on a toujours l'impression que la journée n'est pas finie, que l'on n'a pas vraiment pu faire tout ce que l'on avait à faire. Comment trouver le repos dans ces conditions?

Pour dépasser la culpabilité, il est essentiel d'apprendre à s'aimer soi-même en s'acceptant tel que l'on est.

C'est un problème ardu et difficile à transcender. Le fait d'en être pleinement conscient permet de corriger graduellement les attitudes erronées qui découlent de ce problème dans la vie de tous les jours. On peut aussi s'aider en prenant les élixirs floraux appropriés (voir à ce sujet la fin du chapitre sur l'enfant de la deuxième année).

6. L'énurésie[1]

Tout ce qui, de façon générale, circule dans le corps — comme le sang et la lymphe — et tout ce qui est destiné à être évacué est associé au deuxième chakra. Les problèmes reliés à l'évacuation des liquides sont la conséquence physique d'un autre problème, qui se situe au niveau du deuxième chakra, à celui du lâcher-prise par rapport au relationnel et à l'affectif. Rappelez-vous que la deuxième année de l'enfance associe l'assimilation du relationnel à la maîtrise des deux muscles constricteurs que sont le larynx et l'anus (stade anal).

Par rapport au lâcher-prise, l'énurésie et l'incontinence constituent une résistance passive: on reste un petit enfant, victime et sans défense. La constipation, elle, constitue une résistance active. On réprime excessivement ses propres besoins pour plaire à l'autre et obtenir ainsi ce qu'on attend de lui. Bien entendu, il s'agit d'un processus très inconscient, qui s'apparente parfaitement à l'attitude du petit entre un et deux ans, qui va sur le pot au moment exact où maman le souhaite, pour s'assurer son amour.

---

1. L'énurésie est un problème de «pipi au lit» la nuit; l'incontinence urinaire est l'incapacité de se retenir, de nuit comme de jour. Les deux problèmes dépendent d'un attachement excessif à la mère ou du besoin que l'on s'occupe de soi.

La solution, dans tous les cas, est de laisser tomber ses attentes relationnelles. Ce sont ces attentes qui empêchent l'expression des besoins personnels au moment et à l'endroit qui nous conviennent.

Si la femme a plus souvent tendance à la constipation que l'homme, ce n'est pas à cause des hormones. C'est plutôt une question d'imitation. Comme sa mère, elle a compris que son rôle de femme consistait à s'occuper des besoins des autres et à oublier les siens (d'où constipation). Ces «obligations» relationnelles sont un prétexte pour oublier ses propres besoins et pour attacher les autres à sa personne. Ce n'est pas une preuve d'amour véritable.

7. L'alcoolisme

L'alcool, en tant que liquide, se rattache au deuxième chakra et à la deuxième année de l'enfance, mais aussi au troisième chakra et à la troisième année, car il est lié à l'affirmation de soi. L'alcoolisme est dû à un problème relationnel avec le père. Un père «faible», pas assez autonome et pas assez conscient de son «Je», ne permet pas à son enfant de découvrir son identité et lui donne une très mauvaise image de lui-même. Ce père, alcoolique ou non, refuse de se prendre en charge, d'être responsable face à sa vie. Il attire à lui une femme «cheftaine», qui assume à sa place le rôle yang et le mène à la baguette.

L'alcool dans le sang est une attaque directe contre le mental. En boire démesurément signifie que l'on veut empêcher l'action du mental, que l'on refuse d'avoir une identité et d'être conscient de soi.

Le mental est yang. C'est donc un principe fort, qui permet de se distinguer des autres, de devenir autonome, responsable de sa vie, et de s'affirmer. Un homme peut très bien refuser sa partie yang parce qu'il en a une très mauvaise image (autorité, abus de pouvoir ou violence, par exemple) et s'empêcher ainsi de devenir conscient de lui-même. L'alcoolisme, la drogue et l'homosexualité sont les moyens privilégiés qui permettent d'échapper à l'autonomie et à la conscience.

Pour guérir de l'alcoolisme ou de toute autre forme de dépendance, il est d'abord nécessaire de travailler sur l'image que l'on a du yang, c'est-à-dire la partie masculine que l'on porte en soi — que l'on soit homme ou femme —, afin de l'améliorer. Ensuite, il faut accepter de se prendre en charge, d'être responsable de soi, de savoir qui l'on est vraiment et de jouer pleinement son rôle.

Si vous êtes un Enfant Abandonné et que vous décidez de guérir, vous allez devoir accepter d'affronter votre abandon. Ayez ce courage et transcendez ainsi votre nature affective et dépendante.

* *
*

LA QUALITÉ SPIRITUELLE DU DEUXIÈME CHAKRA

Si vous n'avez pas de problème particulier par rapport au relationnel et à l'affectif, ou encore si vous vous guérissez, vous serez à l'aise avec le monde des émotions et des sentiments et vous vous aimerez. Vous aurez ainsi une base solide pour aller plus loin dans tout cheminement spirituel. Vous pourrez alors pleinement utiliser votre Enfant Intérieur de la deuxième année pour manifester, dans votre vie de tous les jours, la qualité spirituelle du deuxième chakra: **la joie de vivre et le jeu dans toutes les situations de la vie**.

L'enfant sain (ou guéri) de la deuxième année est un enfant sage et joyeux. Pour lui, tout est prétexte à de nouvelles expériences, et la vie tout entière est un immense terrain de jeux. Contrairement à l'adulte, qui gère son quotidien en évitant soigneusement tout ce qu'il ne connaît pas, l'enfant est curieux et joueur avec ce que lui propose la vie.

En étant à l'écoute de son enfant joueur de la deuxième année, l'adulte peut continuer de faire les choses sérieusement, mais en cessant de se prendre au sérieux. Tout comme l'enfant qui joue à être un héros, puis un bandit, puis un clown, il se rend compte qu'il joue lui aussi un rôle et il accepte de le jouer pleinement. Il ne s'y attache pas puisqu'il n'est pas ce personnage pour «de vrai». Il se laisse ainsi porter par le flux de la vie. Rien n'est vraiment important ni sérieux. Il sait qu'au cours de ses nombreuses incarnations, il a revêtu de multiples aspects et a occupé de multiples fonctions. Ces fonctions s'additionnent les unes avec les autres afin de lui faire expérimenter la vie incarnée et de faire ainsi grandir son Âme en sagesse.

L'enfant joueur aide aussi l'adulte à rester dans le présent et à en profiter totalement. À chaque instant, la vie propose de nombreuses expériences. Derrière l'apparence de tout bonheur ou de toute épreuve se cache une réalité spirituelle qu'il faut découvrir. Cette découverte n'est possible que si l'on vit pleinement l'événement présent. L'enfant joueur et aventurier aide l'adulte à se lancer dans ce jeu de piste, où il découvrira, en s'amusant, le mode d'emploi de la vie.

Parvenir à voir la vie comme un jeu est l'antidote de la tristesse. C'est la sensation clé à éprouver pour tous ceux qui ont connu un problème dans la seconde année de leur petite enfance. La vie est une amie. En cultivant la joie de vivre et le rire, on lui rend hommage et on l'invite à devenir notre compagne de jeu.

L'adulte dont l'Enfant Intérieur de la deuxième année est bien équilibré a une relation joyeuse avec la vie, parce qu'il l'aime. Il a alors accès au pouvoir de créer sa vie. Cette capacité de création est une qualité du cinquième chakra, qui s'exprime sur la base d'un second chakra harmonieux. C'est la capacité de pouvoir choisir, en y appliquant toute son énergie, ce qu'il souhaite vraiment vivre, parmi toutes les expériences que la vie propose. Et, parce que le but est en accord avec soi-même et avec le flux de la vie, on manifeste de plus en plus précisément et rapidement ce que l'on est, dans la matière. (Voir, à la fin du livre, le chapitre concernant la guérison de l'Enfant Intérieur grâce à la transmutation.)

Je vous propose maintenant de rencontrer votre Enfant Intérieur de la deuxième année.

Chapitre 6

À LA RENCONTRE DE L'ENFANT INTÉRIEUR DE LA DEUXIÈME ANNÉE

Pour rencontrer votre Enfant Intérieur de la deuxième année, je vous propose d'expérimenter la lecture psychique. Cette lecture ne vous fera cependant pas redevenir un enfant. Vous resterez l'adulte de maintenant qui rencontre l'enfant que vous étiez, et vous dialoguerez avec lui.

Pour une lecture psychique réussie, je vous recommande:

1. De prendre le temps.

2. De trouver, chez vous, un endroit qui soit bien à vous, ou dans lequel vous soyez sûr de ne pas être dérangé (décrochez le téléphone). Essayez de personnaliser cet endroit en y mettant un peu de vous-même, de façon à vous sentir bien dans votre espace. Cela vous permettra de vous sentir plus en sécurité et vous aidera à vous relaxer.

3. De vous vêtir de vêtements souples et confortables, de vous départir de vos bagues, bracelets, montres et bijoux, d'une manière générale.

4. De vous asseoir si possible à même le sol, sur un coussin. Si ce n'est pas possible, asseyez-vous sur une chaise, le dos bien droit.

5. De vous faire aider par une autre personne pour cette lecture. Comme pour tout exercice psychique, il est important de choisir quelqu'un avec qui vous pourrez être capable de vous laisser aller.

   Il y a deux façons de faire cette lecture psychique:

   - Soit vous allez en vous-même pour rencontrer votre propre Enfant Intérieur et votre partenaire vous guide oralement. Il vous aide à vous intérioriser: «Tu fermes les yeux, tu respires lentement et profondément», etc. Puis il vous dit ce qu'il faut faire: «Place ta conscience dans ton ventre», etc. et il vous indique la façon de questionner votre Enfant Intérieur. Il peut noter tout ce que vous dites.

   - Soit vous faites seul votre lecture, sans aucune aide extérieure. C'est plus difficile et souvent plus superficiel, mais c'est possible si vous avez l'habitude de pratiquer ce genre d'exercice.

Le processus de lecture psychique expliqué ci-dessous se déroule de la même manière pour les trois années. Les questions de base sont les mêmes. Vous pourrez, par la suite, poser des questions plus précises concernant l'année que vous souhaitez connaître.

TECHNIQUE DE LA LECTURE PSYCHIQUE

- Vous vous asseyez et vous vous installez confortablement. Puis, vous calmez graduellement votre respiration, en respirant lentement et profondément. Prenez cinq minutes pour bien vous relaxer et vous détendre.

- Vous placez votre conscience et votre respiration dans le chakra qui correspond à l'enfant que vous voulez rencontrer en vous (au niveau de votre deuxième chakra, dans votre ventre).

- Visualisez le chakra comme une spirale de lumière qui tourne dans le sens des aiguilles d'une montre, puis plongez dedans...

- Vous débouchez dans un cadre naturel, où vous allez rencontrer votre Enfant Intérieur. Laissez-vous bien aller, soyez en lâcher-prise... Voyez maintenant son image apparaître.

- Appelez-le doucement. Demandez à le rencontrer. Restez calme et paisible avant cette rencontre.

- Lorsqu'il est devant vous, posez-lui quelques questions:

  a) Comment t'appelles-tu?

  b) Comment te sens-tu? Parle-moi de toi...

  c) Qu'est-ce qui t'est arrivé?

  d) De quoi as-tu besoin? etc.

- À la fin, encouragez-le à s'exprimer davantage. Puis remerciez-le et dites-lui que vous reviendrez le voir régulièrement.

- Exprimez votre volonté de sortir du chakra en question et laissez les images disparaître d'elles-mêmes.

De la même façon que je l'ai fait pour les régressions, je vous conseille d'effectuer de nombreuses lectures psychiques concernant chacune des trois années clés (plus particulièrement votre année problématique).

Important

- N'oubliez jamais que cet enfant, c'est vous-même, et non un personnage extérieur à vous. Vous devez vous revoir vous-même, petit enfant, et vous identifier complètement à ce que vous étiez alors. Il ne s'agit pas de rencontrer un enfant symbolique (par exemple un petit garçon si vous étiez une petite fille ou encore un petit Chinois ou une petite Chinoise, si vous êtes occidental(e), etc.). L'important n'est pas d'obtenir des informations sur son enfance mais de ressentir profondément les traumatismes subis, afin de libérer l'énergie qui a été bloquée à ce moment-là.

- Essayez d'établir une véritable relation avec cet enfant. Dialoguez avec lui comme si c'était pour «de vrai», comme si vous parliez réellement avec un petit qui serait vous-même. Vous pouvez vous aider, au besoin, d'une photo de vous à cette époque. Acceptez d'entrer totalement dans le scénario qui se présente à vous. Jouez le jeu, laissez-vous bien aller.

- Il n'est pas certain que vous puissiez parler facilement à cet enfant que vous voyez ou ressentez, ni même que vous puissiez l'approcher. Un enfant blessé peut penser que seuls la méfiance, l'isolement et le rejet de tout ce qui vient de l'extérieur assureront sa survie. Alors, quelle que soit son attitude, approchez-vous de lui avec précaution et douceur, sans jamais rien brusquer. Cet enfant est le point clé de votre vie. Il est ce que vous êtes.

- Il est important que votre enfant blessé ait confiance en vous. Ce qui signifie que vous devez toujours lui dire la vérité, même si vous croyez qu'il ne peut la comprendre.

- Lorsqu'il vous demandera pour la première fois qui vous êtes, soyez clair : dites-lui que vous êtes *lui* lorsqu'il sera grand; que vous venez l'aider mais que vous avez aussi besoin de lui. Vous pouvez, par exemple, lui dire que malgré sa petite taille, il est fort (il porte en lui toute la puissance de la nature au début du printemps) et qu'il est savant (il connaît instinctivement des choses que vous avez oubliées). Mais soyez totalement honnête. Ne flattez pas l'enfant pour obtenir quelque chose. Si vous lui dites qu'il est fort et savant, il faut que vous ayez ressenti cela comme vrai.

- Le fait d'apprendre que vous êtes l'adulte qu'il sera ne peut que le rassurer. Il verra qu'il s'en est sorti «vivant», qu'il a pu grandir malgré sa peur, son chagrin ou sa colère.

- Lui dire combien vous avez besoin de lui, lui donne valeur et importance et commence à lui faire comprendre le principe de l'échange.

- Si l'un des parents (ou les deux) ne remplit pas sa fonction normalement, proposez à l'enfant de lui donner ce qu'il n'obtient pas du parent en question. (Vous pouvez, pour cela, vous reporter au chapitre concernant le Parent Intérieur, à la fin du livre.)

L'essentiel est surtout de ne jamais accuser le ou les parents. L'enfant ne vous le pardonnerait pas. C'est sur l'idéalisation de ses parents que repose l'identification de sa personnalité, ne l'oubliez pas!

Pour ne pas nuire à l'image des parents, le plus simple est d'expliquer la réalité à l'enfant: dans chaque parent, se trouve aussi un enfant blessé, dont personne ne s'est jamais occupé. Alors, si les parents font des choses bizarres ou pas gentilles, c'est parce qu'ils ne savent pas que leur Enfant Intérieur est malheureux. Dans tous les cas, soyez authentique et créatif!

TECHNIQUE DE LA RÉGRESSION DANS L'ENFANCE (POUR LA DEUXIÈME ANNÉE)

Vous pouvez aussi choisir de faire une régression dans l'enfance pour votre deuxième année. Dans ce cas, reportez-vous à la fin du chapitre 4 prédédent, à la section «Technique de la régression dans l'enfance» pour la première année. Procédez de la façon indiquée, jusqu'à la fin du point 2. Régression. Puis poursuivez de la façon suivante:

- Vous avancez rapidement dans le temps... Laissez les images défiler à toute vitesse jusqu'à votre deuxième année...

- Vous venez de vous aventurer à faire vos premiers pas...

  a) Ressentez-vous vacillant sur vos jambes. Dans quelles circonstances marchez-vous? Et pourquoi?

  b) Comment réagit votre mère? et votre père?

  c) Vous ressentez-vous aimé d'eux?

- Vous commencez à parler...
  a) Comment vous sentez-vous par rapport au son?
  b) Pourquoi cherchez-vous à parler?
  c) Est-ce facile ou difficile pour vous?
  d) Cherchez-vous à être inventif ou vous contentez-vous de répéter ce que vous entendez?

- Vous apprenez maintenant à être propre...
  a) Comment vous sentez-vous par rapport à l'apprentissage de la propreté?
  b) Pourquoi allez-vous sur le pot?
  c) Est-ce facile ou difficile pour vous?
  d) Comment réagit votre mère? et votre père?

- Vous commencez à vivre des émotions...
  a) Quelles réactions ont vos parents lorsque vous criez ou lorsque vous pleurez?
  b) Vous sentez-vous le droit de laisser circuler vos émotions?

- Vous expérimentez le côté relationnel...
  a) Comment vos parents s'entendent-ils? Ressentez-vous qu'ils s'aiment?
  b) Sont-ils souvent ensemble?
  c) Votre mère est-elle affectivement heureuse? Et votre père?
  d) Comment percevez-vous votre relation avec votre mère?
  e) Comment percevez-vous votre relation avec votre père?
  f) Ressentez-vous tout l'amour que vos parents vous portent? Vivez-vous plutôt une expérience difficile, avec un sentiment d'abandon? Si oui, acceptez d'entrer profondément dans ce sentiment, en le ressentant bien en vous.

- Le temps passe. Vous allez bientôt avoir deux ans...
  a) Où en êtes-vous par rapport à la propreté? Et par rapport au langage?

b) Arrivez-vous à parler? Commencez-vous à construire des phrases?

c) Que tirez-vous comme conclusion concernant l'amour et le relationnel?

d) Quelles sont vos autres conclusions concernant votre deuxième année?

e) Vous avez maintenant obtenu toutes les informations nécessaires à la compréhension de votre deuxième année concernant les plans relationnel et affectif. Vous remerciez votre Enfant Intérieur pour toutes ces informations et vous laissez graduellement les images disparaître...

g) Vous respirez lentement et profondément... Vous reprenez conscience de votre corps, allongé, ici et maintenant. Puis vous vous étirez et, lorsque vous vous sentez prêt, vous rouvrez les yeux.

Ici, aussi, je vous conseille de faire de nombreuses régressions dans la deuxième année, surtout si vous avez des problèmes émotionnels et relationnels, donc des problèmes de communication et de partage.

Lorsque vous aurez bien ressenti le problème de votre deuxième année, vous pourrez procéder à la guérison de votre Enfant Intérieur dans le deuxième chakra, en faisant les exercices ci-après. Ils pourront vous aider à ressentir que le véritable amour est intérieur et qu'il faut avant tout apprendre à s'aimer soi-même.

* *
*

GUÉRISON POUR LE DEUXIÈME CHAKRA ET L'ENFANT INTÉRIEUR DE LA DEUXIÈME ANNÉE

Je vous propose cinq exercices:

1. Exercice sur le pardon;
2. Exercice sur le détachement;

3. Exercice sur le silence;
4. Le bhakti-yoga;
5. Pensées positives et élixirs.

1. EXERCICE SUR LE PARDON

Avant de faire cet exercice, vous allez dresser une liste des souvenirs les plus douloureux de votre enfance, peu importe la période à laquelle ils se situent: toute petite enfance, prépubertaire ou à l'adolescence.

- Vous vous installez confortablement dans un endroit tranquille et vous vous munissez d'une feuille de papier et d'un crayon. Vous fermez les yeux et vous vous intériorisez quelques instants, en vous concentrant sur votre respiration pour la calmer.
- Lorsque vous vous sentez relaxé, vous demandez à entendre intérieurement les noms des personnes qui vous ont blessé et vous inscrivez ces noms sur votre feuille. Laissez-vous bien aller et acceptez de revivre en vous, pendant quelques secondes, les situations qui vous ont le plus meurtri.
- Une fois que votre liste est terminée, relisez-la. Qu'en pensez-vous ? Vous sentez-vous prêt à pardonner et à lâcher prise vis-à-vis de votre chagrin?

Pour guérir vraiment, vous ne devez pas vous obliger à pardonner parce que c'est charitable, mais parce que vous ressentez que c'est maintenant le moment. La crainte et la rancune vous ont suffisamment consumé. Vous les invitez aujourd'hui à vous quitter. Si vous ne pouvez y parvenir pour l'instant, ne vous jugez pas. Laissez le temps faire son œuvre et amoindrir votre colère. Si vous avez le désir de guérir, le fait d'en être pleinement conscient appellera votre pardon et vous pourrez faire cet exercice très rapidement.

Si vous décidez de pardonner, commencez par choisir la personne à laquelle vous voulez appliquer le pardon. Peut-être s'agit-il de la personne qui vous a blessé le plus dans votre enfance: votre père ou votre mère. Ensuite, essayez de retrouver une photo ou un objet symbolique qui vous rappellera cette personne ou cette situation. Sinon, essayez de la dessiner. Maintenant, l'exercice du pardon peut commencer. Pour être complet, il doit se faire en trois étapes, indissociables les unes des autres.

Technique

- Première phase: Vous pardonnez.

  a) Vous vous installez confortablement et vous placez la photo, l'objet ou le dessin près de vous. Vous laissez vos yeux se poser sur eux.

  b) Laissez peu à peu les souvenirs remonter à votre mémoire et envahir votre cœur. Puis fermez les yeux. Soyez attentif à votre corps, voyez comment il réagit en situation de stress émotionnel... Votre cœur et votre respiration s'accélèrent-ils?

  c) Prenez conscience que vous résistez à la douleur. Ressentez comme votre carapace vous enveloppe et comme elle se durcit pour masquer votre souffrance. Essayez de passer outre en vous laissant bien aller. Abandonnez-vous à votre chagrin, à votre colère ou à votre rancune. Aidez-vous en cela de votre respiration: à chaque inspiration, la peine entre dans votre cœur et à chaque expiration, elle prend toute la place dans votre poitrine...

  d) Maintenant, vous allez rouvrir les yeux et regarder à nouveau la photo, l'objet ou le dessin. Dites lentement, à voix haute: «Papa (ou maman), je te pardonne de m'avoir fait souffrir!» (mentionnez la ou les choses qui vous ont fait du mal). Aidez-vous à nouveau de votre expiration pour sentir que vous pardonnez vraiment. Ressentez ce qui se passe dans votre cœur. Le sentez-vous devenir plus léger, moins oppressé? Sinon, ne vous découragez pas. Recommencez...

  e) Lorsque vous avez l'impression d'avoir pardonné tout ce que vous aviez à pardonner et que vous le ressentez, dites à voix haute, sur une expiration: «Papa (ou maman), je te pardonne et je te libère.» Sentez la libération que cela vous apporte...

- Deuxième phase: Vous demandez pardon.

Vous passez maintenant à la deuxième étape du pardon. Vous allez vous-même demander pardon à votre père ou à votre mère.

Peut-être êtes-vous frustré, car vous estimez que vous avez été la victime innocente et que vous n'avez pas, en plus, à demander pardon pour cela. Pourtant, rien n'est jamais vraiment à sens unique, quoi que vous croyiez. Si vous n'avez aucune idée de ce que vous devez vous faire pardonner, demandez pardon pour toutes les choses dont vous n'êtes pas conscient et que vous avez faites, dites ou pensées, et qui ont fait souffrir votre père ou votre mère. Essayez d'être le plus sincère possible, bien en lâcher-prise. Peut-être que des souvenirs oubliés vont remonter à la surface. Laissez-les venir...

a) Lorsque vous vous sentez prêt à demander pardon, vous rouvrez à nouveau les yeux. En regardant la photo, l'objet ou le dessin, vous dites à voix haute et lentement: «Papa (ou maman), pardonne-moi pour tout ce que je t'ai fait (mentionnez les actions, les paroles ou les pensées concernées) et pour toutes les choses dont je ne suis pas conscient mais qui t'ont aussi fait souffrir.»

b) Lorsque vous avez l'impression d'avoir tout dit, vous refermez les yeux. Soyez bien attentif à ce qui se passe dans votre cœur. Que ressentez-vous? Vous sentez-vous soulagé? Sinon recommencez, comme dans la phase précédente...

c) Lorsque vous avez terminé, vous entendez en vous-même, en expirant, votre père (ou votre mère) vous dire: «X... (votre prénom), je te pardonne et je te libère.» Ressentez la libération que cela vous procure...

- Troisième phase: Vous vous pardonnez à vous-même.

Vous passez maintenant à la troisième et dernière étape du pardon: vous allez devoir vous pardonner à vous-même.

Même s'il n'y paraît pas, cette phase est souvent la plus difficile à traverser. Entrer profondément dans le pardon pour soi-même, c'est avoir le courage de reconnaître sa responsabilité vis-à-vis des événements désagréables que l'on subit et c'est aussi admettre que l'on a fait des compromis avec son cœur. On se pardonne d'avoir peur et de ne pas être authentique, par ignorance. Le pardon vis-à-vis de soi-même est un repentir sincère qui permet de transcender la culpabilité. La transformation a alors lieu... C'est donc une phase essentielle, qu'il est très important de ne pas oublier.

a) Tout au long de cette dernière phase, vous gardez les yeux fermés. Vous placez bien votre conscience et votre respiration dans votre cœur et vous laissez remonter en vous tous les compromis que vous avez faits avec votre cœur... Si vous étiez trop petit pour cela, pardonnez-vous d'avoir eu peur et de ne pas avoir pas compris ce qui se passait.

b) Lorsque vous vous sentez prêt, dites lentement, à voix haute: «X... (votre prénom), je te pardonne pour... (mentionnez ce que vous avez trouvé).»

c) Laissez-vous bien aller, en complet lâcher-prise. Que ressentez-vous dans votre cœur? Soyez très attentif, profondément à l'écoute de vous-même.

d) Lorsque vous avez l'impression de vous être tout pardonné, vous vous dites intérieurement, sur une expiration: «X... (votre prénom), je te pardonne et je te libère.» Sentez la libération que vous procure ce pardon, ressentez la légèreté qu'il vous apporte... Profitez pendant quelques instants de cette sensation.

e) Remerciez ensuite votre père (ou votre mère) pour ce pardon, ainsi que vous-même. Respirez lentement et profondément, et, lorsque vous vous sentez prêt, vous pouvez rouvrir les yeux.

2. EXERCICE SUR LE DÉTACHEMENT

Comme je l'ai expliqué dans le paragraphe portant sur la possessivité, deux personnes attachées l'une à l'autre sont vraiment reliées par un lien subtil.

Le détachement consiste à défaire volontairement, par la visualisation et le «ressenti», les multiples fils psychiques qui nous rattachent aux autres. Ces liens, issus des besoins mutuels des personnes empêchent l'amour véritable de fleurir dans le cœur. La conscience est ficelée et prisonnière de toutes les attentes égoïstes du corps astral. Elle ne peut ni s'alléger, ni s'élever vers la lumière de l'Âme.

Si le détachement fait peur, c'est toujours parce qu'il est mal compris. En réalité, il permet avant tout la prise de conscience des nombreux liens affectifs de l'être humain. Il n'a jamais comme objectif le rejet, mais la libération. (N'oubliez pas que le rejet est la forme d'attachement de la personne ayant une nature mentale!)

Le détachement est le moyen d'accéder au «noble sentier du milieu» (enseigné par le Bouddha), entre le besoin et l'indifférence. Lorsqu'on a la chance de trouver cet équilibre, on peut éprouver un intérêt profond pour les autres, tout en conservant de l'intérêt pour soi-même, un intérêt venant du cœur. On peut choisir de l'expérimenter, car on est libéré de toute attente. En effet, seule la personne qui a la totale liberté d'aimer peut réellement aimer. Aimer l'autre alors que l'on est prisonnier de ses besoins et de ses conditionnements n'est pas de l'amour. C'est de l'affection.

Ainsi, si au cours de la deuxième année de son enfance on a eu l'impression d'être abandonné, quand on sera rendu à l'âge adulte, on aura peur d'être abandonné par les autres et on aura aussi très peur de la solitude. À cause de cette crainte, consciente ou inconsciente, on aura besoin de l'autre pour masquer la sensation d'isolement que l'on garde en soi. On peut cependant avoir un jour la chance de prendre conscience de sa dépendance affective et décider de grandir pour expérimenter vraiment ce qu'est l'amour. Le détachement est alors le plus beau cadeau que l'on puisse se faire, à soi-même comme à l'autre.

Bien sûr, en se détachant psychiquement de l'autre, on se retrouve confronté à son isolement intérieur. Ce n'est pas agréable, mais il faut avoir le courage de le ressentir pour guérir vraiment. On est alors obligé de puiser dans ses ressources intérieures et d'aller profondément dans son cœur. On retrouve ainsi l'amour que l'on porte en soi. On ressent l'amour du cœur, qui n'attend rien pour lui mais donne ce qu'il est, à chaque instant. On s'aperçoit alors que, quoi qu'il arrive, on n'est jamais vraiment séparé des autres, ce qui apporte un grand réconfort et beaucoup de paix.

Ainsi, libéré de cette peur de l'isolement, on peut maintenant aimer l'autre: on n'a plus besoin de lui mais on partage avec lui ce que l'on est. Le détachement est la voie incontournable qui permet d'en arriver là.

Alors, courage!...

Technique

- Vous vous asseyez et vous vous installez confortablement, puis vous fermez les yeux.

- Vous respirez lentement et profondément, et vous prenez quelques minutes afin de calmer votre respiration et de vous intérioriser.

- Graduellement, vous placez votre conscience et votre respiration dans votre poitrine, au niveau de votre chakra du cœur.

- Lorsque vous êtes bien dans votre cœur, vous demandez à voir apparaître devant vous l'être avec laquelle vous souhaitez pratiquer le détachement (votre mère ou votre père, par exemple).

- Essayez de maintenir cette image quelques secondes afin de lui donner de la consistance. Puis, lorsque vous ressentez bien la personne devant vous, dites-lui que vous avez l'intention de vous détacher d'elle et remerciez-la pour son aide et sa participation. (Peu importe si cette personne n'est pas du tout d'accord en réalité. Vous vous adressez ici à son être intérieur. L'Âme est toujours plus coopérative dans ce genre d'exercice!)

- Vous demandez maintenant à visualiser le lien qui vous rattache à cette personne. Il part de votre deuxième chakra pour aboutir à son deuxième chakra à elle. (Le deuxième chakra est le chakra par excellence de l'attachement.)

- Concentrez-vous et observez bien ce fil. Comment est-il? Quelle texture a-t-il? De quelle couleur est-il? Essayez de bien le ressentir.

- Maintenant que vous le ressentez bien, vous allez exprimer à voix haute la ferme intention de vous détacher de la personne qui est en face de vous: «Moi, X (votre prénom), je décide de me détacher de Y (prénom de la personne de qui vous vous détachez), pour notre plus grand bien. Que cette libération nous soit profitable à tous les deux.»

- Vous vous visualisez maintenant en train de détacher le lien au niveau de votre ventre et vous voyez la personne en face de vous en faire autant... Aidez-vous de votre expiration pour enlever cette attache et voyez-la qui tombe au sol.

- Voyez ensuite ce fil qui brûle dans la terre. Concentrez-vous quelques instants sur ce lien qui brûle et ressentez la libération que cela vous apporte.

- Maintenant que le lien a disparu, qu'il est consumé dans la terre, voyez la personne en face de vous qui s'éloigne et vous dit au revoir, heureuse et libérée.

- Appréciez quelques instants le «ressenti» de libération, puis remerciez l'Univers pour ce détachement. Promettez-vous de faire votre possible pour rester vigilant et attentif, dans votre vie quotidienne, à cette relation que vous souhaitez améliorer.

- Respirez lentement et profondément, et lorsque vous le sentez, vous rouvrez les yeux.

* *
*

Pour tout travail sur le relationnel, il est nécessaire de faire l'exercice du pardon et celui du détachement à la suite l'un de l'autre et dans cet ordre. En effet, pardon et détachement sont indissociables. Utilisés conjointement, les deux exercices se renforcent mutuellement, rendant le travail complet et profond. Ainsi, si vous avez pardonné à votre père dans l'exercice précédent, faites ensuite l'exercice de détachement par rapport à lui.

La technique expliquée ci-dessus a été volontairement simplifiée. Elle permet de se familiariser avec le détachement avant de passer à des techniques plus sophistiquées. (Celles-ci sont expliquées dans le livre de Pierre Lassalle intitulé *La Voie de l'Amour.*)

La simplification n'enlève cependant rien à l'efficacité de la technique. Vous prendrez peut-être un peu moins conscience du type de relation que vous entretenez avec la personne choisie, mais cela ne vous empêchera pas de vous détacher. En effet, si vous concrétisez votre intention de libération en vous donnant la peine de faire l'exercice proposé ci-dessus, vous serez détaché, quoi qu'il arrive.

Pour que le «pardon-détachement» se manifeste dans la vie quotidienne, les trois corps de la personnalité doivent participer au processus.

- Sur le plan mental, il faut en avoir l'idée puis la ferme intention, ce qui amène à faire l'exercice.
- Sur le plan astral, il faut, d'une part, ressentir profondément le pardon en soi et, d'autre part, le lien qui se détache ainsi que la libération qui en résulte (c'est sans doute la phase la plus délicate).
- Enfin, sur le plan physique, il faut expliquer par écrit ou dessiner le «pardon-détachement» que l'on vient de faire. L'écriture et le dessin sont des moyens concrets pour aider à la manifestation sur le plan physique.

Vous pouvez utiliser à cet effet votre cahier spirituel, ou bien vous pouvez rédiger une lettre qui sera adressée à la personne avec laquelle vous avez réalisé le «pardon-détachement». Vous pouvez lui expliquer ce que vous avez fait et ressenti, puis la remercier pour son aide, même si elle n'est pas au courant de ce que vous avez fait. Bien sûr, vous n'envoyez pas cette lettre. Elle sert juste à concrétiser ce que vous venez de faire. Vous la détruirez un peu plus tard, lorsque vous ressentirez que le «pardon-détachement» est bien ancré.

- Tout «pardon-détachement» doit rester secret, et ce, pendant au moins une semaine, plus si c'est possible. Le secret permet de conserver l'énergie en soi au lieu de la disperser aux quatre vents, ce qui lui fait perdre de sa force et diminuer son efficacité.
- Il est souvent nécessaire de répéter à maintes reprises le processus du «pardon-détachement», surtout si on côtoie la personne tous les jours (un conjoint, par exemple). Dans ce cas, il faut être particulièrement attentif pour ne pas reproduire la même attitude relationnelle, une fois l'exercice terminé. Car le fait de ne rien changer à son comportement annule l'effet du «pardon-détachement». Il s'agit donc, et de loin, du cas demandant le plus de conscience. C'est pourquoi il peut être nécessaire, au début du moins, de refaire régulièrement l'exercice (tous les quinze à vingt jours), puis d'espacer peu à peu les séances.
- S'il s'agit, par contre, d'une personne que l'on ne voit plus, ou alors très rarement, le «pardon-détachement» est souvent définitif. On peut d'ailleurs avoir des surprises à ce sujet: vous vous êtes détaché, par exemple, d'un oncle que vous n'avez pas vu depuis très longtemps, et voilà qu'il réapparaît, qu'il vous téléphone ou vous écrit. Ou bien voilà qu'une tierce personne vous parle de lui, ou qu'il vient vous rendre visite dans vos rêves, etc.

Tous ces détails «fortuits» sont les preuves que le «pardon-détachement» est réussi. L'énergie que vous avez envoyée est bien parvenue à son destinataire, lequel vient inconsciemment vous dire au revoir.

- Le «pardon-détachement» se pratique aussi avec les personnes décédées. C'est une erreur courante de croire que la mort détache les gens les uns des autres. C'est vrai en ce qui concerne le plan physique, mais inexact sur le plan astral. Dans ce cas, pratiquer le «pardon-détachement» aide le défunt à se libérer de l'emprise terrestre et à rejoindre la lumière. Au lieu de laisser le défunt «rôder» autour des personnes aimées, sans comprendre ce qui se passe, on lui explique qu'il est mort. On se détache de lui, on le libère. Le «pardon-détachement» est, pour lui, une invitation à rejoindre son plan de conscience. Pour l'autre personne, ce processus apporte beaucoup de lâcher-prise et d'acceptation.

- Le «pardon-détachement» peut aussi se pratiquer vis-à-vis des enfants. Idéalement, les parents devraient toujours se détacher de leurs chers petits lorsque ceux-ci entrent dans la tranche d'âge se situant entre sept et quatorze ans. Avant sept ans, le corps éthérique de l'enfant n'étant pas encore autonome, le détachement peut éventuellement le perturber. Par contre, après quatorze ans, l'attachement aux parents gêne la future autonomie du corps astral. (Si votre enfant a plus de quatorze ans, n'hésitez pas à vous en détacher, si ce n'est déjà fait. Il n'est jamais trop tard pour s'y mettre!)
- Vous pouvez également pratiquer le détachement avec toutes les personnes qui, par exemple, vous devraient de l'argent, qu'il s'agisse de personnes physiques ou d'organismes. En effet, soutenir la dette d'une personne signifie que l'on cherche à demeurer accroché à elle. En se détachant, on met un terme à ce besoin, et souvent, la personne, ou l'organisme en question, finit par payer ce qu'elle doit.

Dans tous les cas, chaque fois que l'on a un problème relationnel, quel qu'il soit, le réflexe à acquérir est celui du «pardon-détachement». On débloque ainsi de nombreuses situations et on aplanit tous les conflits.

Le «pardon-détachement» est une clé qui permet de mettre à jour son karma relationnel par rapport à ses proches et par rapport à ses relations professionnelles ou sociales. En utilisant cette clé, vous ouvrez votre cœur et vous accédez à votre être intérieur. Puissiez-vous l'expérimenter et récolter ainsi les savoureux fruits de la libération.

3. EXERCICE SUR LE SILENCE

Cet exercice se fait en deux parties.

- La première étape consiste en un exercice de concentration, l'habitude de se concentrer permettant un ralentissement notable du flux de ses pensées.
- La deuxième étape consiste à essayer de moins parler, en observant ce qui se passe en soi lorsqu'on cherche à réduire volontairement son bavardage.

La parole étant la conséquence de la pensée, il est essentiel de s'exercer souvent pour réussir la première étape (silence intérieur), avant de prétendre pouvoir réduire spontanément sa parole (silence extérieur), sans frustrations ni agacement. Lorsqu'on expérimente la deuxième phase, on se rend compte à quel point il est difficile de se taire quand les pensées bouillonnent dans sa tête.

Première étape: le silence intérieur

Le silence intérieur permet de prendre conscience que l'on n'a pas besoin de la pensée pour se sentir pleinement exister. On cesse alors de s'identifier exclusivement à son mental, car il y a autre chose au-dessus. On le sait puisqu'on y est allé, c'est le plan de l'Âme.

Le silence intérieur a pour but de nous faire écouter la voix de notre Âme, c'est-à-dire notre intuition. L'être humain peut ainsi se mettre en résonance avec le son primordial, avec le «Verbe». Il ne se sent plus jamais seul ni abandonné, car il se relie, s'il le souhaite, à toutes les hautes vibrations des grands Initiés du passé, du présent et du futur.

Les trois mots clés pour parvenir au silence intérieur sont: respiration, concentration et contemplation.

- Grâce à une respiration calme, on ralentit le flux de ses pensées.

- Grâce à la concentration, on oriente le flux de ses pensées sur une seule chose à la fois. On fige volontairement sa pensée. Avec l'entraînement et l'habitude, on finit par devenir ce que l'on observe. On bascule alors dans la contemplation.

- Grâce à la contemplation, on passe au-delà du mental. L'unique pensée que l'on utilisait pour concentrer son flux mental a disparu.

La concentration

- Asseyez-vous confortablement, fermez les yeux et commencez à respirer lentement et profondément. Pendant quelques minutes, concentrez-vous sur votre souffle, sur l'air qui entre en vous puis qui sort de vous.

- Laissez-vous bien aller à ce processus de relaxation, tout en continuant à suivre le mouvement de votre respiration, qui se ralentit de plus en plus, au fur et à mesure que vous vous détendez. Comptez au moins cinq bonnes minutes pour ce processus de relaxation.

- Vous allez maintenant essayer d'effectuer un petit exercice de concentration. Vous ouvrez les yeux et regardez votre main (ou un objet très simple que vous avez choisi délibérement auparavant). Observez votre main: sa forme, sa taille, ses doigts, etc. Ne pensez qu'à elle, le plus longtemps possible (de quelques secondes à quelques minutes).

- Dès qu'une autre pensée vous traverse l'esprit, prenez-en conscience et constatez simplement: «Je pense, je pense», puis revenez à votre concentration.

Soyez très attentif et ne trichez pas. Si vous arrivez à maintenir réellement votre concentration pendant trente secondes, sans pensées parasites, il s'agit d'un excellent score. Entraînez-vous et ne vous découragez pas.

Deuxième étape: la maîtrise de la parole

La parole est la manifestation extérieure du principe créateur que chaque être humain porte en lui. En effet, en parlant, on associe entre eux des mots et des sons, d'une façon unique. Personne au monde n'exprime les choses exactement de la même façon, avec les mêmes mots, le même rythme, la même tonalité, etc. En parlant, on relie (on met en relation) des mots et des sons, et cette association est création et amour. Ainsi, un Initié choisit et prononce ses mots de façon à en faire un véhicule pour l'amour de l'Univers-Dieu. Pour lui, le son est sacré et il ne gaspille jamais cette énergie en paroles inutiles. En attendant d'en arriver là, je vous propose de faire maintenant un petit exercice d'attention concernant votre communication, afin d'essayer de la modifier. Vous pouvez choisir de le faire pendant une heure, une demi-journée ou plus.

- Écoutez vraiment la personne qui parle, en étant le plus ouvert possible, surtout si vous êtes d'avis contraire. Laissez à l'autre le temps nécessaire pour exprimer tout ce qu'il a à dire. Ne jugez pas! Comprenez ce que l'autre veut vous dire, au-delà des mots.

- Avant d'émettre le moindre son, comptez intérieurement jusqu'à 3, ou posez-vous les trois questions du Bouddha, ou encore bénissez l'autre. Ceci afin d'éviter toute impulsivité.

- Prenez le temps de réfléchir à ce que vous souhaitez dire. Si vous devez répliquer, tenez compte de l'opinion de l'autre, même si, selon vous, elle reflète un préjugé. Essayez de déterminer l'importance qu'aura pour votre interlocuteur ce que vous allez lui répondre. Le but n'est pas de convaincre l'autre mais de l'aider à trouver la vérité par lui-même, grâce à ce que vous lui apporterez.

- Prenez la résolution de ne parler ni d'une personne absente, ni du temps qu'il fait, ni de votre santé. Vous constaterez que vous avez subitement beaucoup moins de choses à dire.

- Ne cherchez pas à faire entrer dans la tête des autres vos idées ou vos conceptions. Renoncez à toute contrainte par rapport à l'autre. Laissez-le entièrement libre d'adopter sa propre manière d'être. Dites ce que vous avez à dire clairement et fermement, sans être incisif.

- Questionnez-vous sur vos envies:
  a) De quoi avez vous envie de parler?
  b) Quels sont, pour vous, les sujets les plus difficiles à éviter?
  c) Que ressentez-vous lorsque vous gardez le silence à un moment où, habituellement, vous diriez quelque chose?
  d) Quelles émotions, quelles réflexions, quels «ressentis» surgissent du silence?

Cet exercice doit être fait le plus souvent possible et le plus longtemps possible dans le cours d'une journée. Il est surtout destiné à vous montrer comment vous utilisez le langage: l'énergie que vous mettez dans vos mots, si vous parlez beaucoup, si vous faites attention à ce que vous dites ou non, etc. Parler est souvent un réflexe. On se saoule de mots pour éviter une situation embarrassante, pour se couper d'un «ressenti» ou pour s'empêcher de se mettre en résonance avec l'autre.

Ainsi, lorsqu'un silence inattendu s'installe après une conversation animée, l'expression «un ange passe» est souvent utilisée. Elle permet de relancer la conversation et de couper court à un silence que l'on juge embarrassant. Si l'on sait qu'«ange» et «Âme» sont synonymes, on comprend que l'homme ne supporte pas le silence, par peur d'entendre son Âme...

Cet exercice ne prétend pas vous faire cesser de penser ou de parler, mais il vous fait toucher du doigt votre agitation mentale et vous rend attentif à votre langage. Puissiez-vous, à la suite de cette prise de conscience, appeler le calme et la tranquillité en vous...

4. LE BHAKTI-YOGA

Le bhakti-yoga est une discipline émotionnelle et mentale qui suppose une certaine façon de concevoir sa vie. «Bhakti» vient de la racine *bhaj*, qui signifie «donner et recevoir», ou encore «partager». Le bhakti-yoga est donc l'union dans le partage.

Être dans le partage signifie que l'on essaie d'offrir en permanence tous ses actes, toutes ses émotions et toutes ses pensées à Dieu[1], afin de faire un avec Lui. On ne fait plus rien pour soi-même, pour son petit soi, mais tout pour le Divin. On ne respire, n'agit et ne pense que par Lui et pour Lui. On donne pour donner, sans attendre de retour, et on s'oublie complètement.

Ce yoga de la dévotion est très bien adapté au corps astral. Ce dernier ne fait les choses que pour lui-même. Il est donc nécessaire de mettre une impulsion en lui, de façon à orienter autrement sa puissante énergie de désir. Cette impulsion est la dévotion. N'agir que pour donner procure une purification intense et transcende la nature égoïste du corps astral, en l'orientant vers un but élevé et universel.

Si l'on est doté d'une nature très relationnelle et que l'on trouve son objet de dévotion, on peut apprendre à donner pour donner, en concentrant toute son énergie mentale et émotionnelle sur l'objet que l'on a choisi d'adorer. Selon les critères de la vraie dévotion, être capable d'adorer demande dynamisme et connaissance du cœur. Posséder de telles dispositions constitue un cadeau du ciel, car c'est une qualité de l'Âme. Ce don peut être remarqué très tôt, chez certains enfants. Il se manifeste par une tendance naturelle à éprouver une incroyable vénération pour un adulte, un saint ou une vérité. Cet enfant vit spontanément dans la sphère du sacré. À l'âge adulte, ce respect du cœur pourra se transformer en dévotion. Cette tendance doit être prise en considération par les adultes, car c'est parmi ces enfants que seront recrutés la plupart des disciples de demain.

L'adoration dévotionnelle consiste en une profonde vénération, en un respect inouï pour la vérité et la lumière, qui ôte du cœur toute critique ou toute opposition de la part de la personne qui adore. Elle rend toute chose sacrée.

---

1. «Dieu» signifie que l'objet de la dévotion doit avoir un caractère divin. Plus cet objet est élevé, plus le «dévot» peut aspirer à lui. Ce peut être la Vierge, un saint ou sa propre Âme, ou encore son maître incarné si on a la chance d'être engagé dans une voie spirituelle. Il est facile de comprendre que ce «quelqu'un d'autre» ne doit pas être n'importe quoi ou n'importe qui, sous peine de basculer dans l'idolâtrie, la dépendance et la manipulation.

Il ne s'agit pas d'une adoration idiote, car pour être capable de vénérer la lumière, il faut en avoir une connaissance intuitive. En effet, on ne peut vouer un culte qu'à ce que l'on pressent dans son cœur comme étant vérité. On ne peut ni forcer cela, ni l'apprendre intellectuellement.

Ce n'est pas non plus une adoration passive, car pour faire dynamiquement don de soi-même, on doit se monopoliser totalement dans sa dévotion. On n'attend pas passivement d'être investi par la lumière de l'Âme. On va la chercher en allant dans son cœur. Là, les retrouvailles ont lieu, et le cœur s'embrase, brûlant toutes les impuretés du corps astral. On se donne à la lumière, pour le seul plaisir de s'offrir. Rien au monde ne peut apporter une telle béatitude.

Cette attitude dévotionnelle envers un «objet» bien déterminé est une phase nécessaire pour s'entraîner au don de soi. Lorsqu'elle est acquise, et alors seulement, on peut étendre cette attitude à la vie tout entière. On devient dès lors capable de tout sacraliser.

Sacraliser sa vie quotidienne par la dévotion signifie voir en toute personne, en toute attitude ou expérience quelque chose qui pousse au respect.

Il ne s'agit pas d'une admiration contrainte, mais d'un élan intérieur qui empêche de porter tout jugement ou toute condamnation par rapport aux autres. Le but final est d'arriver un jour à ce que chaque pensée devienne vénération envers la vie tout entière, la rendant ainsi sacrée et divine... On expérimente alors *ananda* (de *sat-chit-ananda*), soit la béatitude qu'apporte le don total de soi dans sa relation avec les autres, avec le monde et avec la vie.

5. PENSÉES POSITIVES POUR L'ENFANT INTÉRIEUR DE LA DEUXIÈME ANNÉE

L'AMOUR

Je m'autorise à m'aimer. Enfant, j'étais le seul à aimer inconditionnellement mes parents, car eux étaient incapables de le faire de façon véritable. Devenu adulte, je choisis encore maintenant de m'entourer de personnes qui ne sont pas capables de m'aimer. Mes relations me laissent épuisé, blessé et désespéré, car je donne trop souvent de l'amour que l'on ne me rend pas. J'avais donc pris la décision de ne plus aimer. Aujourd'hui, je décide de changer. Je choisis d'aimer, sans craindre d'être déçu, et d'utiliser mon expérience pour me guider sagement. J'accueille les étrangers avec le sourire, et j'aime ma famille et mes amis en donnant un peu de moi-même. Mon amour est guérison, et j'apprends à le partager avec les autres.

J'exprime l'amour qui est en moi. Mon Enfant Intérieur est amour; il a confiance en lui et en ses «ressentis»; il sait partager avec les autres ce qu'il est à chaque instant. Je décide aujourd'hui de tirer profit de la relation que j'entretiens avec lui. Je me mets à son écoute et regarde comment il se comporte dans la vie. Je me sens bien parce que je sais qu'il est toujours là pour me réconforter et me conseiller. Il se sent bien également parce qu'il sait que je suis désormais présent pour tout ce dont il a besoin. Mon Enfant Intérieur peut exprimer ce qu'il est, car je l'aide à le faire concrètement.

L'ABANDON

Je reconnais ma peur d'être abandonné. Enfant, mes parents m'ont émotionnellement abandonné. Ils étaient indifférents, non disponibles et d'humeur changeante. Je ne ressentais leur amour qu'en de rares occasions. Adulte, j'ai gardé cette peur au creux de mon estomac. L'enfant, à l'intérieur de moi, vit toujours dans la crainte d'un abandon émotionnel. Un mot, un ton de voix, un geste ou l'absence de geste suffisent pour me faire agir de façon à me protéger d'une rupture que je crois imminente. Mon attitude relationnelle est méfiante. Je cherche à m'attacher les autres et à les contrôler pour les empêcher de me quitter. Aujourd'hui, je décide de laisser tomber ma peur d'être abandonné. Je deviens moi-même avec confiance, en sachant combien j'ai à partager dans chacune de mes relations.

Je peux être différent et être toujours aimé. Dans mon enfance, l'amour était conditionnel: il m'était dispensé comme récompense lorsque je plaisais à mes parents. Il m'était retiré, comme une punition, si je leur déplaisais. J'en ai vite conclu que je ne pourrais être aimé que si je restais dépendant et accommodant. Maintenant adulte, je confonds «plaire» et «aimer». Lorsque mes proches sont désagréables avec moi ou en colère contre moi, je crois qu'ils ne m'aiment plus. J'exprime rarement une opinion différente de celle des autres, par peur qu'ils me retirent leur amour, comme l'ont fait mes parents. Aujourd'hui, je décide de penser et d'agir par moi-même, sans craindre d'être rejeté par les autres. Je peux devenir moi-même et être toujours aimé.

LE DÉTACHEMENT

Je me détache de mes relations pour savoir qui je suis. Dans mon enfance, tout changement d'attitude relationnelle était interprété comme une insulte ou une preuve d'instabilité. J'ai donc très vite appris à ajuster mes comportements de façon à ne surtout pas changer, pour rassurer mes parents. Depuis, je suis resté dans l'attachement, car tous mes comportements relationnels sont conditionnés par les attentes que les autres ont par rapport à moi. Je suis inauthentique, par besoin de plaire et par peur des conflits. En travaillant sur moi, j'ai compris qu'à travers les conflits ou les sentiments de rejet, on en apprend beaucoup sur ses liens relationnels avec les autres ainsi que sur soi-même. Aujourd'hui, je décide de me détacher, pour prendre conscience de mes besoins relationnels et pour mieux me connaître.

LES BESOINS

Je peux assumer tout seul mes besoins. L'amour que j'ai reçu dans mon enfance m'a rendu passif et dépendant des autres pour satisfaire mes besoins. Non autorisé à les exprimer, j'attendais des autres qu'ils les discernent automatiquement, qu'ils les devinent. Devenu adulte, j'ai conservé cette attitude relationnelle faussée et je suis tout le temps déçu parce que personne n'arrive à me rendre heureux. Aujourd'hui, je décide de me libérer de ces liens destructeurs de dépendance. Je dis aux autres ce dont j'ai besoin, au lieu d'espérer qu'ils le devinent. Ensuite, qu'ils soient capables ou non de me satisfaire, j'accepte d'être responsable de mon propre bonheur. Parce que je fais des choses qui m'apportent la plus grande satisfaction, la joie et le contentement viennent de moi-même et non pas de ce qui est autour de moi. Je prends la responsabilité d'assumer mes besoins.

LE DÉSIR

J'autorise mon Enfant Intérieur à désirer et à rêver. Désirer me permet de connaître mes rêves profonds. Je crée ainsi le lit fertile dans lequel mes souhaits pourront s'épanouir. Ils orientent mon Âme et me donnent de l'espoir pour le futur. Je décide aujourd'hui de laisser rêver mon Enfant Intérieur. J'approuve ses désirs et les laisse résider dans mon cœur, sans trouver cela ridicule. Je verrai peut-être mes souhaits profonds se réaliser. Si tel n'est pas le cas, ils m'auront du moins apporté joie et amour dans la direction de ma vie. Désirer ardemment le beau et le bon pour moi-même ouvre mon cœur à de nouvelles possibilités.

J'accepte de retrouver ma nature rêveuse. Enfant, je passais mes journées à rêver, à échafauder des projets qui ne se réalisaient jamais, et j'étais toujours déçu. J'ai cessé de rêver depuis de nombreuses années, car mes rêves ne devenaient jamais réalité. En général c'était toujours l'opposé qui se produisait. Je me trouvais ridicule d'avoir rêvé ainsi et je me suis rapidement interdit l'accès au merveilleux. Aujourd'hui, je décide de recommencer à rêver et de mettre de la poésie dans ma vie. J'ose rêver à l'impossible et je me permets de rire de tout ce que cela peut provoquer en moi.

LES ÉMOTIONS

J'exprime librement mes émotions. Parfois, mon Enfant Intérieur a besoin de pleurer, de crier ou de hurler. Je fais ce qu'il faut pour le réduire au silence car je ne supporte pas de sentir gronder en moi gémissements, irritation ou colère. Je préfère les ignorer et présenter aux autres et à moi-même une image parfaite. Je trouve alors un prétexte pour m'en prendre aux autres ou je garde en moi mes émotions, étouffant l'enfant qui est en moi. Aujourd'hui, je décide de changer. Je m'autorise, de façon générale, à exprimer ma tristesse, ma souffrance et mes émotions chaque fois que c'est possible. Je libère mon Enfant Intérieur et lui permets de se laisser aller. Parce que je suis un adulte responsable, j'accepte de ressentir et d'exprimer mes émotions.

J'apprends à rester stable et centré. Quand j'étais enfant, on m'a appris que mes besoins émotionnels n'avaient aucune importance. J'ai grandi sans savoir clairement ce qui pouvait me faire plaisir ou non. Aujourd'hui, je décide d'écouter mes propres besoins émotionnels avant ceux des autres. J'apprends à me protéger des émotions négatives des autres et je ne me laisse plus envahir par leur mécontentement. Je fais abstraction des pensées et des circonstances qui m'entourent, pour écouter et cultiver ma propre vie émotionnelle intérieure. Quand j'ai peur des attaques extérieures ou de la voix intérieure critique, je le remarque mais je retrouve la paix en me centrant dans mon cœur. Aujourd'hui, je crée un centre de stabilité émotionnelle à l'intérieur de moi.

LES PLEURS

Je peux pleurer quand je suis triste ou blessé. Mon Enfant Intérieur vit dans la crainte de se faire traiter de pleurnicheur ou d'être considéré comme faible par les autres. Mes parents ont souvent tourné ma peine en dérision ou ils l'ont carrément refusée. Aujourd'hui, j'intègre en moi l'Enfant Intérieur triste et je m'autorise à pleurer. Je laisse mon Enfant Intérieur pleurer et sangloter jusqu'à épuisement, si nécessaire. Je ressens combien cela m'allège et me libère. Je dis à mon Enfant Intérieur que lorsqu'il est triste ou blessé, il peut laisser sa peine s'évacuer naturellement en pleurant. Même si je suis fort, j'ai le droit de pleurer.

LA MÉMOIRE

J'utilise ma mémoire pour rester dans le présent. Je peux utiliser les expériences de mon passé pour me cristalliser ou, au contraire, pour m'ouvrir à une révélation entièrement nouvelle. Les expériences anciennes m'aident à voir le nouveau. Si je n'avais pas vécu ces expériences, les qualités d'un être, d'une situation ou d'un objet m'échapperaient entièrement. J'apprécie mes souvenirs, car ils me permettent de voir ce qui est nouveau mais je ne les utilise pas pour juger d'après ce que je connais. Je suis prêt à chaque instant à ce que toute chose vienne m'apporter une révélation entièrement nouvelle.

LE CHANGEMENT

Je n'ai pas peur du changement. Je suis conscient des changements qui surviennent en moi et je m'en réjouis. Je suis heureux de vivre avec mon Enfant Intérieur et je suis en harmonie avec le monde qui m'entoure. Comme les saisons qui se succèdent, tout change en moi et autour de moi. Rien ne dure, mais chaque événement porte ses fruits. Je meurs et je renais à tout moment, pour grandir en sagesse et en amour. Je suis ouvert au changement, car il me fait toujours grandir et évoluer.

LE LANGAGE ET LA COMMUNICATION

Je peux communiquer simplement. Mon Enfant Intérieur n'a jamais beaucoup parlé, car personne ne faisait attention à lui. Pour obtenir quelque chose, il devait se faire remarquer afin qu'on l'écoute. Maintenant adulte, quand les autres sont en colère contre moi parce qu'ils interprètent mal mes intentions, je me sens incompris. Aujourd'hui, je décide de changer. Au lieu de rester paralysé face à la communication, je discute avec mon Enfant Intérieur. Je le rassure en lui parlant doucement et clairement afin qu'il puisse comprendre. Il n'a plus à se faire remarquer pour que l'on fasse attention à lui et il arrive à expliquer aux autres ce qu'il veut. Parce que je suis à l'écoute de mon Enfant Intérieur, je m'exprime de plus en plus facilement et clairement.

LE SOMMEIL, LES RÊVES ET L'INSOMNIE

Mes rêves peuvent être instructifs. Les cauchemars de mon enfance me faisaient si peur que, bien souvent, je ne voulais pas aller me coucher. À l'âge adulte, je conçois que mes rêves peuvent être instructifs si j'y prête attention. Ils peuvent me faire comprendre certaines choses que je ne peux apprendre pendant la journée tellement je suis occupé. J'accepte maintenant d'avoir des rêves amusants, mais aussi des cauchemars. Dans ce dernier cas, je parle à mon Enfant Intérieur. Je le rassure et lui fais comprendre que rien ne peut lui faire de mal, car je prends soin de lui. En essayant d'être plus conscient dans ma vie quotidienne, je peux désamorcer n'importe quel cauchemar.

L'IMAGINATION

Je développe mon imagination pour expérimenter d'autres attitudes de vie. Lorsque mon Enfant Intérieur réagit par la peur, je le rassure gentiment et l'encourage à imaginer des scènes sécurisantes et heureuses. J'utilise mon imagination pour me libérer des conceptions négatives et blessantes me concernant. Mon imagination est vivante et bonne; je peux être celui que je veux être et transformer l'adversité en quelque chose de constructif.

Je joue avec la vie grâce à mon imagination. Lorsque j'étais enfant, mes parents ne m'autorisaient pas à jouer avec mon imagination. J'ai appris à penser et à me comporter en réprimant ce que j'étais. En travaillant sur moi, je découvre aujourd'hui, parfois avec délice, parfois avec frayeur, des parties de moi-même qui me surprennent. Je peux les explorer, car je me sens en sécurité et bien ancré en moi-même. Avec mon Enfant Intérieur, je joue parfois à «faire semblant» d'être un objet, un animal ou une autre personne, et nous nous amusons beaucoup. J'utilise mon imagination pour créer et pour jouer avec la vie.

LE JEU

Je sais jouer. Quand j'étais enfant, il y avait toujours quelqu'un pour me dire comment jouer, à quoi et quand. Les jeux que j'aimais n'étaient jamais satisfaisants aux yeux des adultes. J'étais constamment frustré de ne pas pouvoir jouer comme je le voulais. Aujourd'hui, je décide de jouer avec la vie et je demande à mon Enfant Intérieur de m'aider. Il adore s'amuser; il en a besoin et le jeu est son travail. Nous jouons ensemble. Je ne lui dicte pas de règles et je lui permets de créer entièrement le jeu. Je développe le jeu pour retrouver mes qualités de joie et d'adaptabilité.

Aujourd'hui, je vais me mettre à jouer. Quand j'étais enfant, je devais me dépêcher pour devenir adulte. En grandissant, j'ai cru qu'il n'y avait que le sérieux qui comptait dans la vie. Je prenais cela comme une preuve de responsabilité. Aujourd'hui, je décide de changer. Je vais me permettre de jouer, sans me préoccuper de savoir si cela correspond à mon image d'adulte responsable. Je laisse mon Enfant Intérieur libre de jouer. J'aborde mon travail avec sérieux, mais sans me prendre au sérieux. Je laisse ma spontanéité s'exprimer, sans me soucier d'être parfaitement «responsable» ou non, selon les critères habituels.

6. ÉLIXIRS POUR L'ENFANT INTÉRIEUR DE LA DEUXIÈME ANNÉE

L'AMOUR

Houx (*Holly*): Très bien adapté pour l'Enfant Intérieur qui ressent un manque d'amour. Le houx représente le principe de l'amour divin qui embrasse tout et qui maintient la cohésion de notre monde. Il facilite donc le «ressenti» intérieur et l'expression de l'amour. Cet élixir est efficace, entre autres, pour contrer les nombreuses formes de jalousie que l'enfant exprime, par exemple lorsque l'aîné voit arriver un nouveau-né dans la famille et qu'il se sent délaissé par ses parents.

Chicorée (*Chicory*): Aide à se consacrer aux autres avec amour et désintéressement. On peut donner sans rien attendre en retour et sans rien exiger intérieurement. Réel don de soi-même. Cet élixir est efficace pour tout problème important relié à la mère et se situant à cheval sur la première et la deuxième année (un problème relationnel avec la mère qui se répercute sur le corps physico-éthérique). Il aide à se libérer de l'emprise d'une mère tentaculaire qui demande qu'on accepte ses nombreux bienfaits en échange d'une reconnaissance éternelle. Il atténue aussi les complications somatiques qui découlent de ce type de relation: problèmes de préhension, de blocage énergétique dans le bas du corps, etc. Il permet de corriger la compréhension erronée de l'amour: «Je m'occupe de toi mais, en échange, tu me donneras ton amour pour toujours.»

Cognassier (*Quince*): Cet élixir permet de ressentir la force de l'amour. Il favorise l'expression de l'amour maternel dans le cadre de la famille et la force bienveillante dans les rapports avec le monde extérieur. Idéal pour l'épanouissement équilibré des qualités féminines: rigueur et douceur, discipline et liberté, etc. Approprié pour la mère célibataire, par exemple.

Grenade (*Pomegranade*): C'est surtout un élixir pour les femmes. La grenade aide à surmonter un manque d'amour durant l'enfance, source de beaucoup d'insécurité, de surcompensation ou de bravade. Permet d'assumer sa féminité.

L'ABANDON

Evening Primerose*: À prendre lorsqu'on s'est senti rejeté ou abandonné par sa mère alors que l'on était encore dans son ventre, ou plus tard, dans sa toute petite enfance. Élixir efficace pour tous ceux qui se sentent non désirés et qui ont absorbé les émotions négatives de leur mère. Indiqué aussi pour les victimes d'abus sexuels ou physiques. Idéal pour tous ceux qui ne s'engagent pas dans les relations et qui refoulent émotions et sexualité.

Baby Blue Eyes*: À prendre lorsqu'on s'est senti rejeté ou abandonné par son père. Le principe masculin étant absent ou déformé, on est incapable de croire en la bonté de la vie et de se sentir guidé et protégé par l'Univers-Dieu. Cet élixir permet la réconciliation et la (re)connexion au principe du père. On peut maintenant accepter de s'en remettre à lui puisqu'on ressent que c'est une force positive de guidance et de protection.

Ortie (*Stinging nettle*): C'est l'élixir de l'unité familiale. Idéal autant pour les enfants adoptés que pour les parents adoptifs et les personnes divorcées. Il atténue les rivalités entre enfants ainsi que les tensions entre les membres d'une même famille. Soulage le stress émotionnel et apporte calme et courage après une rupture familiale.

LE DÉTACHEMENT

Cœur de Marie (*Bleeding heart*): Cet élixir aide à combattre la possessivité émotionnelle. Il harmonise les affaires de cœur, y compris les attachements extrêmes et les passions. Idéal après le décès d'un être cher, la fin d'une relation ou la poursuite d'une autre qui serait basée sur la liberté émotionnelle.

Châtaignier rouge (*Red chestnut*): Permet un détachement calme et compatissant. Recommandé si on a tendance à montrer beaucoup trop de sollicitude et si on se fait un souci exagéré à l'égard des autres.

LA CULPABILITÉ ET LE PARDON

Pin (*Pine*): C'est l'élixir du repentir et du pardon. Avec le pin, on cesse de se cramponner intérieurement à ses sentiments de culpabilité, à l'auto-accusation permanente et au découragement.

Hêtre (*Beech*): Aide à pardonner les fautes des autres, à se montrer plus tolérant, en particulier lorsqu'on a tendance à devenir très critique.

Hysope** (*Hyssop*): Aide à ressentir que l'on porte de la culpabilité en soi et permet de s'en libérer. Mentionné dans les psaumes de la Bible — «Purifie-moi avec de l'hysope et je serai pur...» —, cet élixir est une véritable merveille pour l'Enfant Intérieur coupable et pour tous les enfants qui souffrent de ce même problème.

LE CHAGRIN ET LA TRISTESSE

Églantier de Californie* (*California wild rose*): Aide à accepter les souffrances du cœur, surtout lorsqu'on a tendance à fuir la douleur.

Bourrache (*Borage*): Cet élixir apporte courage et réconfort. Il soulage la peine ou les serrements du cœur. Atténue notablement les tensions du corps émotionnel.

Ornithogale (*Star of Bethlehem*): Indiqué pour tout choc causé par un décès ou autre tragédie. Calme et apaise.

LES ÉMOTIONS

Achillée rose-feuille var. rubra (*Pink Yarrow*)**:** Indiqué pour les «éponges psychiques» qui absorbent toutes les émotions de l'environnement et se suridentifient aux émotions de l'entourage proche.

Rudbeckie (*Black-eyed susan*): Permet la libération des émotions cachées et apporte prise de conscience et meilleure compréhension. À utiliser en combinaison avec la brunelle, qui procure confiance et acceptation de soi.

LES PLEURS

Dicentra chysantha* (*Golden Ear Drops*): Efficace si le besoin de pleurer a été contenu, en particulier pendant l'enfance. Aide à se libérer par les larmes de ses souvenirs d'enfance douloureux. Favorise l'acceptation du passé et l'orientation vers un présent positif.

LE LANGAGE ET L'ÉCOUTE

Gueule-de-loup (*Snapdragon*): Favorise le développement du larynx et du langage. Efficace lorsqu'on est incapable de parler ou d'exprimer ses sentiments. Le bégaiement illustre bien ce problème. Il est presque toujours lié à des tensions avec l'un des parents. Utilisé aussi pour les fortes personnalités qui, souvent, ne peuvent s'exprimer qu'en criant. Permet le lâcher-prise à travers l'expression verbale.

Bignone* (*Trumpet vine*): Apporte la clarté et la vitalité dans l'expression verbale. Projection dynamique de soi dans les groupes; atténue les problèmes d'élocution en public (bégaiement).

Souci ou Calendula (*Calendula*): Idéal pour développer une véritable capacité d'écoute ainsi que la sensibilité vis-à-vis de ce que l'autre veut dire. Permet aussi de découvrir le pouvoir curatif de la parole et d'utiliser les mots comme moyen de guérison. Aide à s'exprimer chaleureusement.

Star Tulip*: À prendre lorsqu'on ressent une barrière dans sa relation avec son Âme et que l'on a besoin de développer l'écoute intérieure et la réceptivité. Favorise la poussée des cheveux et fortifie l'oreille interne.

LE SOMMEIL, LES RÊVES ET L'ÉNURÉSIE

Myosotis (*Forget-me-not*): Cet élixir fait remonter à la conscience les tensions refoulées et les libère dans les rêves. Recommandé à ceux qui ont des rêves agités et des cauchemars, et donc qui ont peur du monde des rêves et, de ce fait, souffrent d'insomnie.

Millepertuis* (*Saint John's wort*): Cet élixir permet de traiter l'énurésie des enfants en créant une transformation émotionnelle qui sera source de bien-être intérieur. Il est aussi recommandé pour les cas de rêves perturbés, aussi bien chez les enfants que chez les adultes.

L'ALCOOL ET L'ACCOUTUMANCE

Ipomée (*Morning glory*): Augmente la vitalité et la fraîcheur dans sa vie, pour se libérer d'habitudes néfastes pour le corps: drogues, alcool, vie irrégulière.

Angélique (*Angelica*): Aide à prendre conscience de la cause et de la nature de ses comportements négatifs. Un alcoolique, par exemple, pourra mieux ressentir la nature de son problème, mais l'élimination de ce déséquilibre nécessite généralement d'autres élixirs et un travail sur soi.

Menthe Pouliot* (*Pennyroyal*): Protège contre toutes les formes-pensées négatives. À utiliser dans les cas d'alcoolisme ou d'abus de psychotropes, car elle renforce le corps éthérique, ce qui rend la personne moins influençable et moins fragile.

Grande Consoude (*Comfrey*): À prendre lorsque les tissus cérébraux sont abîmés ou détruits, à cause, par exemple, de l'alcoolisme ou de chocs sur la tête. Cet élixir ne régénère pas les tissus endommagés mais permet d'utiliser des portions inactives ou atrophiées du cerveau. (Il est en effet possible de recouvrer des aptitudes perdues en exploitant d'autres parties de l'encéphale habituellement inutilisées.)

Chaparral*: Stimule la rate et élimine les toxines accumulées dans le sang. Très utile en cas de sevrage de drogues ou d'autre dépendance.

LE RIRE ET JEU

Moutarde des champs (*Mustard*): Cet élixir représente la gaieté et la clarté sereine. Il chasse la mélancolie et la tristesse, et aide à transformer la dépression en joie équilibrée et stable.

Zinnia: Le zinnia est indiqué pour ceux qui ont besoin de rire, par exemple les personnes agitées, déprimées ou hypersensibles. Permet de retrouver son Âme d'enfant et de contacter son Enfant Intérieur. Retrouvailles avec le monde du jeu, du rire et de la légèreté.

RÉSUMÉ POUR LA DEUXIÈME ANNÉE

- Correspond au deuxième chakra et au corps astral.
- Année de l'amour ressenti grâce à la relation.
- Dépend de la relation avec la mère et avec le père, et de la relation entre la mère et le père.
- Expérimentation de la vie sensitive et imaginative, qui comprend l'amour, la relation, les émotions, les désirs, l'imagination, le rêve et la mémoire.

Enfant Intérieur blessé dans la deuxième année (ne pas trouver l'amour en soi)

- Émotion dominante de l'adulte: la **tristesse**;
- Problème dominant de l'adulte: la **possessivité**.

Se manifeste par la dépendance affective, qui entraîne:

- Des problèmes relationnels de toutes sortes.
- L'attachement: dépendance ou rejet.
- La peur de l'abandon et la peur de la solitude.
- Le besoin de trouver la personne parfaite qui répondra à tous ses besoins (on passe d'une relation à une autre et on est toujours déçu, ou on refuse toute relation).
- La tendance à être rêveur, à vivre dans son monde imaginaire.
- L'interdiction d'exprimer des émotions désagréables et le refoulement des émotions en général.
- Des problèmes de langage (agressivité, bégaiement, difficulté d'expression) ou d'écoute (pouvant aller jusqu'à la surdité).
- La culpabilité et la tendance à se «sacrifier»; l'insomnie.
- L'énurésie ou la constipation.
- L'alcoolisme.

Chapitre 7

LA TROISIÈME ANNÉE

L'autonomie grâce à l'identité ou l'Enfant Rebelle

La troisième année démarre au moment où l'enfant commence à faire des phrases complètes qu'il construit lui-même, et surtout lorsqu'il commence nettement à s'affirmer avec sa célèbre phrase clé: «Non, j'veux pas!»

Ce sont les «terribles deux ans», alors que l'enfant se montre rebelle, voire tyrannique avec son entourage. C'est une période mouvementée d'exploration: le petit déplace tout, vide les placards, grimpe partout et hurle si les choses ne vont pas comme il le désire. Il expérimente l'émancipation. Il se rebelle et s'affirme pour établir ses propres repères, pour savoir jusqu'où il peut aller avec les autres. C'est le rejet et la résistance qui lui permettent de se distinguer des autres et donc de déterminer son identité. Il doit apprendre qui il est par rapport à son entourage, s'il est important ou non, s'il a de la valeur ou non.

La troisième année est l'année où l'enfant assimile la notion du «Je suis». Si cette notion est bien intégrée, l'adulte se sentira reconnu. Sinon, il se sentira ignoré.

Au cours de cette année, la troisième force spirituelle devient active. Elle soumet l'organisation physique de l'enfant en formant l'instrument de la pensée. Cette force, qui peut être assimilée à la **LUMIÈRE**, agit directement sur le cerveau de l'enfant, encore très malléable à cette période. Le cerveau devient ainsi l'organe par lequel l'enfant peut prendre conscience de lui-même et affirmer sa volonté personnelle, en même temps que se distinguer des autres en tant que personne unique.

L'enfant commence maintenant à assembler des mots pour former des phrases. Il accomplit certains actes par lui-même mais il n'est pas encore conscient de sa propre individualité. Il sait se distinguer du monde extérieur mais il n'est pas encore capable d'établir une continuité entre lui et les événements extérieurs.

En clair, cela signifie, par exemple, que l'enfant fera référence à lui-même en se nommant par son prénom. Il dira: «Jean, faim...» ou «Jean a faim», comme il le fait pour une autre personne ou pour un objet autour de lui. Ou encore, il parlera de son corps ou de certaines parties de son corps comme de quelque chose d'extérieur à lui: «La main, bobo...» Il ne se rend pas compte qu'entre ce qu'il voit à l'extérieur et lui-même, il y a un lien.

C'est justement au cours de cette troisième année que l'enfant prend graduellement conscience qu'il est celui à qui appartient la main ou celui qui s'appelle Jean. Il commence à se rendre compte de son propre «Je».

Un jour, l'enfant dit: «J'ai faim», alors que la veille encore, il disait: «Jean a faim.» Cet instant est le moment exact où la conscience apparaît pour la première fois. Il s'agit d'une étape majeure dans le développement de l'enfant.

Les premiers souvenirs d'enfance datent de cet instant précis où le petit dit «Je», pour la première fois, en parlant de lui-même. Ce premier souvenir est très important, car il constitue la racine de l'image que l'enfant se fait de lui.

Prenons l'exemple d'un adulte dont le souvenir le plus lointain est une «bêtise» (faire pipi au lit, briser un objet, etc.). C'est en commettant cette faute que l'enfant a pris conscience de lui-même. Il va donc inévitablement s'identifier à sa «bêtise» et aura une mauvaise image de lui-même. Il se croira incapable, nul ou indigne et, toute sa vie durant, il sera persuadé qu'il est cela.

Autre exemple: L'enfant prend conscience de lui-même parce que ses parents l'ont «abandonné». Ici aussi, la prise de conscience entraîne une mauvaise image de soi. En effet, pour l'enfant, l'abandon est la conséquence de quelque chose qu'il a mal fait, de sa méchanceté. L'adulte se croira mauvais, quelconque ou sans intérêt.

On pourrait fournir ainsi une multitude d'autres exemples.

Donc, pour tout travail que l'on souhaite faire sur son «Je», il est nécessaire de commencer par se rappeler son premier souvenir. Ce premier souvenir, il faut le retrouver par soi-même et non pas se fier à ce que ses parents nous racontent. Lorsque les circonstances qui ont permis la première prise de conscience sont connues, il est ensuite facile de déterminer l'image que l'on a de soi et à laquelle on s'identifiera.

En résumé

- L'éveil de la conscience de soi permet à l'enfant de faire la distinction entre «lui» et le reste du monde. Pour la première fois, il peut dire non au monde extérieur. En s'opposant aux habitudes familiales, il ressent qu'il a un «Je» et qu'il peut tout simplement ne pas faire ce que le monde extérieur attend de lui. Cela lui donne la certitude qu'il est bien distinct du monde extérieur.

- Cette période de refus (nécessaire) dure quelques mois. Elle cesse lorsque le «Je» de l'enfant est suffisamment stable et bien ancré en lui.

- Les circonstances dans lesquelles le petit prend conscience de lui-même pour la première fois déterminent la base de sa future identité.

Tout le défi de la troisième année repose sur le fait que l'enfant doit arriver à déterminer son «Je», afin de connaître son identité, de ressentir sa force et ainsi, d'avoir confiance en la vie.

La question que se pose l'enfant ayant un problème d'identité est: *Qui suis-je?*

C'est la toute première question qui lui vient à l'esprit s'il n'a pas eu auparavant de problème particulier avec l'espace-temps ou avec la relation. Cet enfant a souvent une Âme pour qui la lumière est essentielle. Or, une fois incarnée, cette Âme ne parvient plus à «voir» l'harmonie de l'Univers-Dieu.

Il faut savoir que l'univers tout entier rayonne. Il émet une lumière qui rend toute chose belle. C'est une lumière qui n'est pas visible par l'œil physique, mais qui peut être perçue intérieurement par l'être humain. Cette lumière spirituelle apporte la compréhension. Elle permet à l'être de prendre conscience de lui-même et de se connaître, donc de connaître l'univers. Utilisée consciemment, elle fait ressentir à l'être humain qu'il est tout ce qui existe, ce qui lui donne une sensation de beauté et de puissance.

Pour le petit enfant, cette faculté inconsciente de recevoir et de percevoir la lumière de l'Âme lui permet de voir ce qui se passe au plus profond des êtres qui l'entourent. Or, il ne perçoit que l'obscurité. Il regarde sa mère, puis son père et il se rend compte qu'ils sont bien distincts de lui. Il se demande qui ils sont. Son père, en particulier, vu qu'il ne se connaît pas lui-même, ne l'éclaire pas et ne l'aide aucunement à comprendre.

La lumière de l'Âme est cachée dans une masse sombre. Dans le royaume spirituel, la vie est lumière, elle est connaissance et beauté. Le monde ici-bas est un endroit où tout est obscur, et donc où tout est laid. Comment comprendre et voir la beauté dans l'obscurité? L'enfant se réfugie alors au plus profond de lui-même et soit refuse l'apparence du monde, soit se résigne à y croire.

- S'il refuse de voir le monde, cet enfant très esthète et visuel, amoureux de la lumière, peut choisir concrètement d'avoir des problèmes de vision (cécité, myopie, strabisme, etc.). Ou il peut se créer un monde intérieur beau et lumineux, totalement rêvé et irréel. S'il est doté d'une nature active et plus mentale, il peut chercher à détruire ce monde de l'apparence, par exemple en s'enlaidissant systématiquement ou en prenant toujours le contre-pied des valeurs esthétiques de son époque.

- S'il se résigne, il sera particulièrement attaché à l'apparence et au superficiel (beauté physique, comportement, mode, etc.), qu'il prendra pour l'essence même de la vie. L'archétype de ce comportement est la petite fille du genre «poupée Barbie», focalisée en permanence sur son apparence, et qui croit qu'elle n'est que cela... Sa mère l'entretient d'ailleurs inconsciemment dans cette croyance!)

COMMENT SE COMPORTE LA PERSONNE QUI NE RESSENT PAS LA LUMIÈRE EN ELLE ET QUI A UN PROBLÈME D'IDENTITÉ?

Cette personne prend essentiellement l'apparence pour l'essence. Elle confond l'extérieur et l'intérieur. Elle prend l'extérieur comme référence pour connaître l'essence de la vie alors qu'en réalité, l'essence doit être perçue depuis l'intérieur avant de se manifester à l'extérieur.

Cette attitude peut se manifester, par exemple, par des conceptions du style: «Ce qui est beau est forcément vrai ou noble», ou encore «Bien se comporter en société rend forcément sage», etc. Or, ces conceptions ont été inversées. Il faut dire: «Ce qui est vrai ou noble est forcément beau» et «Lorsqu'on est sage, on se comporte bien avec les autres.» Cela ne veut pas dire qu'il ne faut pas, par exemple, aimer la beauté mais qu'il faut surtout porter attention à ce qui a permis à la beauté de se manifester et non pas exclusivement à la beauté elle-même.

Il s'agit là d'un important problème de vision vis-à-vis de la vie: on perçoit la vie en surface et non en profondeur. Ce problème est commun à la plupart des personnes qui composent la société actuelle, très axée sur l'apparence et l'emballage. Ce culte extérieur de la beauté constitue cependant un progrès. Il montre que l'homme recherche inconsciemment la lumière, mais en abordant le problème à l'envers: c'est la lumière qui génère la beauté et non la beauté qui génère la lumière.

Cette confusion entraîne la méconnaissance de ce qu'est l'être humain et de ce qu'est l'univers. Car la personne qui a un problème avec la lumière est toujours très inauthentique, car elle est ignorante de sa nature profonde.

- Elle peut paraître superficielle ou manquer de profondeur et de réflexion. Pour elle, la lumière se trouve dans l'aspect esthétique, brillant ou «à la mode» de la forme. Sa devise quotidienne devrait être: «Tout ce qui brille n'est pas or.»
- Elle peut, au contraire, avoir un solide «vernis» de bonne éducation: bienséance, perfection des manières et des attitudes. Elle croit que la lumineuse sagesse se trouve dans le conditionnement et dans la répression de ce qu'elle est.
- Ou encore, elle peut être totalement effacée ou sans éclat, parce qu'elle croit que la beauté n'est pas pour elle.

Ainsi, lorsqu'on a un important problème d'authenticité, il est essentiel de trouver son «Je suis» et de transformer la vision que l'on a de soi. Pour cela, il faut s'individualiser sur **l'image de soi**. Cette individualisation consiste à déterminer intuitivement de quoi est constituée la «façade» que l'on présente aux autres et à laquelle on s'identifie. Lorsqu'on a pris conscience de son image, on peut modifier par visualisation et «ressenti» les points qui ne sont pas en accord avec son être profond. Le travail le plus important consistera ensuite à manifester sa réelle identité dans la vie quotidienne. Cela peut se faire grâce à la conscience et à l'attention journalières. On passe ainsi progressivement de l'apparence à la réalité et on découvre l'essence de ce que l'on est (voir plus loin, dans le même chapitre, la section «Identité et image de soi»).

Pour l'instant, la plupart des gens ne savent pas vraiment ce que signifie pour eux ce «Je». Cela vient du fait qu'ils n'ont pas encore ressenti leur identité profonde. Ils croient qu'ils sont leurs conditionnements ou leurs idées apprises. Le résultat est qu'ils confondent très souvent «J'existe» et «Je suis». Il y a pourtant une grande différence entre les deux notions:

1. L'existence

L'existence est reliée à l'espace. Exister signifie que l'on habite pleinement son corps et que l'on ressent que l'on a une place bien à soi. Quel que soit l'endroit où l'on se trouve, on se sent suffisamment bien en soi pour déployer son énergie à partir de son cœur et manifester ainsi un espace subtil tout autour de soi. Cet espace est plus ou moins grand, selon la capacité de rayonnement de la personne.

2. L'identité

L'identité est reliée à la conscience. C'est pouvoir se nommer et savoir ce que représente ce nom.

Dans l'espace que l'on manifeste (première année), on exprime ce que l'on est (deuxième année), et cette expression permet de se voir et de savoir qui l'on est (troisième année).

* *
*

Pour en revenir à l'enfant, il entre maintenant dans sa troisième année. Sa conscience «traverse» le troisième chakra, ce qui lui permet d'expérimenter les secteurs de vie qui sont en relation avec ce chakra.

Qu'est-ce que le troisième chakra, ou chakra solaire?

Passer du chakra sacré au chakra solaire, c'est passer de l'expérimentation de la relation à celle de l'émancipation. Le troisième chakra est le chakra de la différenciation par rapport à l'autre.

Au niveau de ce chakra, l'interaction avec les autres devient de plus en plus importante. Il n'y a plus seulement la relation intime avec l'autre mais de multiples formes de relations qui se créent avec de nombreuses personnes. S'il ne veut pas se perdre dans ses relations ni, à l'opposé, rejeter les autres, l'individu doit être capable de cerner son «Je». Le troisième chakra est donc le chakra de la puissance personnelle, qui permet d'affirmer sa volonté face aux autres.

Tout comme le deuxième chakra, il s'agit d'un chakra très émotionnel, mais ici les émotions sont plus «chaudes». C'est essentiellement le chakra de la colère, de la jalousie ou de la passion.

On expérimente toujours les désirs, mais ces désirs ne visent plus uniquement la satisfaction physico-émotionnelle, comme c'était le cas pour le deuxième chakra. Les désirs du troisième chakra sont des désirs plus «mentaux», en ce sens que la personne cherche maintenant à améliorer ses conditions de vie, ses capacités, etc. Elle tente de faire ce qui est le mieux, d'après son sens de l'esthétisme, ses croyances ou son idéal. Cette volonté d'améliorer les choses pour soi-même s'appelle l'ambition.

Dans le troisième chakra, on a aussi accès à la perception, qui est le résultat d'une association entre les sensations et l'intellect. Les sensations perçues par les cinq sens (capacité du deuxième chakra) sont maintenant analysées et interprétées grâce à l'intellect. Ainsi, l'enfant de deux ans ressent le chaud et le froid mais il n'a aucune pensée par rapport à ces deux sensations, et aucune association d'idées lui permettant de préférer le chaud ou le froid. Un enfant de trois ans, lui, peut commencer à préférer le chaud, car la chaleur lui rappelle le sein maternel. Il s'agit là d'une perception de la chaleur.

Le chakra solaire est aussi le chakra de l'identité et de l'affirmation de soi.

Le troisième chakra est le réservoir et le distributeur des différentes énergies qui circulent à l'intérieur du corps. C'est un centre très important, car il régit la majorité des fonctions du corps physique, et c'est lui qui envoie au cerveau toutes sortes d'images, bonnes ou mauvaises. La colère et la jalousie, par exemple, sont des émotions qui contractent le plexus solaire et provoquent de nombreuses pensées et images négatives à l'intérieur du cerveau. Cette crispation du plexus solaire entraîne la contraction des vaisseaux sanguins et des différents canaux de l'organisme. Le sang et les autres liquides du corps circulent mal, ce qui, à la longue, provoque toutes sortes de troubles (épaississement du sang, caillots, calculs, constipation).

Ainsi, le troisième chakra est mis en analogie avec le corps mental, mais il s'agit d'un mental encore très «englué» dans l'émotionnel. Il serait plus exact de parler d'un corps astro-mental. Le mental pur, débarrassé de toute émotion, de tout désir et de tout sentiment égoïste, se trouve plus haut sur l'échelle des chakras et des niveaux de conscience.

Le troisième chakra est relié au feu, au soleil et à ses énergies. Dans le corps éthérique, c'est le centre qui stocke, entre autres, la chaleur du soleil, pour la distribuer ensuite dans les différents autres centres.

Les secteurs de vie qui sont en relation avec le troisième chakra sont:

- la perception;
- l'image de soi et l'identité;
- l'affirmation de soi;
- la valeur;
- les rapports de force (dominant-dominé);
- l'intellect et la capacité de raisonner;
- l'ambition.

Le bon fonctionnement du troisième chakra dépend de la troisième année de l'enfance et de la relation au père

Que signifie pour l'enfant, expérimenter le troisième chakra?

Le mot clé du troisième chakra est «Je suis moi». Durant sa troisième année, l'enfant expérimente ce que signifie devenir autonome, grâce au passage de sa conscience dans le troisième chakra. Il se distingue de son entourage et devient un être suffisamment conscient de lui-même pour se reconnaître en tant que «Je», grâce à l'acquisition préalable de la faculté de penser. Cette autonomie ira toujours en se développant, et ce jusqu'à l'âge adulte.

En plus de son corps physique et de son corps astral, l'enfant commence à prendre conscience de son corps mental. Il pratique la sélection et le raisonnement. Sa conscience est plus perceptive, c'est-à-dire qu'il devient capable d'interpréter ses sensations, d'orienter son imagination et de créer vraiment ce qu'il désire.

Au cours de la troisième année, la puissante mémoire de la deuxième année s'atténue légèrement, au profit de la pensée. Ainsi, plus l'homme devient capable de penser et de retrouver les choses grâce au raisonnement, plus sa mémoire diminue, car elle lui est moins nécessaire. Rudolf Steiner dit, à ce propos que toute faculté humaine qui arrive à son apogée fini par décliner, pour laisser la place à une autre qualité qui lui est «supérieure» dans l'échelle de l'évolution humaine.

Au stade de la troisième année, la conscience d'être un «Je» est encore si faible qu'elle passe presque inaperçue. C'est la dernière année où les forces supérieures de l'Âme sont encore à l'œuvre, avant le parachèvement des bases de la personnalité. L'enfant est toujours en étroite relation avec le monde invisible. Cependant, dès que la perception qu'il a de lui-même en tant qu'être distinct des autres devient un peu plus continue dans sa conscience, cette capacité psychique ainsi que l'action directe des forces spirituelles sur son corps disparaissent, pour laisser la place à la personnalité. L'enfant est maintenant capable de se diriger lui-même à l'aide de sa pensée.

À partir de là, toutes les attentes de l'enfant reposent maintenant sur son besoin d'être reconnu par les autres afin qu'ils perçoivent sa différence. La satisfaction ou la non-satisfaction de ce besoin déterminera la couleur de sa vie, sa joie ou sa douleur.

* *
*

LES ATTENTES DE L'ENFANT AU COURS DE SA TROISIÈME ANNÉE

L'enfant s'aperçoit maintenant qu'il n'est plus tout seul, ni seulement deux, mais qu'il est au milieu de beaucoup d'autres personnes, ce qui lui donne le désir de se distinguer, de se différencier par rapport à elles. il veut être reconnu par les autres en tant qu'individu unique et irremplaçable. L'enfant va donc chercher à s'opposer à son milieu environnant pour s'en distinguer. il affirme ainsi sa différence et son unicité et peut découvrir son identité. Il va tout faire pour attirer l'attention de son entourage dans le seul but de pouvoir déterminer qui il est. Les regards et les comportements que les autres adopteront vis-à-vis de lui, seront des indices précieux. Il fera «l'intéressant», le «clown», le «rebelle», etc. et essaiera de savoir qui il est, d'après les réactions que son attitude suscite autour de lui.

Pour se ressentir «plein» dans son corps mental, l'enfant attend que l'autre le reconnaisse pour sa valeur et son côté unique. Après s'être familiarisé avec l'élément Eau dans la deuxième année — qui lui apporte un début de comportement relationnel —, l'enfant se familiarise avec l'élément Feu (troisième chakra), qui permet l'expérimentation de la puissance et du pouvoir personnel. L'enfant commence à penser et à faire des phrases. Il peut exprimer aux autres ce qu'il veut et ce qu'il refuse. Il continue ainsi d'expérimenter le plan relationnel, mais d'une façon plus vaste qui englobe maintenant le côté social. C'est à cet âge que l'enfant prend conscience de tout ce qui est différent de lui et qu'il perçoit son identité sexuelle. C'est pour cela que les psychiatres appellent cette période le «stade génital». C'est grâce à la connaissance de son identité que l'être humain peut acquérir son autonomie.

Vous trouverez ci-après la définition de ces deux termes, quintessence de la troisième année.

1. L'identité et l'image de soi

L'identité, c'est le «Qui suis-je?» «Suis-je mon nom et prénom? Suis-je ma fonction sociale? Suis-je mes sentiments? Suis-je mes pensées?»

La plupart du temps, l'adulte s'identifie à ses sentiments, à ses pensées, à ses fonctions sociale, familiale, etc. C'est l'identification classique de tout être normalement développé.

Cette forme d'identification présente un progrès considérable, car il n'en a pas toujours été ainsi. Auparavant, l'être humain n'était pas individualisé et n'avait pas conscience de lui-même. Il s'identifiait uniquement à son peuple et à sa famille. Lorsqu'il disait «Je», il parlait de lui en tant que clan et ne s'en dissociait pas. Depuis deux mille ans, l'homme a élaboré son «Je suis». Il a pris conscience de lui-même: un individu bien distinct des autres, y compris des membres de sa propre famille. Il a ainsi acquis la capacité de se nommer individuellement en tant que «Moi, je», en se dissociant complètement des personnes proches de lui.

Cette capacité de se nommer, en tant qu'individu à part entière («moi, je»), doit être développée par l'enfant entre l'âge de deux et trois ans, et ce, grâce à la faculté de penser.

Que représente exactement ce «moi, je»? Pour tout adulte méconnaissant la dimension spirituelle, il représente la personnalité. Les trois corps de la personnalité étant interdépendants les uns des autres, l'être humain s'identifie toujours à un subtil mélange de corps physique, de sentiments-émotions et de pensées. Ce mélange lui donne une image de lui-même à laquelle il croit fermement. Cette image se constitue dans la petite enfance, au moment où l'enfant prend conscience de lui-même pour la première fois.

Vous savez maintenant que la première prise de conscience enfantine se fait souvent dans des circonstances «dévalorisantes». Il en résulte que la plupart des gens ont une image épouvantable d'eux-mêmes et font tout pour se la cacher. Ainsi, ils organisent leur vie autour d'une opinion qu'ils se font d'eux-mêmes et sont persuadés que c'est là leur identité.

Le travail sur l'identité consiste donc essentiellement à améliorer son image individuelle, à déprogrammer l'illusion tenace que l'on entretient sur soi et sur l'homme en général, à savoir: «L'homme est mauvais, c'est un pécheur!» Pour effectuer ce travail, il faudra donc:

- Essayer d'abord de déterminer précisément ce qui nous donne notre identité.
- Modifier ensuite les croyances ou idées préconçues que l'on se fait, dans sa vie quotidienne, par rapport à son «rôle». Cette modification peut se faire grâce à l'individualisation. En s'individualisant dans tous les secteurs de vie concernant son «Je» (image de soi, valeur, carrière, rôle familial et social, etc.), l'être humain connaît de mieux en mieux sa personnalité. Il commence donc par améliorer l'image qu'il a de lui-même et apprend ensuite à s'identifier à des concepts de plus en plus élevés et affinés de son plan mental. Il ne s'agit pas d'une image fabriquée par auto-suggestion comme dans la pensée positive, mais d'une image inspirée par le monde spirituel et que l'on ressent en soi.

L'adulte d'aujourd'hui peut choisir d'en rester là pour l'instant, mais il peut aussi chercher à améliorer encore davantage son identification. Pour savoir réellement qui il est et découvrir qui se cache derrière son moi ordinaire, l'homme devra passer un jour au-delà de sa personnalité. Car la personnalité n'est qu'un masque et n'a pas de réalité profonde.

En effet, tant que l'individu s'identifie à sa personnalité, et donc à son mental, il a une image restrictive et parcellaire de lui-même.

Dans le cas du mental ordinaire, c'est-à-dire de la pensée mélangée à des sentiments et à des émotions, l'être humain arrive juste à se distinguer de l'autre: «Je suis le père de X, l'employé de Y.» Il a une vague idée de qu'il est, d'après ce qu'il fait extérieurement de sa vie et de ce qu'il pense de lui-même: «Je pense que je suis quelqu'un d'intelligent, etc.»

Dans le cas du mental plus affiné, l'être se distingue beaucoup plus nettement de l'autre, car il commence à connaître sa personnalité et à s'identifier à autre chose qu'à ses fonctions extérieures.

Cependant, tant qu'il se fie uniquement à sa seule pensée cérébrale pour savoir qui il est, il reste inconscient de sa réelle identité.

Se fier à la seule pensée est la caractéristique essentielle de l'individu matérialiste de notre époque. Il considère comme une haute vérité philosophique la célèbre phrase de René Descartes: «Je pense, donc je suis.» Cette phrase est l'essence même de la pensée automatique et conditionnée. Car, n'en déplaise aux intellectuels, la pensée ne peut nous dire qui l'on est vraiment.

C'est uniquement en associant sa pensée à la chaleur de son cœur que l'homme peut se connaître. La capacité d'association tête-cœur (penser avec son cœur) donne accès à l'intuition. Lorsqu'on accède à l'intuition, on sait que Descartes a dit exactement le contraire de la réalité. C'est «Je suis, donc je pense» qu'il aurait fallu dire. Cette phrase est l'essence même de la pensée spirituelle.

L'utilisation de l'intuition permet d'arriver à une identification extrêmement individualisée, en même temps que très vaste et inclusive, qui va au-delà de la personnalité. Progressivement, l'être humain s'identifie à son essence, l'énergie lumineuse de vie qui réside en tout être humain: son Âme.

Même s'il s'agit là d'un devenir encore lointain pour l'humanité, on peut, dès à présent, tendre vers cet avenir.

En résumé

- Pour l'instant, la très grande majorité des gens s'identifient à la personnalité: corps, sentiments-émotions mélangés à quelques pensées.
- Au stade suivant, la personne commence à s'identifier plus exclusivement au mental et à toutes ses pensées. Elle s'individualise.
- À un stade encore plus avancé, l'humain s'identifie aux plus hauts concepts de son plan mental. Il se connaît et il a une bonne image de lui-même (il est un «Je»).
- Au stade final, l'être humain s'identifie à son Âme. Il devient conscient de son identité spirituelle.

Ressentir son identité, c'est avoir conscience de qui l'on est, parmi les autres. On ne s'identifie plus à son masque (la personnalité), mais à sa réalité (l'Âme).

2. L'autonomie et la puissance

Avoir une mauvaise image de soi est le principal facteur qui empêche l'être humain d'être autonome et de ressentir sa puissance en lui.

La mauvaise image de soi est une maladie endémique, qui affecte la majorité des individus de notre civilisation judéo-chrétienne. Cette «maladie» est encore plus accentuée chez les femmes, avec Ève, le symbole de la tentatrice, qui a entraîné l'homme dans la fange!

Lorsqu'on a une mauvaise image de soi, on refuse de se voir. On demande alors aux autres de le faire à notre place. On réclame qu'ils nous renvoient un reflet de soi favorable. On devient ainsi terriblement dépendant de l'image que les autres nous renvoient de nous. Si cette image est flatteuse, on est heureux; si elle est désagréable, on est malheureux... On est sans cesse ballotté, au gré des humeurs de son entourage, entre une vision épouvantable et une conception utopique de soi. Dans les deux cas, ces images sont illusoires et n'ont rien à voir avec la réalité.

Pour être vraiment autonome, il ne faut plus dépendre de l'extérieur (société, lois, autres personnes, etc.) quant à son identité. Cette attitude n'est possible que si l'on sait profondément qui l'on est, au sens spirituel du terme (voir à ce sujet la section «L'image de soi», développée précédemment). On reste ouvert à la remise en question, car on ressent une grande stabilité en soi, et la certitude que quoi qu'il arrive, on restera entier. Quoi que fasse l'autre, quoi que renvoie l'autre, notre valeur intrinsèque n'est pas menacée de destruction. À ce stade, on éprouve pleinement sa puissance, laquelle est toujours donnée par le «ressenti» d'identité. Cette puissance est inoffensive pour l'entourage, car quand on sait vraiment qui l'on est, on cesse toute compétition et toute comparaison avec les autres. On n'a plus besoin d'écraser ceux qui nous entourent, ni de disparaître dans un trou de souris.

En conclusion, le point essentiel à retenir concernant l'autonomie et la puissance est celui-ci: Chaque fois que nous comptons sur l'autre pour nous donner une image de nous-mêmes, nous lui offrons notre puissance et nous perdons notre autonomie. (Voir aussi les paragraphes concernant la jalousie et l'autorité.)

* *
*

LE RÔLE DU PÈRE AU COURS DE LA TROISIÈME ANNÉE

Toujours et encore grâce à sa faculté d'imitation, l'enfant se coule maintenant dans le moule social. **Dans notre société patriarcale, l'attitude sociale et l'identité sont données par le père**. Cela signifie que pour le petit enfant, quel que soit son sexe, la prise d'identité se fait en fonction du modèle paternel.

Le rôle du père est de donner à l'enfant la meilleure identification possible, c'est-à-dire qu'il doit permettre à l'enfant d'avoir une image positive et réaliste de lui-même, car l'enfant prend son père comme modèle pour sa propre identité. Le père doit donc savoir qui il est et il doit avoir une image valorisante de lui-même.

Ainsi, l'attitude du père biologique[1], dans sa vie (responsable et affirmée) et par rapport à son enfant (passer du temps avec lui) est déterminante. Sur elle repose la future identité de l'enfant. Si l'enfant ne trouve ni le miroir ni l'écho dont il a besoin, il ne pourra pas développer la puissance et la confiance fondamentales qui sont nécessaires à son plein épanouissement

1. Pour aller plus loin, c'est-à-dire pour pouvoir s'identifier un jour à son Âme, l'homme devra rencontrer son Père spirituel. S'il voit et reconnaît la lumière de l'Âme en la personne d'un guide ou d'un Maître qui lui montre le chemin, il sera à même de reconnaître sa propre essence divine et de pouvoir s'identifier à elle.

parmi les autres. L'enfant étant égocentrique, il ramène tout à sa propre personne: «Si papa n'a pas de temps à me consacrer, cela doit vouloir dire que je ne suis pas bien.» L'enfant a besoin de savoir qu'il est important aux yeux de son père et de ses parents en général. La somme de temps que son père et ses parents passent avec lui le renseigne, entre autres, sur son importance et sur l'amour que l'on a pour lui.

Il est donc capital que le père accepte l'enfant tel qu'il est et qu'il l'aime le plus inconditionnellement possible. Sinon, pour mieux se croire aimé, l'enfant façonnera son comportement de manière à se conformer aux attentes présumées de son père. Graduellement, le faux «moi» (personnalité) deviendra ce qu'il croit réellement être. Il en oubliera que ce masque n'est qu'une adaptation, une sorte de mise en scène inspirée d'un scénario écrit par quelqu'un d'autre.

S'il ne parvient pas à ressentir son importance, son côté unique et irremplaçable, l'enfant ne sentira pas sa puissance personnelle. La puissance du troisième chakra restera alors bloquée, ce qui entraînera un fort «ressenti» d'impuissance face aux autres et face à la vie en général. L'enfant se voit dans l'obligation de subir et de se soumettre, sans aucun moyen d'intervenir. Cette impuissance provoque toujours une rage intense, exprimée ou silencieuse.

L'enfant insatisfait souffre, car il a subi une blessure dans son corps astro-mental et dans son troisième chakra (qui se bloque). Cette blessure s'appelle la colère, laquelle entraîne la méfiance.

L'émotion dominante de la personne qui a été blessée dans son troisième chakra est la colère.

La colère est très différente de la tristesse puisqu'elle correspond énergétiquement non pas à une dépression mais à une élévation. Celle-ci résulte d'une importante augmentation d'énergie dans le troisième chakra, qui fait pression sur celui-ci. Comme le troisième chakra est le siège de la puissance, cette pression excite et exacerbe la puissance du chakra et provoque comme une mise à feu ou une explosion. La personne «brûle» alors intérieurement, ce qui la pousse à s'agiter et à réagir.

Mal canalisée, la colère bloque le troisième chakra. Deux attitudes sont alors possibles:

- La personne cherche à refouler sa colère, ce qui bloque davantage le troisième chakra. Cette émotion est cependant tellement puissante qu'il est impossible qu'elle n'altère pas le comportement d'une manière ou d'une autre. La colère sera tout de même exprimée, mais de manière plus subtile, sous forme d'abus de pouvoir, de manipulations diverses ou de domination prenant différents aspects.
- Ou bien alors, la personne est submergée par la colère, qu'elle déverse de façon brutale, anarchique et imprévisible, entraînant toutes sortes de désagréments pour l'entourage proche et pour elle-même.

Acceptée et bien canalisée, la colère peut être utilisée pour se transformer et pour apporter la compréhension de soi et des autres.

La colère enlève toute peur, toute culpabilité ou toute honte de soi. Plus rien ne compte, si ce n'est la révolte qui nous habite complètement. On s'oppose, soi tout seul, au reste du monde. Ainsi, cette aptitude à se révolter prouve que l'on n'est pas indifférent à ce qui nous entoure, qu'on s'y intéresse, en quelque sorte. Et c'est toujours l'intérêt qui permet de comprendre, de prendre conscience, et donc d'avoir un jour accès à la connaissance de l'univers.

Le colérique est donc quelqu'un de dynamique. Même s'il n'en est pas conscient, sa colère peut le rendre capable de se connaître et de se transformer. Par contre, une personne qui ne ressent jamais la moindre révolte en elle ne s'intéresse pas beaucoup à la vie. Cette inertie l'empêche de se connaître et de se transformer. Car ce n'est jamais la colère en soi qui est mauvaise, mais la façon de l'utiliser.

- Il faut d'abord prendre conscience de sa colère, l'accepter et apprendre à l'exprimer, non pas en se défoulant sur les autres mais, par exemple, en frappant sur un coussin, en allant courir, etc.

- Puis, il faut s'entraîner à faire circuler consciemment cette puissante énergie en soi. Si on parvient à conserver sa colère en soi au lieu de l'expulser, on a l'impression de brûler, de se consumer de l'intérieur. C'est en cela que la colère est purificatrice et transformatrice.

- Un jour, à force de purification, on ressent profondément l'inutilité de la colère. Il devient désormais possible de renoncer à elle, du moins sous sa forme habituelle. Mais, pour renoncer à la colère, il faut l'avoir connue dans toute sa force. On ne peut vraiment «sacrifier» que ce que l'on possède. Ainsi, quelqu'un qui n'a jamais fulminé de colère ne peut pas vraiment connaître la douceur, la paix et l'indulgence pour son prochain. «Il n'existe pas de main aimante qui n'ait été capable de montrer le poing.» (Rudolph Steiner)

Réagir systématiquement par la colère devant la vie signifie que l'on est porteur du «karma d'ignorance». Pour que la colère soit une invitation à la compréhension et à la douceur de l'amour véritable, il faut s'être senti considéré et reconnu dans sa petite enfance.

- L'adulte qui s'est senti reconnu et important dans sa troisième année de vie ne se sent pas menacé dans son intégrité par des opinions ou des attitudes différentes des siennes. Il ressent suffisamment son identité et sa puissance intérieure pour aborder la vie, et les autres, en toute confiance.

- L'adulte qui ne s'est pas senti reconnu et important dans sa troisième année de vie cherche toujours à prouver sa valeur aux autres et à défendre son intégrité qu'il croit menacée.

La colère a pour conséquence la méfiance.

La colère et la méfiance vont de pair. Elles constituent toutes les deux une réaction face à l'inconnu. Ce sont les deux piliers du karma d'ignorance, lequel est le résultat de la méconnaissance de soi et de l'univers. Ce karma rend l'humain inquiet et craintif, et lui fait percevoir le monde comme un lieu dangereux hostile et imprévisible. Cette personne sera essentiellement méfiante, elle restera toujours sur ses gardes et cherchera à contrôler les situations: «Je contrôle tout, personne ne peut me prendre au dépourvu!» Naturellement, si une situation imprévue se présente, la personne méfiante sera désorientée et elle réagira systématiquement par la colère.

L'attitude méfiante est issue de la petite enfance. L'enfant s'est senti un jour «trahi» par ses parents. Ceux-ci lui ont caché un «secret» qu'il était trop petit pour comprendre mais qui le concernait directement (par exemple, il a été envoyé dans un foyer pour enfants, sans explication préalable). Aux yeux de l'enfant, des parents qui ne disent pas la vérité telle qu'elle est ne sont pas dignes de confiance. Le petit devient anxieux et méfiant face à l'avenir, face à l'inconnu et à la nouveauté.

Or, la méfiance est une attitude de fermeture face à la connaissance. Elle empêche d'être réceptif vis-à-vis de tout ce qui se présente à soi et de tout ce qui est nouveau. Être réceptif, c'est être toujours prêt à reconsidérer ou à modifier son point de vue et sa manière de faire. Être réceptif ne signifie pas être influençable. On garde intacte sa capacité de discernement, mais on va au-devant des autres avec une confiance spontanée, en demeurant ouvert à la remise en question. La compréhension, la connaissance et la croissance deviennent dès lors possibles...

La méconnaissance et la méfiance se manifestent dans les domaines suivants: image de soi et identité, affirmation de soi, valeur, jalousie, autorité, honte de soi, esprit critique et jugement, énergie.

1. Les problèmes d'image de soi et d'identité

Au cours de la troisième année, l'identité sexuelle de l'enfant apparaît. La petite fille et le petit garçon se différencient l'un par rapport à l'autre. L'attitude du père entraînera des comportements différents, selon le sexe de l'enfant.

- Pour se faire aimer et reconnaître par son père, le petit garçon cherchera surtout à l'imiter. Il aura besoin de son approbation.
- Pour la petite fille, en plus de lui permettre de trouver son identité, sa relation avec son père représente la relation avec l'autre sexe.

La petite fille étant sexuellement différente de son père, elle ne peut donc pas agir par imitation directe, comme le fait le petit garçon. Aussi, pour se faire aimer et reconnaître par papa, elle imitera sa mère, soit en la copiant, soit en la rejetant: «Si maman intéresse papa, je l'intéresserai aussi en faisant comme elle»; «Si maman n'intéresse plus papa, moi, je l'intéresserai en faisant le contraire d'elle.»

La petite fille se range ainsi à l'avis du père, et son identité est toujours étroitement liée à la relation affective qu'elle vit avec lui. Ainsi, pour la petite fille, en plus de l'identité et du comportement social, le père sert de modèle relationnel vis-à-vis des hommes. En effet, la relation que la petite fille vit avec son père entre deux et trois ans conditionne sa future relation avec les hommes et avec l'Univers en général. Devenue femme, elle reproduira toujours ensuite, à travers les hommes qu'elle rencontrera, la même forme de relation que celle qu'elle a vécue avec son père, et ce, même si cette relation a été mauvaise ou inexistante. Elle attirera soit des hommes qui ressemblent à son père, soit des hommes qui se situent exactement à l'opposé du comportement paternel.

Il est vital pour l'enfant de se créer une identité, quelle qu'elle soit. C'est une question de survie. Si la relation avec le père n'est pas bonne, l'enfant aura souvent recours à la fabulation et au rêve, au refoulement et au manque d'authenticité. Ce problème est relié à un troisième chakra bloqué, ce qui entraîne également un problème de sixième chakra.

- Si le père est décédé ou absent, l'idéalisation est très importante. L'enfant se fabrique un père idéal, un héros totalement imaginaire. Plus tard, l'enfant devenu adulte ne se connaît absolument pas. Il a une identité factice. Il se fait une image artificielle de lui et il est inauthentique.

  En ce qui regarde la petite fille, ses futures relations affectives seront rêvées plutôt que vécues. Elle espère la perfection relationnelle, ce qui entraîne une incapacité de vivre à deux. La jeune femme vit soit seule si elle est passive (attendant son prince charmant toute sa vie durant), soit sans cesse en quête d'une nouvelle relation correspondant à ses rêves et allant d'échec en échec, si elle est (ré)active.

- Ou le père est:

  a) inaccessible (parce que très savant ou très important socialement, ou très occupé);
  b) indifférent (les enfants, ça ne l'intéresse pas, ou alors, il est très amoureux de maman);
  c) inexistant et faible[1] (papa n'est pas très affirmé; il a peur des autres et de la vie en général, et il n'ose pas exprimer à son enfant ce qu'il ressent).

Dans ces trois cas de comportements paternels, l'enfant fera tout pour se faire aimer et remarquer.

---

1. Un père faible donne toujours une notion d'identité très vague à son enfant. Ce dernier pourra donc avoir du mal à découvrir son identité propre, voire même son identité sexuelle, au point où il pourra devenir homosexuel.

- S'il est de nature plutôt passive, il jouera le rôle de la gentille petite fille ou du gentil petit garçon qui ne doit surtout pas décevoir son papa. Il se fabriquera un masque qui correspondra aux attentes présumées de son père, mais pas du tout à la réalité. Si c'est un petit garçon, il imitera parfaitement le comportement paternel. Si c'est une petite fille, elle se fera aimer à cause de ses qualités d'obéissance, de soumission et de codépendance (se perdre dans les attentes de papa). Papa reconnaîtra bien cette enfant comme sa digne fille. Elle est sage, ne se plaint jamais et fait toujours ce qu'on lui demande.

  Cette attitude inauthentique de «gentillesse» ne permet pas à l'enfant de découvrir son identité réelle. Elle engendre beaucoup de colère, aussi bien pour le petit garçon que pour la petite fille. Cette colère est souvent totalement refoulée. La petite fille fera parfois un transfert en projetant sa colère sur sa mère et en entretenant avec elle une relation très «houleuse».

- S'il est d'une nature plutôt (ré)active, l'enfant se cantonnera indéfiniment dans son attitude rebelle. Il rejettera son père ou il cherchera à provoquer sa colère, car c'est un moyen comme un autre d'attirer l'attention sur soi! Pour la petite fille, sa relation avec les hommes restera plus tard conflictuelle, ou alors elle alternera entre la rébellion et la soumission.

- Si le père est violent, il y aura la plupart du temps, autant chez le petit garçon que chez la petite fille, un puissant rejet de l'énergie masculine. Le refus de l'aspect yang a de nombreuses conséquences sur la vie de l'être humain, la plus classique étant l'homosexualité, masculine comme féminine.

D'une façon générale, l'homosexualité est souvent due à la conjugaison d'une première et d'une troisième année problématiques. La troisième année étant celle de l'identité, l'identité sexuelle pourra être mal définie, soit parce que le père est très faible, soit parce que, au contraire, il écrase les autres et abuse d'eux.

- Quant à la petite fille, si son père est envahissant, se comporte comme un amoureux ou, à l'extrême, est incestueux, elle apprendra notamment à refouler ses instincts et ses émotions en général. Plus le père se montrera équivoque et abusif dans sa relation, plus la petite fille pratiquera le refoulement. Il repose sur l'inceste un silence tellement pesant que la petite fille en arrive parfois à réellement l'«oublier».

  La petite fille qui s'identifie à cette relation a une image plutôt mauvaise d'elle-même (elle se sent sale ou impure, par exemple). Elle se protège soit en se donnant un poids excessif (comme un coussin de protection qui l'entoure), soit en se créant une carapace, c'est-à-dire une grande rigidité psychique — qui se manifeste dans sa structure physique et ses attitudes — et une aspiration à la rigueur morale.

Plus tard, les hommes qu'elle attirera seront soit comme son père, très attirés par les gamines, soit très refoulés et timorés. Elle pourra également ressentir un tel dégoût pour les hommes qu'elle en deviendra homosexuelle.

Dans tous les cas, il n'y a pas vraiment eu de prise réelle d'identité, ce qui a entraîné l'inauthenticité, ainsi que des problèmes de discernement et de confusion entre l'apparence et la réalité.

Cette attitude inauthentique engendre deux types de conséquences:

- **Un manque de confiance en soi** : «Je ne suis pas moi-même, comment pourrais-je me faire confiance?» Dans la vie, ce masque classique de manque de confiance se traduit par la sous-estimation de soi (l'autre est mieux que moi) — et donc le besoin de se mettre en valeur — ainsi que par l'autocritique et le jugement incessants. Pour la femme, il y a souvent, en plus, le problème de la codépendance (se perdre dans l'autre, mener la vie de l'autre), le besoin de l'approbation masculine et l'incapacité de laisser exploser sa colère (troisième chakra bloqué).

- **Un grand vide intérieur** : On se polarise sur le rôle du «gentil» ou du «beau-belle» qui nous a été attribué dans l'enfance et on refoule complètement sa vraie nature. De temps en temps, quand le masque tombe, on ressent, à l'intérieur, un profond vide, que rien ne peut combler.

2. Les problèmes d'affirmation de soi

L'affirmation de soi est souvent mal comprise. S'affirmer ne signifie pas imposer ses points de vue aux autres. C'est plutôt être capable de faire ou de dire ce que l'on ressent, vraiment, dans n'importe quelle situation. C'est rester fidèle à soi-même, fermement mais avec douceur, sans obstination ni agitation. L'affirmation de soi est le juste milieu entre la soumission et l'abus de pouvoir. Pour être capable de s'affirmer avec juste mesure, il faut se connaître. Sans la connaissance de soi, on ne peut affirmer que ses chères croyances ou ses comportements conditionnés.

Ainsi donc, savoir s'affirmer, c'est savoir écouter son cœur — en connaissant les souhaits de son cœur — et c'est aussi utiliser la puissance de son troisième chakra pour le manifester, l'exprimer ou le montrer aux autres. C'est trouver la force de faire ce que l'on ressent profondément en soi, avec ou malgré son entourage.

3. Les problèmes de valeur

Les problèmes de valeur sont toujours dus à la méconnaissance de soi. C'est une des conséquences les plus typiques du karma d'ignorance, ce qui se traduit par le besoin incessant de se sous-estimer ou de se surestimer. Dans le cas de la surestimation, la personne pourra, par exemple, chercher sans cesse à prouver aux autres sa fine perspicacité, son incroyable intelligence, sa gentillesse inouïe, etc. Ainsi, si elle se retrouve dans un groupe, il sera capital pour elle que la personne qu'elle juge comme étant la plus importante la remarque et la distingue. Elle posera donc un geste particulier pour se faire voir d'elle, l'important étant qu'elle puisse ensuite le raconter aux autres, quitte même à exagérer les faits. Si elle ne parvient pas à se faire remarquer, parce qu'elle n'aura pas osé, elle se sous-estimera complètement. Elle se trouvera nulle, sans intérêt, digne de rejet. Ainsi, la personne ayant un problème de valeur oscille sans arrêt entre la surestimation et la sous-estimation. Dans tous les cas, elle ne supporte pas d'être prise en faute ou remise en question.

Ce problème de valeur peut également entraîner des difficultés avec l'argent. L'argent est en effet directement en rapport avec ce que l'on estime valoir. Ne jamais avoir d'argent, ne jamais oser réclamer aux autres ce qu'ils nous doivent, ne pas vouloir se faire payer alors qu'une rétribution serait justifiée, ne vouloir faire que du bénévolat, sous prétexte de rendre service, etc., tout cela est toujours associé à la dévalorisation de soi. L'inverse est également vrai. Avoir de l'argent mais en vouloir toujours plus, étaler ses biens pour se faire valoir, être «radin», ne jamais partager ni rendre service, etc., montrent aussi que la personne a un problème de valeur.

Dans les deux cas, le problème de valeur est associé à la peur de manquer de quelque chose et à une absence de sécurité intérieure (problème de première année).

4. Les problèmes de jalousie

Il s'agit ici de toutes les sortes de jalousie, y compris la jalousie sexuelle, cette dernière comportant en plus une part instinctive qui dépend du premier chakra. Mais, contrairement à ce que l'on croit en général, la réaction instinctive n'est pas la plus importante dans la jalousie sexuelle. C'est l'aspect «mauvaise image de soi» qui domine toujours largement.

La personne «trompée» se retrouve confrontée à un sentiment d'incapacité associé à son inaptitude à satisfaire pleinement l'autre. Elle se sent attaquée dans sa valeur («je suis un incapable»), puis dans son intégrité. L'autre lui renvoyait une belle image d'elle-même, mais voilà qu'il se détourne. La personne perd son image, donc un bout d'elle-même. Elle n'est plus entière. Elle a donné à l'autre le pouvoir de lui indiquer qui elle était, elle a perdu son autonomie et sa puissance personnelle.

Cette sensation très désagréable d'éclatement peut être utilisée de façon positive si l'on travaille sur l'image que l'on a de soi et si l'on apprend à devenir plus autonome. Quoi que fasse l'autre, on reste quelqu'un de bien, de beau ou d'intéressant.

En résumé et d'une façon générale, le moyen de traiter toutes les formes de jalousie est le «ressenti» de l'identité.

5 . Les problèmes avec l'autorité

Les problèmes avec l'autorité sont toujours dus à la méconnaissance de soi. La personne ne se connaît pas et ne connaît pas l'univers. Elle est donc incapable de distinguer par elle-même ce qui est réellement juste de ce qui ne l'est pas. À cause de cette lacune, elle demande à des lois, à des hommes politiques ou religieux, ou à toute personne extérieure à elle, de lui indiquer ce qu'elle doit faire. Or, remettre à quelqu'un d'autre son pouvoir de décision, c'est accepter que ce quelqu'un ait une autorité sur soi. L'autorité retire toujours la liberté de choix. Cela revient à enlever à l'homme l'essence même de son humanité.

Tant que l'on ne se connaît pas, on reste infantile et on trouve normal de devoir se soumettre à des règles extérieures, destinées à nous protéger contre nous-même.

Quand on se connaît réellement, on ressent que l'on a toujours le choix, quels que soient les lois ou l'avis de ceux qui nous entourent. Il n'y a plus ni rejet, ni soumission à l'autorité. L'homme ressent dans son cœur ce qu'il doit faire et il le fait, sans références extérieures, mais en restant pourtant en harmonie avec les lois de l'univers.

6 . La honte de soi, la critique et le jugement

La honte de soi est une émotion qui ressemble à la culpabilité. La culpabilité est souvent liée à un acte. On peut l'éprouver lorsqu'on pense avoir fait quelque chose de mal. Cependant, il est toujours possible d'agir, de faire quelque chose pour réparer sa faute. Il en est tout autrement pour la honte.

La honte est plus intime, car elle est associée au fait d'être vu. La personne est persuadée qu'elle a «quelque chose» en elle qui est honteux, contre lequel elle ne peut rien, mais qui doit demeurer caché aux yeux des autres. Ce «quelque chose» qu'il n'est pas toujours possible de déterminer, ce sont des sentiments, des émotions ou des pensées que la personne estime ne pas avoir le droit de ressentir. Ainsi, l'enfant ne se sentira pas libre intérieurement de haïr ses parents, car il les aime aussi. S'il éprouve malgré tout cette haine, il se sentira très honteux. Il refusera cet aspect de lui-même, qu'il jugera «méchant», et cherchera à le gommer et à le cacher aux autres. En agissant ainsi, il se divise. Une fois adulte, il aura du mal à accéder à la véritable connaissance de soi.

Sous l'impulsion de la honte, un changement s'effectue dans la circulation du sang. Celui-ci est poussé vers la périphérie et monte au visage, faisant rougir la personne concernée, et rendant ainsi visible ce que, justement, elle voulait cacher!

Pour dépasser sa honte, il faut non seulement se donner l'autorisation d'éprouver des sentiments ou des émotions, quels qu'ils soient, mais aussi apprendre à exprimer aux autres ce que l'on ressent vraiment. «Faute avouée est toujours à moitié pardonnée», à ce qu'on dit. Pardonnée par qui? Essentiellement par soi-même. Ainsi, s'autoriser à ressentir des sentiments contradictoires et oser l'avouer aux autres est le meilleur moyen de cesser de se juger.

Le jugement entraîne la honte. Il provoque aussi la division et la sensation de séparation, la nature humaine étant ce qu'elle est, ni bonne ni mauvaise, mais en devenir permanent. S'accepter totalement est un acte d'amour et de conscience qui permet de se reconnaître et de reconnaître les autres. On a ainsi accès à la connaissance de l'univers...

7. Les problèmes d'énergie

Les troubles reliés à l'énergie entraînent des problèmes de tabagisme, d'alcoolisme, etc. Le troisième chakra étant le centre distributeur de l'énergie, son mauvais fonctionnement (s'il tourne trop vite, par exemple), peut provoquer une tension permanente chez l'être humain, qui cherchera par tous les moyens à diminuer ce trop-plein d'énergie. Le moyen couramment utilisé pour parvenir à ce résultat est la cigarette. Celle-ci agit sur le souffle, et donc directement sur l'énergie que la personne peut recevoir.

L'alcool, au contraire, est un excitant. Son premier effet est de surstimuler (chaleur), pour ensuite engourdir complètement le troisième chakra, jusqu'à l'étourdissement et l'inconscience.

Dans les deux cas, il est important de faire un travail sur l'énergie. Il faut l'accepter et apprendre à la faire circuler et à l'utiliser en étant plus créateur.

Il faut aussi savoir que l'alcool comme la cigarette sont tous les deux utilisés comme moyens de se couper de ses émotions. Par exemple, lorsqu'on se sent nerveux et sur le point de laisser éclater sa colère, on saute sur une cigarette ou sur un verre d'alcool. On devient plus calme mais on a tué dans l'œuf l'émotion ou le «ressenti». Cette attitude empêche essentiellement la connaissance de soi, donc l'autonomie.

Les désordres reliés à l'énergie entraînent aussi des problèmes avec les responsabilités. Le refus des responsabilités est l'une des conséquences d'une première année difficile, mais ce problème est toujours accentué par un manque d'énergie au niveau du troisième chakra. Le chakra tourne trop lentement ou il est bloqué, et la personne ne ressent pas sa force en elle. Elle ne se sent pas capable de se soutenir, de se prendre en main.

L'attitude contraire, c'est-à-dire se surcharger de responsabilités, révèle un besoin de reconnaissance du fait que l'on a une mauvaise image de soi. Le chakra est en surtension, excité et sollicité en permanence, ce qui déséquilibre fortement la personne.

Dans les deux cas, la solution est un travail sur l'énergie, et en particulier sur sa circulation et sur son utilisation (créativité, guidance, etc.).

Si vous êtes un Enfant Rebelle et que vous décidez de guérir, vous allez devoir accepter d'affronter votre besoin de reconnaissance. Ayez ce courage et transcendez ainsi votre nature en quête d'identité et d'unicité.

* *
*

LA QUALITÉ SPIRITUELLE DU TROISIÈME CHAKRA

Si vous n'avez pas de problème particulier par rapport à l'identité et à la reconnaissance, ou encore si vous vous êtes guéri, c'est que vous êtes à l'aise avec le monde de la pensée et des idéaux et que vous vous connaissez. Il s'agit là d'une base solide pour poursuivre tout cheminement spirituel.

Vous pourrez alors pleinement utiliser votre Enfant Intérieur de la troisième année pour manifester, dans votre vie de tous les jours, la qualité spirituelle du troisième chakra; soit **la compréhension et l'émerveillement devant la vie et l'univers**.

L'enfant sain ou guéri de la troisième année est un enfant confiant et émerveillé par tout ce qu'il découvre de la vie. Pour lui, toute chose se révèle intéressante, voire passionnante. Son émerveillement est le résultat de son besoin inné de connaître, d'expérimenter et de regarder.

Contrairement à l'adulte qui se méfie, juge et critique en permanence, l'enfant est ouvert et réceptif devant tout ce qui peut lui permettre d'apprendre.

En étant à l'écoute de son enfant émerveillé de la troisième année, l'adulte utilise son intellect pour élargir son horizon et non pour le rétrécir en se limitant à ce qu'il connaît déjà. Pour lui, le monde est amical. Il est donc confiant et ouvert face aux autres et à la vie. Tous les espoirs lui sont permis et tout un champ de possibilités s'étend devant lui, à chaque instant de sa vie.

Tout comme l'enfant qui reste neuf devant chaque situation de la vie, l'adulte choisit de voir le nouveau dans tout ce que l'existence lui propose et ce, grâce à la capacité sélective de son intellect. Il oriente volontairement celui-ci vers l'ouverture plutôt que vers la répétition et la sclérose. Cette décision d'adopter une autre vision de la vie est la meilleure façon d'utiliser son mental ignorant, pour en faire un outil de transformation et de compréhension. Ainsi, l'adulte apprend à rester réceptif face aux nouvelles expériences et ne se laisse plus troubler par ce qu'il a déjà vécu ou appris.

Avant la redécouverte de son Enfant Intérieur, il utilisait ses expériences passées pour juger, condamner ou rejeter. Si une expérience qui s'était révélée traumatisante pour lui se présentait à nouveau sous une forme similaire, il la refusait. Et si une expérience nouvelle lui était proposée, il la rejetait, car il ne la connaissait pas. Maintenant, il s'aide de la soif de découverte de son Enfant Intérieur pour utiliser justement ses expériences passées. Il admet à tout instant qu'une nouvelle expérience puisse venir contredire l'ancienne et il trouve toujours du nouveau par rapport à ce qu'il connaissait auparavant. Tout objet et tout être, même familier, a quelque chose à lui apprendre. Il le sait et il le voit. Tout devient pour lui source d'émerveillement.

Parvenir à ressentir que la vie est une merveille est l'antidote de la méfiance, du jugement et de la critique. C'est la sensation clé à atteindre pour tous ceux qui ont eu un problème dans la troisième année de leur petite enfance. Mais on ne peut ressentir cet émerveillement que si l'on cesse de compartimenter les choses: ce que l'on connaît, ce que l'on ne connaît pas; ce qui est vrai, ce qui est faux; ce qui est bien, ce qui est mal. Car toute condamnation, ne fût-ce que d'une infime partie d'un tout, empêche la compréhension de la totalité. La vie est une et indivisible, et cette vérité donne accès à la connaissance de soi-même et à celle de l'univers.

Ainsi donc, l'adulte dont l'Enfant Intérieur de la troisième année est bien équilibré a confiance en la vie, parce qu'il la connaît. Il a alors accès à la connaissance du cœur. Cette faculté de comprendre avec son cœur est une qualité du quatrième chakra, lequel s'exprime sur la base d'un troisième chakra harmonieux. C'est la capacité de saisir, au-delà de l'apparence, la réalité de l'homme et de l'univers. Lorsqu'on comprend vraiment, on ne peut qu'accepter l'existence. On voit tellement sa beauté et sa perfection que l'on décide de ne plus faire obstruction à sa révélation. À ce stade de compréhension, on redevient un canal pour l'amour et la lumière de son Âme. (Voir, à la fin du livre, le chapitre concernant la guérison de l'Enfant Intérieur à l'aide de la transmutation.)

Je vous propose maintenant de rencontrer votre Enfant Intérieur de la troisième année.

Chapitre 8

À LA RENCONTRE DE L'ENFANT INTÉRIEUR DE LA TROISIÈME ANNÉE

Comme pour les deux années précédentes, vous pouvez choisir soit la régression, soit la lecture psychique pour retrouver votre Enfant Intérieur de la troisième année.

TECHNIQUE DE LA RÉGRESSION DANS L'ENFANCE (POUR LA TROISIÈME ANNÉE)

Reportez-vous à la technique correspondante pour la première année. Procédez de la même façon jusqu'à la fin du point 2. Régression. Puis, poursuivez comme suit.

- Vous avancez rapidement dans le temps... Laissez les images défiler à toute vitesse, jusqu'à votre troisième année. Vous avez environ deux ans...

- Vous commencez à être capable de réfléchir et de construire vos premières phrases par vous-même...

  a) Avez-vous de la facilité à associer les mots entre eux? Arrivez-vous à vous faire comprendre?

  b) Vos parents vous parlent-ils clairement ou essaient-ils d'imiter vos zézaiements, votre langage d'enfant?

  c) Vos parents prennent-ils le temps de vous écouter?

d) Pour votre âge, parlez-vous «bien» ou êtes-vous difficile à comprendre?

- Vous allez maintenant considérer votre relation avec votre père...

a) Quelle valeur votre père vous accorde-t-il? Ressentez-vous que vous êtes important à ses yeux?

b) Est-il disponible pour vous?

c) Est-ce que vous ressentez qu'il prête attention à ce que vous faites ou dites?

d) Ressentez-vous son autorité? Si oui, comment la subissez-vous?

e) Quelle attitude votre père adopte-t-il dans sa vie sociale? Est-il responsable? S'affirme-t-il? Semble-t-il avoir peur des autres? De la vie?

f) Que cherchez-vous à imiter (ou à rejeter) chez votre père?

- Pour la première fois, vous exprimez votre opposition vous dites non!...

a) Que se passe-t-il pour vous? Pourquoi dites-vous non!?

b) Comment réagit votre mère? Et votre père?

- Vous essayez d'acquérir votre identité.

a) Ressentez-vous qu'il y a certains aspects de vous-même que vos parents jugent et réprouvent? Si oui, lesquels?

b) Avez-vous honte de ces aspects de vous-même?

c) Vous sentez-vous divisé?

- Vous comprenez que vous ne pouvez pas vous montrer tel que vous êtes. Vous êtes alors contraint de vous fabriquer un masque... Essayez de percevoir ce qui constitue essentiellement ce masque.

- Maintenant que vous avez perçu votre masque (personnalité), cherchez qui se cache derrière... Qui êtes-vous?

a) Que tirez-vous comme conclusions concernant le fait d'être soi-même?

b) Quelles sont vos autres conclusions concernant votre troisième année?

- Vous avez maintenant obtenu toutes les informations nécessaires à la compréhension de votre troisième année en vous référant à votre relation avec votre père et à votre identité. Vous remerciez votre Enfant Intérieur pour toutes ces informations, et vous laissez les images disparaître peu à peu...

- Vous respirez lentement et profondément... Vous reprenez conscience de votre corps, allongé, ici et maintenant. Vous vous étirez et, lorsque vous vous sentez prêt, vous rouvrez les yeux.

* *
*

Si vous n'avez pas eu de père, il est tout de même important que vous fassiez la régression ou la lecture psychique concernant l'enfant de la troisième année. Il vous faut simplement modifier en conséquence les questions concernant cette relation. Les questions seront alors les suivantes.

- Ressentez-vous un manque en regard de votre valeur ou de l'importance que vous avez?

- Cherchez-vous quelqu'un qui vous accorde de la valeur et de l'importance? Si oui, arrivez-vous à le trouver?

- Cette personne, qui représente pour vous ce qui est fort, respectable et digne de confiance, est-elle disponible pour vous?

- Ressentez-vous l'autorité ou un manque d'autorité dans votre famille? Quelle personne représente pour vous l'autorité?

- Essayez de percevoir quelle image vous vous faites du père idéal, socialement, dans sa vie de tous les jours, par rapport aux autres et à vous-même. Est-ce que vous cherchez à imiter quelqu'un sur qui vous projetez cette image du père?

Passez ensuite aux questions qui concernent la première rébellion («Non, j'veux pas!»), puis la prise d'identité, et ainsi de suite jusqu'à la fin.

Comme pour les deux années précédentes, je vous recommande de faire maintes régressions dans la troisième année, surtout si vous avez besoin de reconnaissance et si vous cherchez à savoir qui vous êtes vraiment.

Vous pouvez aussi choisir de faire des lectures psychiques de votre enfant de la troisième année. Reportez-vous alors à la technique de lecture expliquée dans le chapitre 6 et procédez de la même manière. Vous pouvez ajouter des questions appropriées à la troisième année, concernant l'identité, la reconnaissance, etc.

Lorsque vous aurez bien ressenti le problème de votre troisième année, vous pourrez passer à la guérison de votre Enfant Intérieur dans le troisième chakra, en faisant les exercices proposés ci-après. Ces exercices vous aideront à découvrir que la véritable connaissance de soi est intérieure et qu'il faut toujours associer connaissance intellectuelle et compréhension du cœur pour découvrir qui l'on est vraiment.

* *
*

GUÉRISON POUR LE TROISIÈME CHAKRA ET L'ENFANT INTÉRIEUR DE LA TROISIÈME ANNÉE

Je vous propose quatre exercices:

1. Exercice sur le jugement et la honte;
2. Exercice «Contemplez la lumière»;
3. Le jnana-yoga;
4. Pensées positives et élixirs.

1. EXERCICE SUR LE JUGEMENT ET LA HONTE

Apprendre à ne pas se juger est l'exercice de base à effectuer, si l'on veut se donner une chance de (re)devenir soi-même. Lorsqu'on se juge, on s'oblige à être quelqu'un d'autre que la personne que l'on est. Ce quelqu'un d'autre est une personne «parfaite», que l'on a inventée, et à laquelle on se compare en permanence. On compare ce que l'on ressent à ce que l'on devrait ressentir, ce que l'on fait à ce que l'on devrait faire, etc. Chaque émotion, chaque sensation et chaque pensée est subtilement rejetée, car elle est jugée inacceptable. Or, en se comparant sans cesse à ce que l'on devrait être, on se condamne forcément à la honte et à la division intérieure.

L'exercice qui suit se fait en trois étapes.

1re étape: Il s'agit de faire attention et de compter le nombre de fois où l'on se critique et se rabaisse au cours d'une journée. Cette prise de conscience demande beaucoup d'attention et de persévérance.

2e étape: Il faudrait effectuer un travail d'intériorisation et de méditation afin de «désengrammer» la mauvaise image que l'on a de soi, pour la remplacer par une image positive.

3e étape: Il est maintenant temps de manifester sa nouvelle image positive dans sa vie quotidienne et de voir le beau en tout.

PRISE DE CONSCIENCE DE SES JUGEMENTS NÉGATIFS

- Vous choisissez une journée et vous commencez l'exercice dès le matin, au saut du lit.

- Vous vous levez. Vous allez sans doute à la salle de bain et vous vous regardez peut-être dans la glace. Essayez de remarquer tout de suite combien de fois vous vous critiquez: parce que votre apparence physique vous déplaît, parce que vous êtes en retard, parce que vous n'arrivez pas à donner suite à vos décisions, parce que vous ressentez telle ou telle émotion que vous estimez ne pas avoir le droit de ressentir...

- Vaquez ainsi à vos occupations quotidiennes et consacrez votre matinée à remarquer les fois où vous vous jugez, où vous vous rabaissez, quelqu'en soit le motif. Prenez pleinement conscience du juge qui est en vous, de toutes ces petites voix intérieures qui vous harcèlent en permanence. Comment vous sentez-vous dans votre corps, dans ces moments-là? Que ressentez-vous dans votre cœur?

- Notez brièvement dans un cahier les jugements que vous portez sur vous-même et qui reviennent le plus souvent. Essayez de déterminer quel est le jugement négatif dominant. Si vous n'y arrivez pas, ne vous découragez pas. Continuez simplement, encore quelque temps, à prêter attention à vos critiques intérieures pour apprendre à mieux vous connaître, et écrivez-le.

TRAVAIL PSYCHIQUE SUR LE JUGEMENT NÉGATIF LE PLUS FRÉQUENT

- Lorsque vous avez déterminé quel était le jugement négatif que vous portiez le plus souvent à votre encontre, vous vous installez confortablement dans le lieu de méditation que vous avez choisi et vous vous intériorisez.

- Vous fermez les yeux et vous respirez lentement et profondément. Vous prenez le temps de bien vous relaxer, en vous concentrant sur le va-et-vient de votre respiration.

- Au bout de quelques minutes, lorsque vous vous sentez bien détendu, vous placez votre conscience au niveau de votre plexus solaire et de votre troisième chakra. Ressentez bien votre chakra solaire.

- Demandez-lui de vous donner une image ou un symbole du jugement négatif que vous portez sur vous-même. Laissez-vous bien aller, en lâcher-prise, afin que le symbole ou l'image puisse apparaître en vous.

- Une fois que vous avez perçu le symbole ou l'image en question, vous allez imaginer que vous l'expulsez hors de vous, en vous aidant de votre expiration.

- Vous vous concentrez d'abord sur votre troisième chakra et, en expirant à fond, vous ressentez que le symbole ou l'image qui représente votre jugement négatif dominant par rapport à vous-même vous quitte. Voyez-le qui sort de votre ventre, qui tombe et brûle dans la terre. Concentrez-vous quelques instants sur ce processus, pour lui donner de la réalité, et ressentez la libération que cela vous procure.

- Vous faites ensuite la même chose au niveau de votre front et de votre sixième chakra. Le chakra frontal est le centre qui donne la vision de la vie et la vision de soi-même. Expulser l'image négative que l'on a de soi suppose donc forcément la participation de ce chakra. Visualisez le même symbole négatif ou la même image de vous-même qui sort maintenant de votre sixième chakra et qui brûle dans la terre. Concentrez-vous quelques instants sur ce processus et ressentez la libération que cela vous procure...

- Vous placez maintenant votre conscience dans votre cœur. Vous respirez bien lentement et bien profondément dans votre cœur. Ressentez la paix et l'amour dans votre cœur.

- Demandez à votre cœur de vous donner une image positive de vous-même, quelque chose dont vous avez besoin pour l'instant et qui vous aidera à mieux vous accepter tel que vous êtes. Laissez venir...

- Lorsque ce symbole (ou cette image) apparaît devant vous, imaginez qu'il entre en vous et vous emplit totalement. Aidez-vous de votre inspiration pour favoriser le «ressenti» et concentrez-vous bien sur ce que vous êtes en train de faire.

- Quand vous ressentez bien que ce symbole vous habite complètement, vous vous remerciez pour ce travail et vous remerciez aussi l'univers pour son aide. Ensuite, vous pouvez rouvrir les yeux.

APPLICATION CONCRÈTE DANS LA VIE QUOTIDIENNE

Le moment est maintenant venu d'avoir de la douceur et de l'amour pour vous. Faites le vœu de cesser de vous juger et de vous faire du mal. Chaque fois que vous vous apercevez que vous êtes en train de vous critiquer, arrêtez tout de suite et remplacez cette pensée par votre symbole positif, qui a été trouvé en méditation. Même s'il faut reformuler vos jugements une centaine de fois par jour, gardez courage et persévérez. Ne vous critiquez surtout pas si vous n'y arrivez pas! Si votre juge intérieur vous parle, restez ferme et réaffirmez votre promesse de ne plus vous blesser.

Essayez aussi de voir le beau et le bien en vous-même, comme dans toute situation et dans toute personne. Même dans les circonstances les plus négatives, il y a toujours quelque chose qui mérite d'être vu ou vécu. Il s'agit d'adopter un état d'esprit d'amour et d'ouverture face à tous les êtres et à toutes les situations de la vie. Vous apprendrez ainsi à ne plus critiquer et à ne plus juger, mais à voir au-delà des apparences. C'est ce qu'on appelle «cultiver l'attitude positive».

Graduellement, vous allez commencer à ressentir un soulagement. Sans doute dans votre cœur, mais aussi dans tout votre corps. Prêtez-y attention et remerciez-vous pour vos efforts. Observez aussi comment évolue votre attitude envers les autres et envers la vie en général.

2. EXERCICE «CONTEMPLEZ LA LUMIÈRE» : La flamme de la bougie

Cet exercice de contemplation est très bien adapté à la troisième année. Il calme le mental et apprend à regarder la lumière en face. Pour l'effectuer, on se procure une bougie et on l'installe à hauteur des yeux, lorsque l'on est assis. Il doit y avoir une distance de la longueur d'un bras entre soi et la bougie. L'idéal est de pouvoir la poser sur un petit tabouret pas trop haut.

Il est recommandé de prendre une douche avant de commencer. Appliquez ensuite de l'eau froide sur vos yeux, à l'aide d'un gant de toilette ou d'une boule de coton.

- Installez-vous devant votre bougie non encore allumée, dans l'obscurité la plus grande possible, et demeurez ainsi dans le noir pendant quelques instants.

- Les yeux fermés, vous respirez lentement et profondément. Vous vous concentrez sur votre respiration... sur l'air qui entre en vous, puis qui sort de vous. Ressentez qu'à chaque expiration, vos tensions vous quittent, votre corps se relaxe et se relâche...

- Puis, peu à peu, vous placez votre conscience et votre respiration dans votre cœur... Vous êtes dans votre cœur.

- Ressentez l'amour dans votre cœur. Et, dans cette attitude d'amour et de prière, vous allez ouvrir les yeux et allumer votre bougie.

- Vous fixez votre regard sur la flamme de cette bougie, afin d'effectuer un exercice de contemplation.

- Placez votre conscience et votre respiration dans votre sixième chakra frontal, entre vos sourcils. Fixez votre attention sur cette bougie. Ne regardez rien d'autre que la flamme de cette bougie. Regardez-la fixement, sans ciller. Contemplez-la avec une attention totale, en oubliant tout le reste, et gardez votre conscience dans votre sixième chakra frontal... Allez-y...

- Au bout de quelques minutes, ou lorsque vos yeux commencent à trop pleurer, vous fermez les yeux. Et, les yeux clos, continuez de visualiser la flamme de la bougie. Votre conscience est toujours dans votre sixième chakra...

- Gardez bien votre attention fixée sur cette flamme, que vous visualisez maintenant.

- Au bout de quelques instants, ou lorsque vous n'arrivez plus à visualiser la lumière, vous rouvrez les yeux et contemplez de nouveau la flamme, les yeux ouverts... Gardez toujours votre conscience dans votre sixième chakra frontal. Ne cillez pas, contemplez...

- Au bout de quelques minutes, vous refermez les yeux et visualisez la flamme à l'intérieur de vous... Contemplez la flamme, les yeux fermés, et restez bien concentré.

- Faites cette alternance yeux ouverts, yeux fermés, trois ou quatre fois de suite. Restez le plus concentré possible. Plus rien n'est important, si ce n'est cette flamme...

- Vous terminez avec les yeux fermés. Vous visualisez intensément la flamme en vous et vous ressentez que toute votre énergie, toute votre conscience s'absorbent dans cette lumière... que vous devenez cette flamme, que vous devenez cette lumière... Identifiez-vous totalement à cette flamme, à cette lumière et devenez cela, devenez lumière dans l'espace...

- Abandonnez-vous totalement, devenez cette flamme dans votre tête, devenez cette lumière dans votre sixième chakra... Vous êtes cela... Laissez-vous aller quelques instants à ce «ressenti»... Vous êtes au-delà du mental... Vous n'êtes plus qu'une flamme dans l'univers...

- Replacez, peu à peu, votre conscience et votre respiration dans votre chakra du cœur. Respirez lentement et profondément dans votre cœur et reprenez conscience de votre corps. Lorsque vous vous sentez prêt, vous rouvrez les yeux.

Cet exercice est assez difficile mais il est très puissant. Vous allez découvrir, autour de la flamme, des teintes et des nuances que vous n'aviez jamais remarquées auparavant. Par moments, la flamme prendra une forme étrange, comme si l'énergie que vous projetez sur elle la faisait se transformer. Peu à peu, cette flamme prendra un éclat nouveau, quelque chose de subtil et d'indéfinissable. Un jour, alors que votre mental sera particulièrement calme, vous ressentirez la lumière, vous ressentirez quelque chose de divin...

Ne vous découragez pas et ne soyez pas pressé. Attendez silencieusement le «ressenti» de lumière...

Décrivez votre expérience.

3. LE JNANA-YOGA

Le jnana-yoga est une discipline mentale qui comporte une certaine façon de concevoir sa vie. *Jnana* signifie «connaissance». Le jnana-yoga est donc l'union par la connaissance. Il s'agit ici d'une connaissance intuitive (acquise en associant la pensée et le cœur), et non d'une connaissance intellectuelle, c'est-à-dire d'une accumulation d'informations théoriques.

L'union par la connaissance consiste à purifier son mental en lui donnant des connaissances de plus en plus raffinées. «Raffinées» ne signifie pas compliquées, mais «symboliques». On s'entraîne à voir des symboles derrière chaque situation, chaque événement, etc... Pour y parvenir, on doit apprendre à résumer, à voir la quintessence, au lieu de se perdre dans les multiples conclusions de l'intellect. On distingue les éléments accessoires de ceux qui ont de l'importance. Puis on «réduit» cet élément important à un symbole. On fait de même pour chaque observation du monde extérieur, avec calme et patience.

On dépouille ainsi son mental et on finit par percevoir l'authentique réalité, c'est-à-dire le Soi ou le divin, en toutes choses. L'œil devient transparent et transmet la beauté du monde sensible, avec ses couleurs et ses lumières.

Ce yoga de la connaissance est très bien adapté au corps mental. En fait, cette discipline ne s'adresse qu'à lui. Elle ne fait état d'aucune considération émotionnelle, comme c'est le cas pour le bhakti-yoga. On tient son mental «en laisse», en le soumettant à une gymnastique bien précise. Cette gymnastique est basée sur la capacité imaginative et synthétique de l'intellect, qu'il faut affiner au maximum. On ne pense que pour discerner ce qui est important de ce qui ne l'est pas. Cela provoque une purification intense et transcende la nature compartimentée, obscure et illusoire de la pensée ordinaire.

Si on est doté d'une nature qui cherche à se connaître et à trouver sa véritable identité, le jnana-yoga est le moyen qui permet de voir un jour la réalité au-delà de l'apparence. Il donne accès à la vision spirituelle et à la connaissance suprême: celle de l'Âme ou de Dieu. On expérimente alors *chit* (de *sat-chit-ananda*), ou la conscience d'être pure lumière et pure sagesse.

4. PENSÉES POSITIVES POUR L'ENFANT INTÉRIEUR DE LA TROISIÈME ANNÉE

L'IDENTITÉ ET L'AUTHENTICITÉ

Qui suis-je? Suis-je la personne que mes parents souhaitaient que je sois? Suis-je celui que mes amis pensent que je suis? Suis-je le visage que je montre au monde? Je peux devenir une personne différente à n'importe quel moment et pour n'importe qui. C'est si habituel et si simple pour moi de perdre la trace de moi-même. Aujourd'hui, je décide d'abandonner mes différents masques et d'écouter ma voix intérieure. Son timbre clair m'emplit de certitudes et je découvre chaque jour quelque chose de nouveau sur moi-même. J'écoute mon cœur et j'affirme qui je suis.

Je détermine ce que je suis. Je ne suis plus l'enfant de fanatiques ou le rescapé d'un inceste. Je n'ai plus besoin de découvrir mon identité seulement au travers de ces labels. Ils feront toujours partie de mon identité, mais je cherche maintenant ma vraie identité en moi-même. Je prends le temps nécessaire pour m'observer, du début de ma vie jusqu'à maintenant. Mon identité s'élargit au fur et à mesure que j'englobe des qualités comme le courage, la force, l'intégrité, la beauté et la vulnérabilité. Mon «Je suis» n'est plus uniquement assujetti à la tragédie de mon passé. J'y inclus aussi le présent et le futur. J'honore ce que j'étais et je me réjouis de mon devenir.

Je découvre l'essence de ce que je suis. La survie était la préoccupation de mon enfance, quand j'étais maltraité émotionnellement ou physiquement. Pour me protéger, j'ai enterré ma vraie identité en me donnant un rôle rigide et déterminé. Devenu adulte, mon véritable moi est encore prisonnier de cette carapace. Je décide aujourd'hui de briser cette armure. Son effritement est douloureux, mais la peine est mêlée à la joie quand le moi réel émerge. J'ai été créé pour être ce que je suis.

Je suis capable d'avoir mes propres pensées et mes propres «ressentis». Quand j'étais enfant, je ne devais pas me mettre en colère parce que mon frère avait un cadeau et pas moi; je devais être heureux quand c'était Noël; je ne devais pas haïr mon père, puisqu'il était mon père, etc... Je devais penser comme les autres et ne pas me fier à ce que je ressentais par moi-même. Aujourd'hui, je décide de me donner le droit d'avoir mes propres pensées et mes propres «ressentis». Ils peuvent être malveillants, charitables ou indifférents, peu importe, ce sont les miens. Personne ne peut dire ce que je pense ou ressens réellement, et je n'ai pas besoin de connaître les sensations des autres pour savoir ce que je dois ressentir ou penser. Mes pensées et mes «ressentis» m'appartiennent, et j'ai le droit de les avoir.

Je permets à mon Enfant Intérieur d'être lui-même. Quand j'étais enfant, j'essayais de faire plaisir aux autres, d'anticiper leurs besoins, d'être tel que je pensais qu'ils voulaient que je sois. Je changeais à volonté; cela dépendait de la personne avec qui j'étais et de ce que je supposais qu'elle préférait. J'étais fier de cette faculté d'adaptation, mais malheureusement, je ne sais pas maintenant qui je suis. Aujourd'hui, je décide de découvrir mon identité. Je permets à mon Enfant Intérieur d'être ce qu'il est. Je respecte ses besoins, ses talents et ses limitations. Je maintiens mes pensées et mes buts le plus haut possible. Je connais, j'aime et respecte ce que je suis.

Je n'ai pas besoin d'être quelqu'un d'autre pour me faire aimer. J'étais un gamin «mignon» et j'en ai tiré profit dès le début. Tout ce que j'avais à faire était de jouer au timide ou d'amuser les gens pour obtenir ce que je voulais. C'était facile mais pas réel. Je savais que je me dupais et que je dupais les autres. Je ressentais que je ne saurais jamais faire les choses pour moi-même. Pire, j'avais peur que les autres ne m'aiment plus s'ils découvraient qui j'étais. Aujourd'hui, je permets à mon enfant d'être lui-même: oui, il est mignon mais il n'est pas uniquement cela. Je respecte son aptitude à déterminer ce dont il a besoin et à le demander directement. Je suis authentique avec moi-même.

Je laisse tomber les fausses images de moi. Je me vois comme un puzzle, fait d'un étrange assortiment de caractères. Héros ou minable, saint ou vaurien, tous ces personnages trouvent leur place en moi, à tour de rôle, selon la façon dont je me vois et la façon dont j'agis. Je sais maintenant que ces extrêmes sont issus de ma honte: le héros veut que je sois «plus», que je ne suis réellement, pour prouver mon acceptabilité et ma valeur; le minable est simplement le produit déformé des voix critiques de mon enfance, et pas du tout un reflet de ce que je suis en réalité. Aujourd'hui, j'efface à la fois l'image du héros et du minable, en expliquant à mon Enfant Intérieur qu'il est un être humain unique, spécial et acceptable tel qu'il est. Je célèbre la joie d'être moi-même.

J'ai le courage de regarder les choses en face. Mon enfance m'a donné une vision obscure de la vie. Pour survivre, je me suis construit une réalité faite de rêves et de désirs. Je me suis mis à vivre comme si ce monde artificiel était réel. Vivre dans le rêve me permettait d'ignorer des vérités sur ma vie. Je décide aujourd'hui d'arrêter de faire semblant. Lorsqu'on simule, les choses sont différentes de ce qu'elles sont en réalité, et cela empêche la connaissance de soi. Je choisis d'apprendre à faire la différence entre le réel et l'illusoire, même si cette décision me confronte à mes peines, passées et présentes. L'acceptation de ma réalité guérit mes blessures et me rend authentique.

Je cesse de me diviser. J'affirme mon droit de devenir une personne à part entière, physiquement, émotionnellement, mentalement et spirituellement. J'englobe la totalité de mon être pour permettre à mon Enfant Intérieur de prendre conscience de lui-même. Ma tâche est de réaliser le potentiel de mon être entier, et je ne peux pas accomplir cela en me divisant en plusieurs parties. J'exprime mes «ressentis» et ma spiritualité. Quand ma spiritualité devient plus intense, mon être entier reflète cette intensité. J'affirme ce que je suis dans ma totalité.

LA HONTE ET L'ESTIME DE SOI

Je guéris mon enfant de sa honte. Dans mon enfance, je n'ai jamais obtenu la considération suffisante pour me faire ressentir que j'étais une personne acceptable. Je passe maintenant ma vie à essayer de cacher ma honte derrière une façade. Je me cache derrière mon travail, derrière mes relations ou derrière mon rôle de parent. Je poursuis la perfection et essaie de noyer la honte de mon Enfant Intérieur sous un flot d'activités. Aujourd'hui, je décide de guérir. Je considère avant tout les qualités particulières de mon enfant: son intelligence émerveillée, son sens de l'humour, sa curiosité et ses qualités de cœur. Je décide de me respecter chaque jour davantage. Je m'aime et je m'accepte tel que je suis.

Je peux être moi-même, sans avoir honte. Mon Enfant Intérieur a une peur mortelle de montrer qui il est vraiment. Il entend sans cesse des phrases du genre: «Tu es nul!», «Tu n'es pas bon!» etc. Il est convaincu que si quelqu'un découvre qui il est réellement, il sera rejeté. Je me rends maintenant compte que ses peurs ne sont pas basées sur la réalité. Je décide donc de ne plus porter de jugement sur moi-même. Je me donne la liberté de laisser mon être intérieur s'exprimer et se montrer tel qu'il est. Je n'ai plus honte et je suis moi-même, parmi les autres.

Je cesse de me critiquer. Je suis toujours le premier à me critiquer. En agissant ainsi, je me fais constamment du mal. Pire encore, je projette une fausse image de ce que je suis et je trompe les autres, qui croient ce que je leur montre. Aujourd'hui, je décide de ne plus me focaliser sur mes défaites et mes échecs. Je me regarde en pleine lumière et je vois les merveilleux aspects de ce que je suis. Je permets ainsi aux autres de les percevoir aussi. Je trouve toujours quelque chose de merveilleux en moi et je le partage avec mon entourage.

LA COLÈRE

Je ne suis pas «méchant» parce que je ressens de la colère en moi. J'ai toujours cru que c'était mal d'éprouver de la colère. Alors j'ai appris à la refouler de toutes les manières possibles. Trop souvent, j'ai fui ma rage en prenant des médicaments ou de la nourriture, m'abusant moi-même et abusant les autres par mon comportement destructeur. Aujourd'hui, je sais qu'il n'est pas possible de résoudre ses problèmes en se coupant de ses émotions. Je décide de cesser de refouler ma colère et de ne plus la diriger injustement sur mon entourage. J'apprends à utiliser cette puissante énergie pour créer, et non pas pour détruire. J'accepte ma colère et me comporte en responsable face à elle.

Je laisse tomber ma colère destructrice. La colère que je ressens face aux pertes et aux blessures de mon enfance est justifiée, mais je dois apprendre à l'assumer. Je ressens parfois cette colère lorsque les autres ne réussissent pas à combler mes attentes et mes besoins. Je l'utilise aussi parfois comme punition, tel un fouet servant à me frayer un chemin. Aujourd'hui, je sais que je n'ai plus besoin d'utiliser ces moyens. Loin d'être faible et sans défense, je sens que j'ai la puissance en moi. Je laisse tomber ma colère et avance dans la vie avec paix et confiance.

Je peux canaliser ma colère de façon saine. J'ai tellement vu de scènes violentes et rageuses que je n'ai jamais voulu montrer ma colère à personne. Je sens que mon Enfant Intérieur de deux ans veut se bagarrer. Je suis conscient de ma rage, mais impuissant à aider cet enfant à l'intérieur de moi, car cette colère est si forte qu'elle me submerge. Aujourd'hui, je décide de m'approcher de mon enfant déchaîné et de l'enlacer doucement, pour l'empêcher de se faire du mal, jusqu'à ce que sa rage perde de sa puissance. Je sens la rigidité quitter son corps. Alors, je pleure ou je me défoule en frappant sur un coussin. J'apprends ainsi à désamorcer ma rage et je deviens plus clair et plus direct avec ma colère. J'exprime ma colère de façon harmonieuse, en apprenant à y faire face.

Je n'ai plus peur de ma colère. Dans mon enfance, je vivais dans la crainte d'imprévisibles éclats de rage: «Je suis l'adulte, tu es l'enfant, va dans ta chambre», hurlait l'un ou l'autre de mes parents. Je subissais beaucoup de colère et ne pouvais jamais exprimer la mienne. J'étais terrifié par la colère des autres. Parce que je n'ai pas appris à exprimer ma propre rage, elle se manifeste autrement: par les plaintes, la dépression ou un masque de fausse douceur. Aujourd'hui, je permets à ma colère de s'exprimer. Elle délivre son message et me libère. Je permets à ma colère d'avoir une voix.

L'AFFIRMATION DE SOI

Je suis le «décideur» de ma vie. À l'école, j'étais toujours celui qui suivait, jamais le chef. Cela me rassurait de faire ce que tout le monde attendait de moi. Mais je n'ai jamais appris à me demander ce que moi, je voulais. Laisser les autres prendre les décisions à ma place était un soulagement, et je croyais rendre ces gens heureux en me conformant à leurs souhaits. Maintenant que je suis un adulte, je vis la vie des autres. Je ne me demande jamais quels sont mes besoins, au point que j'oublie que je puisse en avoir. Aujourd'hui, je décide de changer. Mon Enfant Intérieur devient le chef, et je me demande quels sont mes besoins. Je décide ce je veux faire de ma propre vie et je décide d'affirmer ce que je suis.

LE POUVOIR

Je ressens ma puissance et ma dépendance. Lorsque j'étais enfant, je me sentais toujours tiraillé entre mon besoin d'affirmer la personne que j'étais et ma dépendance par rapport à mes parents. Si je m'affirmais, je perdais mon droit d'avoir des besoins. Si je m'ignorais, je perdais ma puissance individuelle. Aujourd'hui, j'essaie d'obtenir un équilibre entre l'affirmation de soi et la dépendance, entre la force et la fragilité. Cet équilibre s'établit lorsque je reconnais mes besoins et que j'y réponds avec ma propre puissance intérieure.

J'accepte d'avoir du pouvoir. Dans mon enfance, je ressentais que j'avais peu ou pas d'impact sur les gens qui m'entouraient. Cela m'a donné la croyance que je n'avais aucun pouvoir ni aucun choix concernant le déroulement de ma vie. Aujourd'hui, je décide de changer. Je reconnais mon pouvoir personnel et les perceptions de mon Enfant Intérieur. Je me déplace dans le monde avec confiance, car je ressens ma puissance. Mes actions sont positives et fortes. Ma présence touche le monde autour de moi. Grâce à mon pouvoir, je choisis des actions qui enrichissent ma vie et celle d'autrui.

J'utilise mon pouvoir avec prudence. Quand j'étais petit, je repoussais toujours les autres enfants autour de moi sur l'aire de jeu. Je les intimidais et les obligeais à faire ce que je voulais. J'aimais cette sensation de pouvoir manipuler les autres mais, en même temps, cela m'effrayait et me faisait me sentir très seul. J'étais certain qu'un jour ou l'autre, cette puissance se retournerait contre moi. Aujourd'hui, je décide de faire la paix avec ma force intérieure. Je sens qu'elle irradie du plus profond de mon être, renforçant mon corps et mon Âme. Je l'utilise pour me transformer et non plus pour manipuler autrui. J'accepte la puissance qui est en moi. Je vois et je respecte le pouvoir en chaque personne.

LE CONTRÔLE

Je laisse tomber mon besoin de tout contrôler. Mon enfance a été très chaotique. Tout y était imprévisible et impossible à maîtriser. Ce désordre me laissait profondément effrayé. J'avais donc décidé de maintenir un contrôle sur ma vie, ainsi que sur tout ce qui pouvait m'affecter. Aujourd'hui, je peux rassurer l'enfant blessé à l'intérieur de moi, car je ressens maintenant assez de calme et de force pour pouvoir prendre soin de lui. Je me relaxe et j'ai confiance en la vie. J'avance, libéré de la lourde charge d'avoir à contrôler le monde.

Je laisse l'univers me guider. Enfant, je ne pouvais compter sur personne. Si je ne m'occupais pas de faire les choses, elles n'étaient pas faites. Pour survivre à l'insécurité que cela créait en moi, j'ai appris à tout gérer. Maintenant adulte, mon Enfant Intérieur gaspille la plus grande partie de son énergie à vouloir contrôler tous les aspects de ma vie. C'est épuisant. Aujourd'hui, je laisse l'univers me guider. Je cultive le calme et la tranquillité, et j'abandonne mes idées préconçues. Je m'ouvre à la nouveauté. Ma vie se déroule désormais sans craintes ni crispations. Je lâche prise et je m'en remets à la sagesse de l'univers.

LA CONFIANCE

J'ai confiance en moi. Quand j'étais enfant, mes parents étaient toujours inquiets pour moi. Ils avaient peur que je me fasse mal ou que je n'arrive pas au bout de mes entreprises. J'ai appris à douter de mon corps et de mes capacités. Maintenant adulte, je reste souvent figé, tellement j'ai peur de bouger de mon propre chef. Je crains les activités physiques et je crains de faire les choses par moi-même. Aujourd'hui, je décide d'avoir confiance en ma force intérieure. Je sais que mon corps a sa propre sagesse et je crois en mes capacités.

Mon Enfant Intérieur apprend à se sentir soutenu. Enfant, je n'ai jamais eu personne pour me soutenir. Mes parents étaient trop concentrés sur eux-mêmes pour s'occuper de moi. J'ai donc appris à ne jamais rien demander aux autres et à n'avoir confiance en personne. Aujourd'hui, je décide de laisser tomber mon attitude de méfiance. Je demande à mon Enfant Intérieur d'accepter de s'appuyer sur les autres et de se sentir soutenu par eux. Je peux accepter l'aide des autres, car j'ai maintenant confiance en eux.

Je crois à l'amour. Dans mon enfance, j'ai toujours vu et entendu mes parents se quereller sans arrêt, jusqu'au jour où ils ont fini par divorcer. Le mariage détruit de mes parents est la seule et unique forme de relation que j'ai connue. Maintenant adulte, je n'ai aucune confiance en l'amour ni dans les relations affectives. Je choisis aujourd'hui de changer. Je me concentre sur la connaissance d'une nouvelle personne et je laisse la confiance s'épanouir peu à peu dans notre relation. J'ai confiance dans ma relation amoureuse.

SAVOIR DIRE NON

Je peux apprendre à dire non. Enfant, j'ai appris à avoir peur de dire non. Je voyais mes parents me retirer leur amour et leur attention lorsque je n'étais pas complaisant. Plus je grandissais, plus j'éprouvais de ressentiment, car je laissais toujours les autres définir mes limites. Dans ma vie, j'ai passé trop de temps à être d'accord ou à faire des choses qui ne me plaisaient pas, simplement parce que j'avais peur des conflits et peur de ne plus être aimé. Aujourd'hui, j'apprends à dire non. Je crois en ma propre sagesse, en mes propres droits et en ma capacité de prendre des décisions par moi-même. Je sais dire non doucement et fermement, car je n'ai plus peur d'être rejeté.

L'AUTORITÉ

J'accepte ma propre autorité et l'autorité légitime des autres. Dans mon enfance, mes parents utilisaient le pouvoir qu'ils avaient sur moi pour me dominer. Pour être considéré, je devais obéir et approuver. Maintenant adulte, je me sens mal à l'aise face à ma propre autorité et je rejette toute forme d'autorité extérieure. Je choisis aujourd'hui de changer. Je reconnais mon droit d'exercer mon autorité sur mes pensées et mes actions. Je décide d'être responsable de moi-même et je sépare ma propre responsabilité de celle des autres. L'autorité ne me gêne plus, car je suis responsable de moi-même.

Je cesse de croire que l'autorité est un mal nécessaire. Depuis mon enfance, j'obéis aux ordres sans me poser de questions et je trouve normal que l'on me dise toujours ce que je dois faire. Cette attitude d'«assisté» me rend intérieurement de plus en plus méfiant et rebelle face à l'autorité. Je choisis aujourd'hui de comprendre ce qu'est l'autorité. Je prête attention aux relations que j'ai avec des «supérieurs» (patrons, organismes d'état, ministères, etc.). Si quelqu'un abuse de son pouvoir avec moi, je me demande pourquoi il peut se permettre de le faire. Est-ce parce que j'ai peur? Est-ce parce que je refuse de prendre mes responsabilités? Est-ce parce que je ne sais pas ce que je dois faire? Je réponds de façon rationnelle et responsable à l'autorité.

L'ÉNERGIE

Mon Enfant Intérieur est source de vitalité. Dans mon enfance, j'ai toujours dû réprimer ma vitalité pour me sentir en sécurité. L'excitation, la joie, la colère et la peur avaient besoin d'être soustraites à l'œil désapprobateur de ma mère ou à la violence de mon père. Je croyais qu'en exprimant ces émotions, mes parents m'abandonneraient et me laisseraient tout seul. Aujourd'hui, je décide de permettre à mon énergie de se déployer. Je suis attentif à ce que je ressens et je l'exprime. Mon Enfant Intérieur est bien présent et bien vivant en moi, et je le remercie de son aide. J'utilise la vitalité débordante de mon Enfant Intérieur pour m'affirmer.

Mon Enfant Intérieur a la puissance du printemps. Aujourd'hui, je redeviens l'enfant que j'ai toujours été. J'ai envie de danser, de rire et de chanter ma joie au monde entier. Je ressens l'énergie de vie qui vibre à l'intérieur de moi. L'énergie verte du printemps coule dans mes veines. Chaque cellule de mon corps se dilate et se remplit de sons, de lumière et d'amour. Je suis énergie.

LA VULNÉRABILITÉ

Je dépasse ma peur et j'accepte d'être vulnérable. Quand j'étais enfant, je croyais que les adultes n'avaient jamais peur parce qu'ils connaissaient le secret de la vie. Ce secret, je l'ignorais, mais je pensais qu'en grandissant, je le connaîtrais moi aussi. Devenu adulte, je me sens toujours sans protection face à la vie. Je me rends compte que les adultes sont aussi effrayés et fragiles que le sont les enfants, et qu'ils attendent, tout comme eux, une aide extérieure. Ils ne savent pas tout et ils ne peuvent pas tout contrôler. Ils doivent accepter d'être vulnérables pour grandir et se dépasser. C'est là un aspect de la nature humaine qui peut donner accès à la connaissance de soi. J'accepte d'être vulnérable dans chaque situation de ma vie, pour me connaître profondément.

5. ÉLIXIRS POUR L'ENFANT INTÉRIEUR DE LA TROISIÈME ANNÉE

L'IDENTITÉ ET L'AUTHENTICITÉ

Petite centaurée (*Centaury*): Aide à développer son individualité et à rétablir le contact avec sa volonté, au lieu de se perdre dans le mauvais service à l'entourage (servilité). Aide précieuse pour apprendre à dire non aux autres. Cet élixir doit être utilisé en association avec un travail psychique de connaissance de soi (le don de soi-même n'est positif que si l'on a pleinement conscience de son identité propre).

Solidage* (*Goldenrod*): Recommandé pour les personnes qui se sont créé une fausse personnalité sociale. Donne le vrai sens de soi dans les situations sociales. Apporte un équilibre entre l'ego de groupe et l'ego de l'individu.

Molène ou bouillon blanc (*Mullein*): Aide précieuse pour réaliser son potentiel authentique. Permet de rester fidèle à la connaissance intérieure de ce qui est juste pour soi.

Armoise (*Sagebrush*): À utiliser si on a une idée fausse de son image interne et si on a besoin de trouver son moi essentiel. Permet la purification intérieure.

Violette (*Violet*): Aide à conserver sa propre identité au sein d'un groupe.

L'IDENTITÉ SEXUELLE ET L'HOMOSEXUALITÉ

Papayer** (*papaya*): Aide à résoudre les problèmes d'identité sexuelle. Accroît le pouvoir de mémorisation et d'assimilation concernant les informations émanant des sphères spirituelles.

Banane (*Bananas*): Équilibre les qualités yin et yang. Aide les hommes et, dans une moindre mesure, les femmes, à intégrer pleinement l'aspect féminin de leur identité. Décourage aussi les comportements machistes.

Courgette** (*Zucchini*): La courgette atténue les crises d'identité reliées à la sexualité. Elle permet aux homosexuels de clarifier leur sexualité. Elle ne change pas les préférences sexuelles mais elle offre aux gens l'occasion d'examiner leur priorités. Cet élixir influence légèrement plus les hommes que les femmes.

Orange**: L'élixir floral d'orange libère les tensions et les traumatismes émotionnels associés à l'homosexualité.

L'IMAGE DU PÈRE

Mouron rouge (*Pimpernel scarlet*): Cet élixir aide les personnes ayant un problème avec l'image du père, les hommes ayant des difficultés relationnelles avec les femmes et /ou ceux qui ont du mal à manifester une nature aimante. Il agit sur les deux glandes endocrines de la tête, renforçant le sens de l'identité personnelle et atténuant la peur de la société. Il peut donner plus de facilité à assumer une fonction d'autorité ou à poursuivre une initiative personnelle.

Saguaro: Efficace pour régler les conflits d'autorité avec le père. Il clarifie le processus de la pensée et augmente la confiance en soi.

Tournesol: À prendre dans les cas de conflits avec la figure du père et de troubles d'enfance relatifs au père. Le tournesol libère les tensions associées à l'image paternelle et développe l'individualité. Efficace aussi pour traiter un ego trop lourd ou trop égoïste, car il spiritualise l'individu.

LA HONTE ET L'ESTIME DE SOI

Bouton d'Or (*Buttercup*): S'adresse à ceux qui ont tendance à se mésestimer, à sous-évaluer leur façon d'être. Aide à accepter sa propre existence, sa vocation ou son mode de vie, ainsi qu'à s'apprécier à sa juste valeur. L'élixir floral de bouton d'or apporte confiance, estime de soi et ouverture, et rappelle que chaque être humain est unique.

Harvest Brodiæa**: Cet élixir augmente l'estime de soi et la clarté des pensées. Il atténue la honte de soi et l'amertume dues à une vision trop matérialiste de la vie. Cet élixir est excellent pour fortifier les yeux et pour soigner la myopie, la presbytie, la cataracte et le glaucome.

Jasmin* (*Jasmine*): Cet élixir est recommandé si on manque d'amour-propre ou si l'on a de mauvais résultats dans ses études. Il favorise le sens pratique et la clarté mentale. Il permet d'appréhender progressivement les concepts relatifs à Dieu, car il stimule l'étincelle divine permanente qui se trouve dans le centre cardiaque.

Jonquille** (*Daffodil*): Excellent élixir pour traiter les psychoses, la frustration intense et les sentiments constants de culpabilité. Permet à l'être humain de percevoir son Soi supérieur et de s'harmoniser avec lui. On peut l'utiliser en application externe, sur le thymus.

LA COLÈRE

Fuchsia: S'adresse aux personnes qui refoulent des émotions profondes de colère, de chagrin, ou encore des émotions reliées à la sexualité. Cette attitude remonte à la petite enfance et elle est due à la peur de s'aliéner ses parents ou de ressentir pleinement la douleur émotionnelle. Dans ce cas, la plupart du temps, la douleur est masquée par des symptômes physiques tels que maux de tête ou d'estomac. Le fuchsia est un catalyseur qui permet de faire émerger toutes ses tensions. Il doit être utilisé en combinaison avec un travail de responsabilisation et de compréhension de soi.

Mimule [Cardinalis] (*Scarlet monkeyflower*): Autre élixir catalyseur, tout aussi puissant que le fuchsia. Il permet la libération des émotions fortes, en particulier la colère. Il aide à dépasser sa crainte de la colère, à la reconnaître et à la sublimer.

Oignon (*Onion*): Cet élixir dissout lentement toutes les barrières édifiées par le mental pour se protéger. Il permet d'en peler les différentes couches une à une pour atteindre le cœur, c'est-à-dire la cause première du problème, en vue de l'éliminer. C'est aussi un excellent élixir pour les personnes qui, dans leur enfance, ont souffert d'abus sexuels ou d'un environnement très perturbé (alcoolisme, par exemple).

Agave** (*Centaury agave*): Apporte sagesse, maturité et patience. Bon pour les individus immatures, coléreux, impatients ou boudeurs. C'est aussi un tonique universel.

L'AFFIRMATION DE SOI MAL VÉCUE ET L'AGRESSIVITÉ

Lis tigré** (*Tiger Lily*): Cet élixir est recommandé pour la personne qui s'affirme de façon trop masculine, c'est-à-dire d'une manière brutale et contraignante pour les autres. Il apporte la douceur féminine permettant d'atténuer cette trop forte affirmation de soi qui se manifeste par une façon de combattre trop virile et trop agressive.

Manzanita*: Convient à la personne timide, en manque d'affection ou d'attention, dont l'intérêt pour les autres se manifeste souvent à travers l'agressivité, du fait qu'elle n'arrive pas à extérioriser ses sentiments. Elle oscille sans arrêt entre l'extrême timidité et l'extrême agressivité. Elle doit donc équilibrer son corps émotionnel et accepter son corps physique.

Thuya ou cèdre** (*Cedar*): Soulage le stress provoqué par une trop grande agressivité et par un esprit trop analytique. Développe une nature calme et sereine. Fortifie aussi les cheveux, en restaure la vigueur et les épaissit.

LE POUVOIR

Petite centaurée (*Centaury*): Efficace pour traiter la faiblesse de volonté, car cet élixir apporte autodétermination et réalisation de soi. Aide à savoir dire non lorsque c'est nécessaire, à s'intégrer dans des groupes en gardant sa propre identité et à se consacrer à ce qu'on veut vraiment faire dans la vie, sans se laisser influencer par les autres.

Penstemon newberryl* (*Mountain Pride*): Donne la force du guerrier face aux obstacles et à l'adversité, ainsi que le courage d'affronter le mal ou l'injustice.

Genêt* (*Scotch Broom*): Donne la volonté d'atteindre son but malgré les obstacles. Recommandé aussi lorsqu'on a tendance à perdre espoir en l'avenir du monde.

Sequoia* (*Red Wood*): Bon pour les personnes incapables d'émettre une opinion ferme et pour celles qui acquiescent à tout. L'influence de cet élixir sur le chakra frontal et la glande pituitaire éclaire la vision personnelle de la vie et accroît la conscience spirituelle.

Vigne (*Vine*): À prendre lorsqu'on a tendance à imposer sa volonté aux autres.

LA CONFIANCE

Mélèze (*Larch*): Apporte la confiance en soi. Permet de rester déterminé, même en cas d'échec, et de laisser tomber ses idées limitatives et son complexe d'infériorité.

Gentiane (*Gentian*): Favorise la foi et la confiance. Elle aide à croire au sens de la vie, à une organisation supérieure. Elle permet de conserver une confiance inébranlable, malgré les circonstances difficiles. On voit «la lumière dans les ténèbres» et on communique cette certitude aux autres.

Angélique (*Angelica*): L'angélique traite avec succès la désorientation, le manque de confiance en soi et la lenteur de réaction. Elle apporte la protection des royaumes spirituels et accroît la confiance en l'influence divine qui guide l'existence de tout être humain.

Brunelle (*Self-heal*): L'élixir de brunelle apporte confiance et acceptation. Ces deux qualités permettent à l'être humain de trouver la motivation intérieure qui l'amènera vers l'autoguérison et le bien-être.

Prickly Pear Cactus** : Utile dans le cadre du couple. Il permet d'accroître la confiance en soi et l'indépendance.

L'AUTORITÉ

Petite centaurée (*Centaury*): Recommandé lorsqu'on a toujours besoin de l'approbation de l'autorité extérieure pour agir dans sa vie. Indiquée pour la personne de type «chiffe molle servile».

Plumbago (*Cerato*): Donne confiance en soi et autonomie. Aide à accepter la sagesse et l'autorité de son être intérieur (l'Âme), plutôt que de se baser sur l'opinion d'autrui pour savoir ce qui est vrai.

Noyer (*Walnut*): Permet de ressentir son indépendance vis-à-vis de l'autorité des autres. Aide à parcourir librement son chemin dans la vie, sans se laisser influencer par les autres.

LA VULNÉRABILITÉ

Mimule [Lewisii] (*Pink Monkeyflower*): Permet une plus grande vulnérabilité et une plus grande ouverture vis-à-vis des autres, surtout lorsqu'on dissimule des aspects essentiels de sa personnalité.

RÉSUMÉ POUR LA TROISIÈME ANNÉE

- Correspond au troisième chakra et au corps mental.
- Année de l'autonomie, ressentie grâce à l'identité.
- Dépend de la relation avec le père.
- Expérimentation de la vie perceptive et sélective, qui comprend l'identité, l'affirmation de soi, la valeur et le raisonnement.

Enfant Intérieur blessé dans la troisième année (ne pas ressentir son identité en soi)

- Émotion dominante de l'adulte: la **colère**;
- Problème dominant de l'adulte: la **méfiance**.

Se manifeste par un manque de connaissance de soi, qui entraîne:

a) Des problèmes avec la sexualité, l'argent, les responsabilités et le tabagisme (accentués si la personne a eu une première année problématique).
b) Des problèmes d'alcoolisme (père absent ou inexistant).
c) L'inauthenticité.
d) Le besoin de contrôler et la peur de l'autorité.
e) Le besoin d'accumuler des connaissances.
f) La non-affirmation de soi: la tendance à faire ce que les autres attendent de soi, à ne pas oser dire non directement, etc.
g) La difficulté à prendre des initiatives.
h) Le besoin de compétition (vouloir toujours gagner ou être un éternel perdant).
j) Des problèmes d'identité, de façon générale, ou encore d'identité sexuelle.
k) L'impatience, la nervosité et l'irritation.
l) La constipation.

Chapitre 9

LA GUÉRISON DE L'ENFANT INTÉRIEUR BLESSÉ

Maintenant que vous connaissez votre «fragilité» essentielle, vous allez pouvoir intervenir beaucoup plus rapidement lorsque votre Enfant Intérieur blessé prendra les rênes de votre vie. Ainsi, la prochaine fois que vous vous retrouverez confronté à votre blessure de base, vous pourrez pratiquer, au choix, l'une des deux techniques de guérison suivantes:

- Le Parent Intérieur.
- La transmutation.

1. GUÉRISON DE L'ENFANT INTÉRIEUR GRÂCE AU PARENT INTÉRIEUR

Le Parent Intérieur est le complément de l'Enfant Intérieur. Il représente le côté yang, social, extérieur et affirmé, en analogie avec le soleil ou l'homme intérieur, par exemple. Quant à l'Enfant, il représente le côté yin, privé, intériorisé, vulnérable, en analogie avec la lune ou la femme intérieure.

Le Parent et l'Enfant sont complémentaires mais, chez la plupart des gens, ils s'opposent ou s'ignorent.

- Ils s'opposent lorsque le Parent Critique empêche l'enfant de s'exprimer et d'être lui-même (c'est le comportement mental de rejet).

- Ils s'ignorent lorsque le Parent Altruiste s'occupe d'autres enfants et oublie son propre enfant (c'est le comportement émotionnel d'accumulation).

Le travail sur le Parent Intérieur vise la réconciliation entre le Parent et l'Enfant, pour effectuer un travail commun. L'être humain n'est plus un enfant mais il doit pouvoir utiliser à bon escient des qualités «enfantines», associées à des qualités d'«adulte» pour harmoniser ses énergies intérieures, de la même manière qu'il doit équilibrer le yin et le yang.

Ainsi, le parent doit apporter à l'enfant:

- L'aspect nourricier et protecteur: nourriture, chaleur, abri, toucher, définition de l'espace et des limites.

    L'Enfant Intérieur de la première année peut alors exprimer: ses qualités d'innocence et de spontanéité avec le corps et les besoins du corps, sa capacité de rester dans le présent.

- L'aspect relationnel et affectif: amour, intimité, reconnaissance des besoins et des émotions ainsi que l'acceptation de leur expression, communication.

    L'Enfant Intérieur de la deuxième année peut alors exprimer: sa capacité de jeu dans toutes les situations de la vie, la joie, la créativité, l'amour et le profond respect de la vie (sacralisation).

- Les aspects «identité» et «compréhension»: définition du «Je», le fait d'être important à ses yeux, développement de l'intellect, perception de sa puissance et de son unicité, confiance.

    L'Enfant Intérieur de la troisième année peut ainsi exprimer: sa curiosité, son ouverture à la nouveauté, sa vulnérabilité et sa puissance d'émerveillement, ainsi que son optimisme.

Nous vous proposons donc de faire une lecture de votre Parent Intérieur, afin de déterminer qui il est et de quoi il a besoin. Vous ferez ensuite une guérison de votre Parent Intérieur. Il s'agit de sensibiliser ce dernier à l'Enfant et de lui faire accepter de jouer pleinement son rôle de Parent.

Technique de la lecture du parent intérieur

- Vous vous asseyez et vous vous installez confortablement, puis vous fermez les yeux.
- Vous respirez lentement et profondément, et vous prenez quelques instants pour calmer votre respiration, afin de vous intérioriser le plus profondément possible.
- Graduellement, vous placez votre conscience et votre respiration dans votre ventre, au niveau de votre deuxième chakra. Vous «entrez dedans», pour aller à la rencontre de votre Parent Intérieur. Laissez-le apparaître spontanément.
- Maintenant que votre Parent Intérieur est devant vous, observez-le. Comment est-il? Quel âge a-il? Dans quel milieu vit-il? Quels sont ses buts? ses aspirations? A-t-il des soucis?
- Vous lui demandez ensuite quels sont ses rapports avec l'Enfant Intérieur. Connaît-il sa présence? Passe-t-il du temps avec lui? Aime-t-il ou non s'occuper de lui?
- Laissez venir toute autre question concernant la vision que votre Parent a de votre Enfant Intérieur...
- Vous laissez ensuite les images disparaître, vous sortez de votre deuxième chakra et replacez votre conscience dans votre cœur.
- Lorsque vous vous sentez prêt, vous rouvrez les yeux.

Vous notez ensuite, dans votre cahier spirituel, vos conclusions concernant cette rencontre et ce que vous ressentez à la suite de cette expérience. Quelles leçons en tirez-vous?

* *
*

Vous procédez maintenant à la guérison de votre Parent Intérieur. Cette guérison va consister tout d'abord en une rencontre avec l'Enfant Intérieur, afin de lui demander ce qu'il attend du Parent Intérieur. Cette rencontre se fait au niveau du deuxième chakra, comme dans l'exercice précédent.

Il vous faut ensuite savoir si votre Parent Intérieur accepte son «rôle» de Parent vis-à-vis de l'Enfant. Il s'agit de faire les «ajustements» nécessaires, jusqu'à ce que chacun soit à sa place: le parent s'occupant de l'Enfant, le protégeant et l'aidant à s'exprimer; et l'Enfant exprimant sa créativité et son innocence en toute confiance.

Il faudra certainement revenir à maintes reprises sur cette guérison afin d'obtenir une parfaite complémentarité entre le Parent et l'Enfant. Vous devrez aussi chercher comment cette association pourra se vivre concrètement dans votre vie quotidienne (ce qui représente la vraie guérison).

Technique de guérison du parent intérieur

- Vous vous asseyez confortablement et vous fermez les yeux.
- Vous respirez lentement et profondément, et vous prenez quelque temps pour calmer votre respiration et vous intérioriser le plus possible.
- Graduellement, vous placez votre conscience et votre respiration dans votre ventre, au niveau de votre deuxième chakra.
- Vous imaginez que vous plongez dedans. Laissez apparaître une scène où se tiennent vos deux personnages intérieurs: l'Enfant et le Parent.
- Saluez-les, puis approchez-vous et occupez-vous de l'Enfant afin qu'il se sente en confiance. Demandez-lui ce qu'il attend du Parent. Soyez à l'écoute de sa réponse...
- Tournez-vous maintenant vers le Parent et demandez-lui ce qu'il pense des attentes de l'Enfant. Rappelez au parent son rôle vis-à-vis de l'Enfant.

- Faites monter vos deux personnages intérieurs dans votre chakra du cœur. Ressentez qu'ils montent jusque dans votre cœur et offrez-leur tout votre amour.
- Aidez l'Enfant à retrouver sa confiance envers le Parent, afin qu'il puisse se sentir soutenu par lui. Quelles sont les solutions qui apparaissent?
- Ressentez que ces deux parties de vous-même se réconcilient et observez vos deux personnages. Que se passe-t-il?
- Promettez-vous de poursuivre cette guérison, jusqu'à un plus juste équilibre.
- Vous laissez les images disparaître et lorsque vous vous sentez prêt, vous rouvrez les yeux.

Vous notez ensuite dans votre cahier spirituel vos remarques concernant votre guérison Parent-Enfant. Vous décrivez comment sont votre Enfant Intérieur et votre Parent Intérieur, et quelle sorte d'entente il y a entre eux. Vous décrirez ainsi toutes les guérisons que vous aurez faites, de façon à pouvoir constater vos progrès...

2 . GUÉRISON DE L'ENFANT INTÉRIEUR PAR LA TRANSMUTATION

Tout individu a sept chakras. Jusqu'ici nous n'avons abordé que les trois premiers parce qu'il s'agissait de démontrer de quoi était constituée la personnalité. Nous allons maintenant nous pencher sur les quatre autres chakras, dits «supérieurs». En effet, le but de l'évolution est que la conscience humaine prenne de plus en plus d'expansion, jusqu'à englober complètement les sept chakras, c'est-à-dire les sept plans de conscience.

Par le travail sur soi et sur l'Enfant Intérieur, la conscience peut se libérer graduellement de l'emprise des trois premiers chakras. Au lieu de rester un enfant dont la maturité ne dépasse pas trois ans, on peut devenir un adulte à part entière.

La toute première action à poser dans ce sens est une purification émotionnelle importante, laquelle servira essentiellement à ouvrir le chakra du cœur.

Une fois que le cœur est suffisamment ouvert, il peut recevoir plus d'énergie. Il devient alors possible de faire monter l'énergie des chakras «inférieurs» dans les chakras «supérieurs». Ce transfert d'énergie à l'intérieur de soi, du bas vers le haut, est ce que l'on appelle une «transmutation».

Ainsi, l'énergie des trois premiers chakras, attirée normalement vers le bas (phénomène de gravité), fait demi-tour et se met à circuler en sens inverse pour monter vers la tête, en passant par le cœur.

Chacun des trois chakras inférieurs correspond à un chakra supérieur précis, en analogie avec lui (voir le tableau ci-après).

- On transmute l'énergie du premier chakra dans le sixième chakra. L'énergie matérielle devient énergie spirituelle.
- On transmute celle du deuxième chakra dans le cinquième chakra. L'énergie procréatrice devient énergie créatrice.
- On transmute celle du troisième chakra dans le quatrième chakra. L'énergie qui était au service de la personnalité se met au service de l'Âme.

Chakras «supérieurs»:	6	5	4
	↑	↑	↑
Chakras «inférieurs»:	1	2	3

Au début, c'est la visualisation créatrice qui sert de moyen d'action, comme si on était capable de créer les choses ainsi, en soi. Puis, peu à peu, à force de rester concentré régulièrement sur cette intention, cela devient un fait réel. On sent que l'énergie circule de manière différente dans le corps.

Il s'agit ensuite de manifester concrètement de ce que l'on a créé et découvert en soi. Et là, il n'y a aucune technique miracle, si ce n'est d'être attentif et d'appeler inlassablement la conscience dans son cœur, pour penser avec son cœur, pour parler avec son cœur, et pour agir avec son cœur. Ce doit être une détermination intérieure.

Nous vous proposons d'utiliser ce principe de transmutation pour guérir votre Enfant Intérieur. Il ne s'agit pas de faire grandir l'enfant (un enfant reste un enfant), ni de modifier son passé, mais de transformer son énergie.

Concrètement, cela signifie que vous allez faire monter votre Enfant Intérieur, qui se trouve dans le premier, dans le deuxième ou dans le troisième chakra, dans les chakras supérieurs correspondants.

Vous vous visualiserez comme si vous étiez un immeuble à six étages, chaque étage correspondant à un chakra. Le septième chakra correspond au soleil dans le ciel, qui éclaire l'immeuble. Vous ferez monter au sixième étage l'enfant du premier étage, au cinquième étage l'enfant du deuxième et au quatrième étage l'enfant du troisième.

L'Enfant Inexistant devient ainsi un Enfant Lumière; l'Enfant Abandonné, un Enfant Créateur; l'Enfant Rebelle, un Enfant Innocent.

PREMIÈRE ANNÉE

TRANSMUTATION-GUÉRISON
L'Enfant Inexistant devient l'Enfant Lumière

La lecture de l'Enfant Inexistant se fait dans le premier chakra et sa transmutation-guérison, dans le sixième.

Technique

1. Relaxation profonde.
2. Vous allez voir votre Enfant Inexistant dans votre premier chakra, qui correspond au premier étage de l'immeuble.
3. Vous le rassurez et lui donnez beaucoup d'amour.
4. Vous lui proposez ensuite de l'emmener dans un endroit chaud, clair et sécurisant.
5. Vous trouvez un escalier et vous lui faites monter cinq étages, pour arriver dans le sixième chakra. Ce sixième étage est une terrasse inondée de soleil.
6. Un rayon de soleil se pose sur l'enfant...
7. Visualisez l'enfant qui, sous l'action de ce rayon chaleureux, met ses deux mains sur son cœur et ressent la chaleur dans son cœur.
8. Peu à peu, son cœur se met à rayonner, puis tout son corps. Il devient un Enfant Lumière.
9. Dites à l'enfant que chaque fois qu'il aura peur, il n'aura qu'à remonter sur la terrasse, à laisser le soleil le toucher et à mettre ses mains sur son cœur. Son cœur se mettra à rayonner et à irradier la chaleur.
10. Laissez-le expérimenter cette nouvelle capacité, totalement magique, qui l'émerveille.

Laissez l'enfant sur la terrasse expérimenter sa capacité de rayonner. Puis, lorsque vous vous sentirez prêt, vous rouvrirez les yeux.

Décrivez votre expérience.

DEUXIÈME ANNÉE

TRANSMUTATION-GUÉRISON

L'Enfant Abandonné devient l'Enfant Créateur

La lecture de l'Enfant Abandonné se fait dans le deuxième chakra et sa transmutation-guérison, dans le cinquième.

Technique

1. Relaxation profonde.
2. Vous allez voir votre Enfant Abandonné dans votre deuxième chakra, qui correspond au deuxième étage de l'immeuble.
3. Vous le rassurez et lui donnez beaucoup d'amour.
4. Vous lui proposez ensuite de l'emmener dans un endroit rempli de jouets.
5. Vous trouvez un escalier et vous lui faites monter trois étages pour arriver dans le cinquième chakra. Ce cinquième étage est une grande salle de jeu et de créativité, avec de la peinture, des crayons de couleur, de la pâte à modeler, et tout ce que vous pouvez imaginer comme jeux enfantins.
6. Vous proposez à l'enfant d'exprimer tout ce qu'il ressent dans cette salle.
7. Dites à l'enfant que chaque fois qu'il sera triste, il n'aura qu'à remonter dans cette pièce pour jouer, créer, chanter, sauter...
8. Laissez-le libre de faire tout ce qu'il veut et soyez réceptif à ce que cela signifie pour vous.
9. Laissez l'enfant dans cette salle à expérimenter cette capacité totalement magique de créer ou de fabriquer des choses. Puis, lorsque vous vous sentirez prêt, vous rouvrirez les yeux.

Décrivez votre expérience.

TROISIÈME ANNÉE

TRANSMUTATION-GUÉRISON
L'Enfant Rebelle devient l'Enfant Innocent

La lecture de l'Enfant Rebelle se fait dans le troisième chakra et sa transmutation-guérison, dans le quatrième.

Technique

1. Relaxation profonde.
2. Vous allez voir votre Enfant Rebelle dans votre troisième chakra, qui correspond au troisième étage de l'immeuble.
3. Vous le rassurez et lui donnez beaucoup d'amour, et vous essayez de lui redonner confiance.
4. Vous lui proposez ensuite de l'emmener rencontrer son meilleur copain.
5. Vous trouvez un escalier et vous lui faites monter juste un étage. Vous vous retrouvez alors à l'entrée d'un couloir très lumineux. Vous laissez l'enfant s'engager seul dans ce couloir...
6. L'enfant avance dans le couloir lumineux (ressentez que vous vous enfoncez profondément en vous-même, en arrière de votre chakra du cœur).
7. L'enfant arrive maintenant devant une porte d'or et il se retrouve dans un lieu merveilleux, face à un autre enfant très beau et très lumineux.
8. L'Enfant Rebelle est fasciné par l'Enfant Innocent...
9. Vous laissez les deux enfants s'amuser ensemble, en rappelant à l'Enfant Rebelle que l'Enfant Innocent saura l'aimer et s'occuper de lui.

Laissez-vous bien aller, ressentez tout ce qui se passe au cours de cette rencontre et laissez faire les enfants. Puis, lorsque vous vous sentirez prêt, vous rouvrirez les yeux.

Décrivez votre expérience.

CONCLUSION

Retrouver mon enfance a été pour moi une grande aventure. J'ai eu à nouveau dix-huit mois. J'ai sangloté de désespoir, perçu dans mes nuits la douleur de l'otite, cherché mon ours en peluche et la protection paternelle. Au bout de ce chemin caillouteux, j'ai trouvé la lumière de la compréhension et plus loin encore, celle que j'ai toujours été. J'ai compris que pendant de nombreuses incarnations, j'avais refusé d'être vulnérable et refusé de m'en remettre aux mains de mon père, l'Univers-Dieu, par manque de foi. Aujourd'hui, en acceptant de reconnaître cette force supérieure et de m'y livrer humblement et sans crainte, j'accède enfin à la véritable transformation de ma nature.

Mon père biologique a permis la réimpression en moi de cette croyance que l'on ne peut compter sur l'Univers-Dieu pour l'amour et la protection dans le monde physique. J'avais toujours pensé: «Dieu s'occupe des affaires spirituelles mais pas des affaires matérielles. S'en remettre à lui dans le monde incarné n'amène que souffrances.» Jusqu'à ce travail sur mon Enfant Intérieur, je n'avais jamais voulu franchir le pas !

Aujourd'hui, j'ai fait le premier et je sais qu'il sera suivi de nombreux autres. Je ressens maintenant pleinement la signification de cette parole du Christ: «À moins que vous ne redeveniez un enfant, vous n'entrerez pas dans le royaume de Dieu.»

L'Enfant Intérieur est ce qui se rapproche le plus de la nature de l'Âme. En guérissant les blessures de son enfant, c'est son Âme que l'on soigne. On permet à l'Âme de comprendre chaque jour davantage le monde incarné, pour mieux se manifester sur terre. Retrouver et exprimer son Âme, c'est entrer dans le Royaume de Dieu et le manifester sur terre...

Puisse ce témoignage du cœur vous encourager à travailler sur votre petite enfance...

Puisse ce livre vous aider à retrouver votre véritable identité, ce que vous avez toujours été de toute éternité: votre Âme...

Recevez tout mon amour et ma foi jaillissante en l'Univers-Dieu, notre père à tous...

Marie-Pascale/Agnielle

BIBLIOGRAPHIE

AÏVANHOV, Omraam Mikhaèl. Aux Éditions Prosveta, *Centres et corps subtils.*

BAILEY, Alice. A. Aux Éditions LUCIS, *Initiation humaine et solaire.*

DEROIDE, Philippe. Aux Éditions Le Souffle d'Or, *Elixirs floraux, harmonisants de l'Âme.*

GURUDAS. Aux Éditions Le Souffle d'Or, *Elixirs floraux et Médecine vibratoire.*

HILARION. Aux Éditions Marcus Books, *Child Light Parenting for the New Age.*

LASSALLE, Pierre. Aux Éditions De Mortagne, *Le Tarot de l'Individualisation.*

LASSALLE, Pierre. Aux Éditions De Mortagne, *Chercheur de Lumière.,*

LASSALLE, Pierre. Aux Éditions De Mortagne, *La Voie de l'Amour.*

LERNER, Rokelle. Aux Éditions Health Communications, Inc. *Affirmations for the Inner Child.*

LIEVEGŒD, Dr Bernard. Aux Éditions Les Trois Arches, *Phases de l'enfance.*

MULLER, Wayne. Aux Éditions Le Jour, *L'héritage spirituel d'une enfance difficile.*

STEINER, Rudolph. Aux Éditions anthroposophiques romandes, *Physiologie occulte.*

STEINER, Rudolph. Aux Éditions anthroposophiques romandes, *Métamorphoses de la vie de l'Âme.*

STEINER, Rudolph. Aux Éditions anthroposophiques romandes, *Les Guides spirituels de l'Homme et de l'Humanité.*

STEINER, Rudolph. Aux Éditions anthroposophiques romandes, *Chronique de l'Akasha.*

STEINER, Rudolph. *Aux Éditions anthroposophiques romandes, Du Développement occulte de l'Homme.*

STEINER, Rudolph. Aux Éditions Triades, *L'Évangile selon Jean.*

STEINER, Rudolph. Aux Éditions Triades, *Comment acquérir des connaissances sur les mondes supérieurs, ou l'Initiation.*

RAJNEESH, Osho. Aux Éditions Le Voyage Intérieur, *Mon Chemin, le Chemin des Nuages blancs.*

Pour tout renseignement concernant les activités de Marie-Pascale Rémy et de Pierre Lassalle (conférences, livres, cassettes ou CD de méditation, articles dans *Terra Lucida**), vous pouvez nous écrire à l'adresse suivante en joignant un timbre (ou un coupon-réponse international) :

Marie-Pascale Rémy-Gayasol
Boîte Postale 6041
78176 Saint-Germain-en-Laye Cedex
(France)

Adresse Internet : www.terralucida.com
Courriel : info@terralucida.com

DEMANDE DE RENSEIGNEMENTS

- Conférences .... [ ]
- Livres de M.-Pascale Rémy .... [ ]
- Livres de Pierre Lassalle .... [ ]
- Cassettes et CD de méditation .... [ ]
- Numéro gratuit de *Terra Lucida* .... [ ]

* *Terra Lucida* est un petit journal trimestriel traitant de la spiritualité occidentale et christique d'aujourd'hui. Il est écrit par Pierre Lassalle, Marie-Pascale Rémy et leurs amis. Un numéro d'essai gratuit vous sera envoyé sur simple demande.

Nom : ....

Prénom : ....

Adresse : ....

....

Code postal : ....

Ville : ....

Pays : .... Téléphone : ....

AGMV Marquis
MEMBRE DU GROUPE SCABRINI
Québec, Canada
2000